지구촌과 한류바람

GLOBAL VILLAGE
AND KOREAN WAVE

지구촌과 한류바람

차종환 박사 엮음

 도서 출판 예가

머리말

한국의 물결(한류)이 이웃 일본, 중국을 지나 아시아를 넘어 세계적으로 바람을 일으키고 있다. TV, 노래, 한식, 태권도 등의 대중화 확산으로 시작된 한류는 이제 경제적 파급효과는 물론 한국의 브랜드 가치를 높이며 전세계인의 마음을 사로잡고 있다. 한류는 이제 한국을 대표하는 아이콘이 되었다 해도 과언은 아니다. 한국문화의 르네상스 시대가 열리고 있다.

그런데 한류가 또 다른 희망의 메시지로 확산되는 곳이 있다. 바로 분단 70여년의 장벽이 쌓인 북한이다. 북한에서의 한류현상은 북한 주민들에게 외부 세계를 보는 또 다른 창이 되고 있다. 북한 주민들은 남한 영화나 드라마, 대중가요를 통해 남한을 새롭게 인식하고 간접적이나마 자유의 가치를 경험하게 된다. 남한 영상매체의 유입은 북한 주민들의 의식변화를 추동하며 더 나아가 영상매체의 유통과정에서 새로운 사회상이 형성되고 있다고 한다.

한류가 북한내 장벽과 역풍으로의 한계를 넘어 통일을 향한 순풍으로 불어준다는 것이다. 한류가 북한 내 통제라는 장벽에 부딪치면서도 주춤하다 퍼지다를 반복하는 한류 현상 속에는 남한 영상물의 공유 뿐 아니라 '재밌다'는 소감 공유가 그 동력이 되고 있다. 물론 재미라는 흥미

요소도 무시할 수 없다. 그 자체가 남한, 그리고 남한 사람에 대한 호감도 상승을 의미하기도 한다는 점 때문이다. 하지만 한류가 북한 내에서 통일을 향한 순풍으로 힘을 빌휘하기 위해서는 재밌다는 소감 공유의 동력 외에 무언기가 더 필요하리라 본다.

의도했던 의도하지 않았던 간에 우리의 대중문화가 담고 있는 남한의 체제와 사람들에 대한 망라가 북한 주민들에게 남한에 대한 인식의 틀을 재구성해 나가고 있다는 것이다. 이는 결코 간과할 수 없는 분단 구조의 재편성과정이라고도 할 수 있다. 그 과정이 현재로서는 미미해 보일지라도 남북한 통합을 향한 수없는 역풍을 딛고 거센 순풍이 되어 돌아와 주길 기대해 본다.

우리는 지금의 위상에 자만하지 말아야 한다. 아직 샴페인을 터트릴 때가 아니다. 좀더 가야 할 길이 있다. 인류 선진 국가가 되어야 한다. 물질만이 아니고 우리의 아름다운 전통과 사상, 예술을 잘 보존하고 발전시켜 문화적으로도 일류 국가의 반열에 올라서야 할 것이다. 모두 합심해서 한 단계 더 국가 위상을 높임으로써 명실공히 세계를 선도하는 자랑스러운 국가가 되어야 할 것이다.

한류에 전통문화 한류, 스포츠 한류, 관광 한류, 음식 한류, 콘텐드 한류 등을 모두 발전시켜 보다 전망이 보이는 한류를 만들어야 할 것 같다. 우리가 모른 사이에 북한 뿐 아니라 한류가 세계 각국에 흘러드러가고 있다. 주변국에 있던 한국이 중심부를 차지하고 있다. 이런 한류의 넘치는 모습을 보기 위해 여러 곳에서 자료를 모아 본서를 편집하게 되었다. 본서의 "한류의 영향"에 한류의 총론을 다루고 속편에 아주, 미주, 유럽, 중동, 아프리카 지역 별로 나누어 각 지역내에 대표적인 나라를 선정하여 각 나라의 한류 현황, 일반정보와 문화를 다루고 각 나라의 개요를 간단히 언급했다. 내용의 대부분은 한국 국제교류재단과 외교부 자료를 인용했다. 자료를 주신 당국에 감사드린다.

본서의 미흡한 점이나 나날이 달라지는 한류 확장의 모습은 판을 거듭하면서 보충하고자 한다. 본서를 편집하는데 협조하여 주신 한미교육연구원 임원들과 이종희 님께 고마움을 표한다.

2016년

차종환

PART 03 아메리카 지역의 한류변화

PART 04 유럽지역의 한류변화

PART 05   중동지역의 한류변화

PART 06   아프리카 지역의 한류변화

PART 01 지역별 한류 변화

1. 지역별 한류

1) 아시아

(1) 중국

무엇보다 2015년 중국 한류는 예능부분에서 공동제작이 활발하게 일어났다. 먼저 2015년 6월에는 중국판 〈무한도전〉 제작을 위해 MBC와 중국 최대 방송사인 CCTV, 찬싱프로덕션이 함께 공동 제작 계약을 체결했고, 7월에는 KBS와 중국 심천위성 TV가 〈한중 드림팀〉을 공동 제작해 이슈가 되기도 하였다. 최근에는 〈냉장고를 부탁해〉 중국판 프로그램 제작을 JTBC와 텐센트가 공동 제작하기로 계약하여 주목을 받았다.

또한 중국에서 새롭게 부각되고 있는 한류 콘텐츠 웹드라마에 대해 눈여겨볼 필요가 있다. 2014년 12월 한국의 웹드라마 〈후유증〉이 수출된 이후 중국에서는 한중 합작 웹드라마 제작과 한류스타 캐스팅 소식이 빈번하게 들려온다. 실례로, 2015년 6월에는 탤런트 정일우 주연의 〈

고품격 짝사랑〉이 김종학 프로덕션과 중국 포털사이트 '소후닷컴'의 한중 합작으로 제작되었다. 또한 가수이자 배우로 활동하는 그룹 '씨야'의 남규리가 주연을 맡은 웹드라마 〈스완〉이 한중 합작으로 제작되기도 하였나. 웹드라마의 경우 서럼한 세작비, 사유로운 기업의 PPL 유치, 싱대직으로 관대한 연기력 평가로 K-Pop스타의 출연이 용이한 바, 웹 드라마의 중국 내 수출과 공동제작은 더욱 활발하게 진행될 것으로 예상된다.

중화권 내 한류 인기 지역인 대만의 경우, 주요 드라마 채널인 빠따 방송국, 웨이라이 방송국, 동선 방송국, 웨이쓰 방송국 등에서 지속적으로 한국 드라마를 방영하고 있으며 'CNBLUE' 등의 K-Pop 가수들이 인기몰이를 하고 있다. 최근에 들어 주목받고 있는 이슈는 대만 내 한식 선호의 한식당에 대한 인기이다. 이러한 인기로 인해 한국의 요식 프랜차이즈들이 앞 다투어 진출 중이다. 'Triple A Burger', '신마포 갈매기살 전문점', '강호동 678 백정 구이점', '청담동 숯불구이', '공릉닭 한 마리', '포차' 등 국내 전역에 가맹점을 가지고 있는 요식업체들이 대만 현지에 진출하였으며, 현지에서 '타이거 떡볶이', '런닝맨 이광수 음식점'이라고 잘 알려진 국내 기업 '(주)홀딩스'가 불고기 사업에 뛰어드는 등 한식업체의 대만 진출이 가속화되고 있다. 대만에 진출한 요식업계는 한류의 인기로 후광 효과를 얻을 뿐 아니라 위 사례와 같이 한류스타 등을 활용한 한류 마케팅을 활발하게 추진하고 있다.

(2) 일본

일본에서는 반한 감정 여파가 한국 드라마에 여전히 악영향을 끼치고 있다. 실제로 일본 NHK는 지난 8월 〈기황후〉를 끝으로 한국 드라마 방영을 중단하였고, 도쿄 내 5개 대표 지상파 민방 역시 한국 드라마의 방송을 대부분 중단하였다. 〈야경꾼일지〉 1개 만이 평일 오전 TV도쿄의 전파를 타고 있는 것으로 알려졌다. 물론, 일본 내 민영 위성방송을 통해 매년 200편 이상의 한국 드라마가 방영 중이긴 하지만 지상파에 비해 시청자 폭이 좁아 한국 드라마의 지속적인 유입과 성장을 위해서는 콘텐츠 업계와 당국의 외교적 노력이 필요할 것으로 보인다. 반면, K-Pop은 활기를 띄고 있다. 2015년 3월에 열린 29회 일본 골든디스크대상에서 '동방신기'는 베스트 아시안 아티스트, 올해의 앨범, 베스트 뮤직 비디오, 베스트 3앨범 등 4개 부문에서 2년 연속 수상했으며, '소녀시대'의 경우 베스트 3앨범, 올해의 노래 by 다운로드 등 2개 부문에서 수상하며 선전했다. 한편, 큐브엔터테인먼트는 일본 내 독립 레이블 '비스트 뮤직'을 설립해 사실상 해외 활동의 중심 거점지역을 일본으로 설정하는 등 일본은 여전히 한류 최대의 매력적인 시장이라고 할 수 있다.

특히 2015년 12월에 예정된 '방탄소년단'의 일본 투어 콘서트는 이미 11월에 전석 예매가 완료되었고, 2015 BTS Live 또한 전석을 매진시키는 기염을 토하면서 막강한 티켓 파워를 보여주었다. '방탄소년단'은 지난 6월 일본에서 발매한 싱글 'For You'가 해외 힙합 아티스트로는 처음으로 오리콘 주간 싱글 랭킹 1위를 차지했으며, 8월에 개최한 팬미팅 또한 완판을 기록했다. 한편 '빅뱅'의 지드래곤은 2015년 일본에서 관중 동원력 8위를 마크하여, 6위를 차지한 '동방신기'와 같이 10위 안에 랭킹되었다. 또한 해외 가수로서는 처음으로 2015년 11월, 3년 연속 일본의 4대 돔(동경, 오사카, 후쿠오카, 나고야) 순회 콘서트를 개최하는 등 100만 명 이상의 연인원을 동원하였다.

(3) 동남아시아

동남아 지역 내 대표 한류 국가인 베트남은 여전히 뜨거운 한류 관심도를 나타내었다. 반면, 뜨거운 관심만큼 한류를 경계하는 모습도 상당 부분 나타나고 있어 이에 대한 내응도 필요한 실정이나. 2015년 4월 30일, 공신당 기관지 〈Nhân Dân〉은 '아이돌에 미친 긱징스러운 사회현상'이라는 제목의 보도를 통해 한국 아이돌 팬들의 학업 소홀, 콘서트 티켓을 사주지 못하는 부모에 대한 원망 표출 등을 문제점으로 거론하였다. 또한 베트남 대중음악의 매력과 창의성 개발을 촉구하는 등 자국의 문화 보호와 관련한 주장도 담아냈다. 이어 2015년 5월 17일에는 베트남 방송사 Kenh 14가 K-Pop 걸그룹의 선정적 댄스에 대한 문제점을 지적하며 일부 초등학교들이 클럽활동을 통해 섹시댄스를 가르치고 있다며 긴급한 조치가 필요하다고 전했다.

아울러, K-Drama의 위상도 위축되었다고 전한다. 2015년 8월 〈글로벌 한류동향〉은 VTV, HTV, 빈롱, 투데이 TV, E-채널 등의 유료, 무료 베트남 인기 채널에서 한국 드라마 비중이 크게 줄어들고 인도, 대만, 홍콩, 필리핀, 태국, 터키 드라마가 새로 진입해 현지에서 인기를 얻고 있다고 밝혔다. 베트남 드라마 제작사 골든웨이브프로덕션의 부티비치리엔 대표는 "최근 3년간 인도 드라마의 점유율이 지속적으로 높아져 현재 한국 드라마를 앞질렀으며, 인도 드라마에서 창출되는 이익이 계속 늘고 있어 향후 전망도 매우 밝다."라고 언급하며 한국 드라마의 위험한 위상을 부각시켰다. 이러한 상황은 온라인 사이트의 불법 유통으로 인해 현지 방송사들의 구매 수요가 감소한 것이 주된 이유로 알려지고 있다. 이에 따라 한국 드라마 선전을 위해서는 불법 유통에 대한 양국 간의 협조체계가 구축되어야 할 것이다. 또한, 현지 팬들의 콘텐츠 소비가 모바일로 이동하고 있는 만큼 향후 웹드라마의 적극적 진출도 고려해야 할 것이다. 국내 매체에서는 잘 다루어지지 않지만 한류 소비가 가장 활발하게 이뤄지는 국가 중 하나가 바로 미얀마이다. 미얀마은 지상파 채널 MRTV-4와 국제 콘텐츠 수입 및 배급사 MKCS에서 미얀마 최초 한류 전문 채널인 '포 레이디스(For Ladies)'를 개설하여 2015년 1월 6일 첫 방영을 시작하였다. 또한 미얀마의 양곤외국어대학교 한국어과 '에이 띤' 교수는 자국의 경제 성장 및 민주화 모델로 한국을 지목하면서, 한류를 통해 전파된 한국의 발전상을 언급하였다. 그는 한국이 미얀마의 국가 성장 모델로 자리매김하는 데 한류에 대한 선호와 인기가 결정적 역할을 했다고 평가했다.

2) 북미

세계 최대의 콘텐츠 생산국이자 소비국인 미국에서 K-Pop에 대한 관심과 선호가 날이 갈수록 높아지고 있다. 미국의 퓨즈 TV는 2015년 1월 27일 '걸그룹 파워 : 43 걸그룹에 대한 예찬(Girl group power : and ode to 43 rocking female acts)'이라는 기사를 게재하며 한국 대표 걸그룹 '2NE1'에 대해 극찬을 아끼지 않았다.

주요 내용을 살펴보면 '2NE1'은 한국의 가장 강렬하고 멋진 걸그룹이라는 것, 그리고 2014년 '크러쉬' 앨범이 빌보드 200에서 61위를 기록하며 선전했던 점들을 소개했다. 또한 '2NE1'은 미국에서 투어를 시도한 첫 번째 걸그룹이라고 소개하며 이들의 음악에 대한 높은 평가와 인기를 조명했다. 또한 빌보드에서는 2015년 1월 22일자 뉴스를 통해 K-Pop 남성그룹 '샤이니'의 멤버 '종현'의 첫 솔로 앨범 'BASE'가 미국 빌보트 월드 앨범 차트 1위에 올랐다는 사실을 보도했다. 빌보드는 종현이 R&B와 디스코, 댄스, 팝 장르가 절충된 이번 앨범을 위해 다양한 뮤지션들과 콜라보레이션 작업을 진행해 시선을 집중시키고 있다고 호평했다.

이어 2015년 1월 28일에는 빌보드지가 '2015년 주목해야 할 K-Pop 아티스트 Top 5(Top 5 K-Pop Artists to Watch in 2015)'라는 기사로 한국의 'iKON', '마마무', '지소울', '주영', '여자친구' 등에 대해 분석하기도 하였다. 이밖에도 미국 내에서 '에픽하이', '빅뱅', '에프엑스'의 멤버 '엠버', 래퍼 '산이', '블락비', '혁오밴드' 등에 대한 인기와 관심도가 높아 향후 미국 시장 내 K-Pop 성장의 가능성을 높이기도 하였다.

3) 중남미

2015년 중남미 한류는 K-Pop의 인기와 한국 문화에 대한 관심으로 요약될 수 있다. 중남미의 대표적 한류 지역이라 할 수 있는 브라질에서는 여전히 K-Pop 인기가 지속되었고 한국 문화에 대한 관심이 뜨거웠다. 특히 브라질에서는 이와 관련한 커뮤니티와 지역 행사가 눈에 띈다. 2015년 9월에는 브라질 준지아이시에서 K-Pop 관련 행사가 현지 한류 커뮤니티 'BrazilKorea'의 주관으로 진행되었다. 본 행사를 주최한 'BrazilKorea' 운영자 Alcina Knabb-en은 "브라질의 아시아 문화 관련 행사에서 K-Pop을 빼놓을 수 없게 됐다."라고 밝히며 향후 한복, 전통놀이, 수공예, 전통악기 등 전시 행사를 개최할 계획을 밝히기도 하였다.

K-Pop 뿐만 아니라 한국 문화와 관련한 활동도 활발하다. 2015년 3월에 개최된 상파울루 한국학교 주관 '제1회 한국어 말하기 대회'에는 한

인 교민 2세의 자녀들, 중국인 2세, 브라질 현지인 등 100여 명이 참석하여 높은 호응도를 보였다. 한류 콘텐츠의 높은 인기가 '한국어 배우기 열풍'으로 이어지는 모습이다. 브라질 내 최대 한류 커뮤니티인 K-Pop Station은 'Welcome to Korea'란 주제로 약 2,500여 명이 참석한 가운데 한국어 말하기 대회, 한-브라질 경제협력 세미나, 투호놀이, 제기차기, 한복체험, 사물놀이 등의 한국 문화 체험행사를 가졌다.

중남미 지역의 또 다른 한류 활성화 국가인 멕시코에서도 역시 K-Pop과 한국 문화에 대한 관심이 뜨거웠다. 브라질과 다른 점이 있다면 관심의 주체가 언론이었다는 점이다. 멕시코 대표 방송국인 '카날 온세(Canal Once)'는 〈멕시코시티 속 색다른 곳으로의 여행〉이라는 프로그램을 제작해 한국 문화를 소개하였다. 이 프로그램에서는 한국 음식을 즐기며 K-Pop을 듣고 한국 화장품을 구입할 수 있는 멕시코시티 코리아 타운에 위치한 '라면 하우스'를 자세히 다루었다. 또한 현지 매체인 Televisa Foro TV는 2015년 7월 27일, 7월 28일, 7월 31일 세차례에 걸쳐 한국 문화와 K-Pop, K-Drama에 대해 소개하였다. 주 내용은 한국의 기술과 경제 발전상, 유명 아티스트, 일방적 문화 전파에서 쌍방향 문화교류로의 발전 등에 관한 것으로 한류 콘텐츠에 대한 인기가 한국에 대한 관심으로 이어지는 모습을 보였다.

4) 유럽

유럽 한류의 근원지는 프랑스였다. 문화 강국 프랑스에서 열린 2011년 SM 타운 쇼케이스의 폭발적인 인기는 한국 대중문화의 세계적인 성공 가능성에 대해 주목하게 했다. 2015년 프랑스 한류는 한국 영화에 대한 높은 관심으로 요약할 수 있다. 2015년 프랑스에서 주목한 한국 영

화는 〈끝까지 간다〉였다. 동 영화는 프랑스의 60여 개 극장에서 개봉
되었으며 대표 언론 매체인 '르몽드', '리베가시옹', '르 가르피로', '렉
스프레스', '르 카나르 앙셰네' 등에서 '창의적 연출이 돋보이는 영화',
'가차없고 상상력이 풍부한 블랙 코미디', '한국 영화가 창의적임을
전 세계에 보여주는 영화'라며 호평했다.

프랑스가 주목했던 또 하나의 한국 영화는 홍상수 감독의 〈자유의 언
덕〉이다. 〈자유의 언덕〉은 프랑스 40여 개 극장에서 개봉되었으며 현
지 비평가로부터 극찬을 받았다. 한 예로 프랑스 영화 평론가이면서
1947년 창간한 영화 전문지 '까이에 뒤 시네마(Cahiers du Cinema)'의
전 편집장 장 미셸 프로동(Jean Michel Frodon)이 "극도로 단순하면서
도 흥미진진한 복합성을 함께 지닌, 정말 훌륭한 작품이다"라며 작품
의 완성도를 높게 평가했다. 이밖에도 칸국제영화제(Cannes Film
Festival)에서는 전도연 주연의 〈무뢰한〉이 '칸 주목할 만한 시선'에 초
대되었는데 주연배우인 전도연에 대한 기대가 '무뢰한'을 초대시켰다
는 평이 있어 한국의 영화배우에 대한 높은 관심도 확인할 수 있었다.

비틀즈의 고향인 영국에서도 한류에 대한 언론의 관심과 칭찬이 계속
되고 있다. 영국 BBC는 6월 2일자 '세계 정복을 위한 싸이와 K-Pop 스
타들의 노력에 어떤 일이 있었나?'라는 보도를 통해 한국 연예기획사
의 스타시스템 및 해외 진출과 관련한 성과에 대해 집중 조명했다. 내
용을 살펴보면 영국의 보이그룹 'One direction'이 2014년 한 해 동안
벌어들인 수익이 4백만 달러인 반면 '빅뱅'이 벌어들인 수입은 7천 1
백만 달러라며 '빅뱅'의 세계적인 인기와 경쟁력을 언급했고, '2NE1'
의 씨엘에 대한 여러 활동과 트레이닝 과정을 소개하면서 향후 세계시
장에서의 성공 가능성을 높게 점쳤다.

영국 내 한류에서 주목할 만한 부분은 바로 '한식'이다. BBC는 6월 5일 자 보도에서 아프리카 TV의 먹방 BJ(Broadcast Jockey) '디바' 씨와의 인터뷰를 통해 한국 음식을 만드는 현장부터 방송 진행까지의 전 과정을 소개하였다. 특히 동 방송은 한국에서의 '먹방' 인기가 거대한 도시 속 원자화된 개인이 각자의 공간에서 친밀함을 맺는 새로운 '관계 맺기' 방식으로 진화되고 있다고 분석하기도 하였다. 또한 런던지역의 무료 일간지인 런던 이브닝 스탠다드(London Evening Standard)는 '한국식 프라이드 치킨(Order it Korean-style or on a waffle : Why London is obsessed with fried chicken, 2015.4.8.)', '런던의 베스트 한국 식당들 : 전통과 혼합된 새로운 트렌드 2015.4.13.)' 라는 기사를 통해 한국의 프라이드 치킨에 열광하는 영국인들을 소개하며 한국식 치킨의 조리법을 상세히 다루고 한식에 대한 높은 관심을 반영하였다. 마지막으로 킵합(한국형 힙합)의 인기 또한 2015년 유럽 전역에서 급격히 상승하였다. 2015년 두바이에서 열린 제3회 한류 월드콩그레스에서 독일 바이로이티 대학의 우테 펜들러 교수는 '지드래곤'의 예술성이 뮤직비디오에 그대로 녹아들어 있고, 그의 프로듀싱 기술은 유럽도 따라갈 수 없다고 언급하였다.

5) 아프리카

아프리카의 한류는 여전히 초입 단계로 평가되고 있다. 2015년 아프리카 한류의 고무적인 사건은 '한식'에 대한 높은 관심이다. 남아프리카 공화국의 유력 일간지인 〈프리토리아 뉴스(Pretoria News)〉는 김밥, 잔치국수, 비빔국수, 만두, 된장국, 부대찌개, 삼겹살 등의 한식을 소개하며 건강을 위해 남아공 음식문화에 한식을 접목할 필요가 있음을 주장하였다. 또한 남아공에서 K-Pop 커버댄스로 스타 반열에 오른 'Lauren Meikle'는 K-Pop 스토리를 요리와 함께 담아낸 K-Pop Cafe를 운영 중인 것으로 알려져 현지에서 K-Pop과 한식에 대한 높은 인기를 확인할 수 있었다.

중동 지역에 있는 아프리카 북쪽의 이집트 또한 한식에 대한 관심이 뜨거운 것으로 보인다 이집트 일간지 〈줌 후리아〉는 4월 24일 '한국, 김치로 세계를 공략하다'라는 기사를 통해 한국 음식문화와 한국 음식을 이집트인들에게 가르치는 한국요리 전문 요리사 '가다야신'에 대해 보도했다. 이날 인터뷰에서 '가다 야신'은 "한국 음식이 이집트에서 인기를 더해가고 있으며, 이집트인들은 한국 음식을 떠올리면 예술적이고 아름다우며, 또한 매우 창의적인 음식이라고 생각한다"고 극찬하였다. 기사는 이집트인들에게 인기있는 한국 음식이 김밥, 불고기, 떡볶이, 김치, 호떡이라고 평가했으며 한국 문화원에서 진행하고 있는 요리사 가다씨의 한국요리 강습에 대해서도 소개하는 등 한식에 대한 인기와 향후 성장성을 높게 평가하는 모습이었다. 아프리카 지역 내 한식에 대한 관심이 뜨거운 만큼, 최근 한국 내에서 인기를 끌고 있는 '먹방' 프로그램의 선전과 '한식' 커뮤니티의 창립을 기대해 본다.

2. 새로운 한류 콘텐츠의 등장

1) 웹드라마

웹드라마의 탄생은 반드시 중국의 해외 드라마 규제에만 기인한 것이 아니라, 처음부터 문제가 되었던 드라마 배급 구조에서도 그 원인을 찾을 수 있다. K-Pop과 달리 드라마는 웹을 통해 유통되기가 힘든 콘텐츠이다. 즉, 현지의 유선, 위성, 혹은 공중파 방송사와 연계되어 드라마를 수출하지 않는 한, 드라마는 불법 복제되어 해외 한류 팬들에게 뿌려질 수밖에 없는 상품구조를 갖고 있다. 이런 어려운 상황을 타개하기 위해 웹상에서 수익을 창출할 수 있는 드라마 콘텐츠를 찾다가 우연히 개발하게 된 것이 짧은 방영 시간을 주축으로 하는 파격적인 웹 드라마였다. 웹드라마는 웹툰의 형태를 띠면서 쉽게 스트리밍 서비스를 받을 수 있도록 설계되어 있다. 그러나 웹툰과는 달리 제작비가 많이 들어 수익구조에 대한 불안과 리스크를 항상 갖고 있다.

2015년에는 웹드라마가 더욱더 다양해지고 그 내용도 더욱 파격적으로 진화하면서, 국내 시장에서의 재생 횟수도 급격히 늘고 있다. 문제는 웹드라마를 수출할 수 있는 플랫폼의 확대가 시급하다는 것이다. 현지 방송사에 의존하지 않고 수출할 수 있다 하더라도 결국 현지 플랫폼과 협력하여야 한다. 중국과 같이 규제가 심한 국가에서는 현지 플랫폼과의 협력이 더욱더 중요해진다. 뿐만 아니라 상당수가 한중 합작을 통해 생산되고 있다. 그러므로 이런 규제가 없는 북미, 유럽, 동남아시아, 일본과 같은 자유시장에서 플랫폼을 개발하여 접근할 수 있어야 한다. 우리나라 플랫폼 중 유일하게 일본, 대만, 동남아 등지에서 약진하고 있는 것이 네이버이다. 그러나, 네이버가 웹툰과 웹드라마의 해외 배급을 독점하게 된다면 제작자들 사이에 불만이 고조될 수 밖에 없다. 이런 문제를 해결하기 위해서는, 공익적 차원에서 한류 콘텐츠를 전문적으로 해외에 배급할 수 있는 공적 플랫폼이 개발될 필요가 있다. 현재, 구글의 유튜브 같은 플랫폼을 갖고 있지 못한 한국으로서는, 한류 종주국의 입장이지만 정작 배급권이 없는 불리한 입장에서 콘텐츠를 수출할 수 밖에 없는 약자적 위치에 처해 있다.

2) 킵합(Khip-hop)

2015년은 킵합이 미국을 강타한 해이다. 한국에서는 알려지지 않은 '키스 에이프(Keith Ape)'가 히트곡 'It-G-Ma(잊지마)'를 통해 〈뉴욕 타임즈〉에 대서특필되었던 것이 2015년 8월이었고, 걸그룹 '2NE1'의 씨엘과 '빅뱅'의 지드래곤이 미국의 '디플로', '미시엘리엇'과 각각 협업을 시작한 것도 2015년 이었다. 〈뉴욕 타임즈〉는 킵합에 대해 다음과 같이 평가하고 있다. "한국의 힙합은 1990년대 초반부터 있었지만, 최근 몇 년간 기존의 K-Pop 중심 구도에서 벗어난 신생 독립 음반회사들이 전면에 나서면서 광범위하게 성장하고 있다. '키스 에이프' 역시 이들 중 하나인 '하이라이트'라는 음반회사와 계약을 했다. 하지만 '트레비스 스캇(Travis Scott)'과 '오풀 레코즈 크루(Awful Records Crew)'와 같은 미국식 괴짜들에게 영향을 받은 그로서는 여러면으로 봤을 때 한국의 주류 힙합이나 심지어 언더그라운드와도 거리가 있을 수 밖에 없었다(한국에도 미국의 〈아메리칸 아이돌〉과 비슷한 방식의 리얼리티 경쟁 프로그램인 〈쇼 미 더 머니〉가 있긴 하다."

종전의 K-Pop이 과감한 섹시 룩과 화장, 그리고 칼군무를 주 무기로 하면서, 랩 위주가 아니라 노래 중간에 잠시 분위기를 전환하는 역할을 담당하였다면, 킵합의 가사는 도전적이고 시적이며 반사회적이라고 할 수 있다. 특히 이런 도전성과 예술성이 K-Pop에 식상해진 일본, 유럽, 북미의 일부 한류 팬들에게 신선한 충격으로 받아들여지면서 한국 음악의 다양성이 좀 더 확대되고 있다고 볼 수있다. 또한, 힙합의 주요 무대인 미국에서도 돌풍을 일으키면서 현지의 유명 예술가들과 협업과 경쟁을 동시에 펼치고 있다는 점에서 한국 음악의 선진성을 동시에 보여주는 성과라고 할 수 있다. 앞으로도 더 많은 킵합 콘텐츠가 개발되기를 기대해 본다. 2015년은 여러 어려운 문제에도 불구하고 한류가 보다 성숙하고 다양화하면서 한층 진화하고 발전한 해가 되었다. 특히, 웹드라마, 킵합 등의 새로운 콘텐트 개발과 한식으로의 확대는 한류의 미래를 밝게 비추고 있다. 2016년에는 글로벌 콘텐츠 플랫폼의 개발과 미국 할리우드와 같은 한류 콘텐츠 벨트가 완성되어 한류 콘텐츠의 글로벌 경쟁력이 더욱 강화되는 새해가 되기를 기대한다.

2015 지구촌 한류 현황에서

PART 02 아주지역의 한류변화

네팔 Kindom of Nepal

1) 한류 확산

대부분의 네팔 사람들이 한국을 짧은 기간에 경제발전을 한 나라, 돈을 많이 벌 수 있는 꿈의 나라로 인식하고 있다. 네팔은 내륙국가로 인도의 캘커타 항구를 통해 거의 모든 물자가 수출입 되는바, 인도가 정치 · 경제 · 사회 · 문화 등 모든 면에서 강력한 영향력을 행사한다.

최근 현대 · 기아 자동차, 삼성 핸드폰 및 가전제품 등이 인기리에 판매되고 네팔 젊은 층 사이에서 한국드라마 · 영화 · 아이돌 가수 등이 인기를 끌기 시작하는 등 한국문화에 대한 네팔 국민들의 관심이 증가하는 추세라고 한다. 다만, 최근들어 증가하고 있는 한국내 네팔 근로자와 국제결혼 여성에 대한 처우 문제에 부정적인 기사가 네팔 주요 언론에 종종 보도되어 한국에 대한 부정적 이미지 증가의 가능성이 잠재한다.

그러나 대다수 네팔인들은 아직까지 한국을 접해 보지 못해서 한국에 대한 이해가 높지 않은 상황이다. 다양한 한국 문화행사의 정기적인 개최를 통해 한국에 대한 긍정적인 이미지 확산이 필요하다.

2) 일반 정보 및 문화

네팔은 100여개 종족과 언어로 구성된 나라로 인도와 국경이 접한 남쪽 Tarai 평야지대부터 에베레스트 등 세계 8대 봉우리를 보유한 북쪽 히말라야 산맥까지 다양한 문화 및 자연환경으로 구성되어 있다. 힌두교의 영향으로 소를 신성시 하고 있으며, 힌두교의 여러 신들을 숭배하는 다양한 축제가 존재한다. 네팔 룸비니는 부처님의 탄생지로 현재 룸비니 개발계획을 수립하여 불교성지로서의 위상을 구축 중이다.

정치 불안정으로 지난 10여 년 이상 산업발전·외국인 투자 등이 제대로 이루어지지 못해 최근 5년간 5% 이하의 낮은 경제성장률을 기록했다.

3) 개요

위치는 서남아시아의 인도 및 중국(티벳트)와 접경한 내륙국이고 기후는 우기와 건기로 구분되는 아열대 몬슨 기후이다. 국명은 네팔연방민주공화국(The Federal Democratic Republic of Nepal). 인구는 3,050만 명('12년 기준), 면적은 147,200㎢(한국의 67%)다.

민족구성은 아리안족(80%), 티벳·몽골족(17%), 기타 소수민족(3%)이고, 종교는 힌두교(87%), 불교(8%), 이슬람교(4%). 언어는 네팔어이고 1인당 GDP는('14) 762불이다. 국방은 95,753명, 우리나라와의 관계수립은 1974년 5월 15일이고 재외동포수는('12) 574명이다.

1) 한류 확산

남서 태평양에 있는 뉴질랜드는 비교적 한류가 늦게 도입된 국가로서 뉴질랜드인들의 보수적인 성격과, 모국으로 여기는 영국(유럽)에 대한 강한 동경심, 지리적인 고립을 주된 원인으로 들 수 있다. 그러나 1990년대 이후 뉴질랜드 정부가 개방된 이민정책을 통해 이민자를 받아들이면서 아시아 이민자들이 크게 증가되었다. 따라서 2000년도에 들어서면서 다양한 문화, 특히 한류는 뉴질랜드 소수민족 이민자들뿐 아니라, 보다 넓은 범위의 뉴질랜드 인들에게도 한류가 전해지게 되었다. 한국 유학생 및 교민들을 통해서도 한류가 더욱 빠른 속도로 전파되기 시작했으며, 최근 몇 년간 한국 드라마와 K-Pop이 뉴질랜드 젊은 층과 중년 여성들에 이르기까지 다양한 연령층에서 큰 호응을 얻고 있다.

한국 드라마 · 영화, K-Pop 팬들이 증가함에 따라, 한국어에 대한 관심도 점차 증가하고 있다. 최근 동포들을 대상으로 운영되었던 한글학교에 외국인 학생 수가 증대되고 있으며 뉴질랜드 대학교의 한국학생회에서도 외국인들을 대상으로 한국어를 가르치기 시작하였고, 소수중 · 고등학교에서도 한국어 반을 개설하여 운영하고 있다. 주요 대학에서는 한국어과를 개설해야 한다는 학생들의 운동을 펼칠 만큼 한국어를 배우려는 열기가 높아지고 있다.

한국 드라마에서 보여지는 한국인들의 패션, 생활방식, 흥미있는 스토리 전개 등에 매료되고 있다는 의견이 강하다. K-Pop 팬들은 한국 가수들의 독특한 매력(unique), 신선함(fresh), 춤, 노래, 연기 등 다양한 재능(talented)을 보유하고, 항상 변화하는 모습(dynamic)을 좋아한다

27

고 언급하였다.

2) 일반 정보 및 문화

호주 옆 뉴질랜드는 다문화국가로서 1천여 년 전부터 마오리족이 카누를 타고 태평양을 횡단해 뉴질랜드에 정착하여 살아왔으며, 19세기 초부터 유럽인들이 정착하기 시작했다. 마오리족은 폴리네시아 계통의 인종으로 춤과 노래에 능하고, 나무나 돌, 뼈를 조각하는 솜씨가 뛰어나다. 마오리족의 유명한 하카(Haka)는 손과 발의 일치된 움직임과 도전적인 노래 가사를 율동에 맞춰 추는 것으로, 전사들이 출전하기 전에 추는 춤이다.

마오리족은 인사를 할 때 악수를 하면서 서로의 코를 맞대는 홍이 (Hongi)라는 동작을 함께 취한다. 마오리족은 문자가 없어 구전문학과 웅변이 발달되었으며, 영국인 이주 이후 로마자를 이용하여, 언어를 사용하고 있다. 영어와 함께 뉴질랜드 공식언어인 마오리어는 뉴질랜드 학교에서 가르친다. 각종 지명이 마오리어로 되어 있는 것을 비롯, 마오리 문화가 뉴질랜드인의 생활에 중요한 축을 이루고 있다.

뉴질랜드는 독특하고 활동적인 문화를 보유하고 있다. 영국을 중심으로 하는 유럽 이주민들이 국민의 주류를 구성하고 있으므로 서구적 문화 · 예술 전통과 가치관이 지배적이나, 토속 마오리족은 뉴질랜드의 언어, 예술, 뉴질랜드 사람들의 말투에도 영향을 끼쳤다. 남태평양의 환경과 뉴질랜드 사람들의 여가활동과 스포츠 그리고 예술에 대한 각별한 애정은 그들의 문화를 세계에서 가장 독특한 것으로 만들었다.

3) 개요

위치는 남서 태평양이며 기후는 해양성기후이고 수도는 웰링턴(웰링턴시 인구 18만 5천 명), 인구는 446만 명(북섬 75%, 남섬 25%), 면적은 27만㎢(북섬 11.6만㎢, 남섬 15.1만㎢, 기타도서 3,542㎢), 한반도보다 약간 넓다.

민족구성은 유럽인(68%), 마오리족(14%), 아시아계(9.2%), 폴리네시아인(6.9%)로 구성되어 있고, 종교는 성공회, 기독교, 카톨릭이며, 독립일은 1907년 9월 26일, 언어는 영어, 마오리어를 사용하고 1인당 GDP는('13년 기준) 40,700불이고 우리나라와의 교역은('11년 기준) 총교역 29.4억 불(수출 16억 불, 수입 13.4억 불)이며, 국방은 8,550명, 관계수립은 1962년 3월 26일. 재외 동포수는('13) 30,171명이다.

방글라데시   People's Republic of Bangladesh

1) 한류 확산

방글라데시 국민의 한국에 대한 인식은 대체로 우호적인 편이다. 방글라데시는 한국의 경제발전 수준, 질 좋은 전자제품, IT 발전 등에 대한 인식이 높은 편으로 한국을 신뢰할 수 있는 비즈니스 협력 파트너로 여겨지고 있다. 방글라데시는 이슬람 국가로 서남아 인접국들과의 문화교류도 비교적 활발한 편이다.

방글라데시는 무슬림 국가로서 이슬람 근본주의 세력은 미약한 편이지만 그래도 보수적인 성향이 강한 나라이다. 따라서 짧은 반바지, 소매가 없는 셔츠, 가슴이 파인 드레스 등 노출이 많은 옷차림은 삼가는 것이 좋으며, 공공장소에서 과도한 애정표현 및 소란스러운 대화는 바람직하지 않다. 방글라데시 사람 특히 무슬림들은 고개를 숙이지 않는다. 고개를 숙이는 것은 신에게만 할 수 있다. 사람들끼리 인사를 할 때는 오른손을 펴서 이마에 대는데 상대방에게 손바닥을 보이게 한다. 손을 올리면서 '당신에게 평화가 있기를(앗 살라무 알라이 쿰)'이라는 인사말을 한다. 인사를 받으면 답인사로 '오 알라이 쿰 앗살람'이라고 한다.

2) 일반 정보와 문화

방글라데시는 미얀마와 접경해 있는 동남부 일부와 벵갈만에 임해있는 남부를 제외하고 3면이 모두 인도와 접경해 있으며 방글라데시 국토의 90%이상이 평지로 이루어져 있다. 히말리아 산록을 수원으로 하는 브라마트리 강, 갠지스 강, 메그나 강 등 3개의 강이 중심을 이룬 전형적인 농업국에 속한다. 약 230여 개에 달하는 수많은 강들이 국토를 가로지르고 있으며, 방글라데시 국토는 고도가 낮아 삼각주와 넓은 침수 지역의 평야가 차지하고 있다. 1757년부터 1947년까지 벵갈지역 및 인도 전역을 포함하여 영국의 식민 지배를 받았다. 1947년 파키스탄의 11개 주 중 하나의 주(동파키스탄)로 독립되었으며, 1971년 마침내 파키스탄으로부터 독립하여 지금의 방글라데시 인민공화국이 탄생하였다.

농업부문이 GDP에서 차지하는 비중이 약 20%이며('13년 기준), 전체 노동인구의 약 45%정도가 농업에 종사한다. 풍부한 노동력과 저임금으로 섬유 · 의류 제조업이 발달하였으며, 전체 수출의 80%를 차지한다. 이슬람 문화가 폭넓게 형성되어 있으나 전반적으로 온건한 편이다.

소수민족 구성비가 낮아 비교적 문화적 동질성을 유지하고 있다.

3) 개요

이 나라의 수도는 다카(Dhaka), 인구는 1,500만 명이며, 총인구는 (' 2014) 약 1억 6천만 명이다. 면적은 147,570㎢(한반도의 약 2/3), 민족 구성은 벵갈인(98%)로 구성되어 있으며, 종교는 이슬람교(89% - 국 교), 힌두교(16%), 불교(0.7%), 기독교(0.3%)이다. 언어는 벵갈어 (90%, 공용어), 힌두어(8%), 영어(통용)이며, 1인당 GDP는 1,033불 (' 13 - IMF), 우리나라와의 교역은('13) 1,759백만 불이다.

대만(타이완) Tai wan

1) 한류 확산

1997년 중국 대륙에서 처음으로 한국드라마를 방영한 이후, 2000년 〈 불꽃〉, 〈가을동화〉가 대만에서 방영된 뒤 한류의 열기가 점점 고조되 어 아시아 지역으로 확산된 것으로 볼 때, 대만을 아시아 한류의 발원 지라고 한다고 해도 손색이 없다. 현재 대만의 약 10여개의 채널에서 는 매일 20여편의 한국드라마를 방영하고 있을 정도로 한국드라마의 인기는 매우 높은 편이다. 또한 K-Pop에 대한 인기도 매우 높아서 한 국의 유명 아이돌 그룹 슈퍼 쥬니어의 노래는 대만 최대 온라인 음악 사이트 'KKBOX'의 한국음악 톱 100차트에서 지난 2010년 6월 첫 주 부터 2012년 4월 넷째 주까지 총 100주간 1위를 지키는 놀라운 기록을 달성했다. 현재 이 같은 한류 열풍에 힘입어 매년 한국어를 배우는 인구도 20~30%씩 증가하고 있는 상황이다. 대만의 한류붐은 요식업으로 이어지고 있다. 드라마 '별에서 온 그대' 방영 이후 한국식 치킨을 판매하는 식당이 늘었고 강호동 678백정구이, 공룡 닭 한 마리, 신마포 갈매기살 등의 프랜차이즈들이 대만 전역에 가맹점을 냈다.

2) 일반 정보 및 문화

대만(臺灣)은 13개의 민족으로 나누어진 원주민, 중국대륙의 민남, 객가(客家)이민족, 네덜란드인, 스페인인, 일본인, 1940년대에 들어 중국 대륙에서 이민해 온 중국 이민족 등 다양한 문화가 공존하는 매력의 땅이며, 전통관습과 문화를 보전하려는 토착 원주민 문화부터 네덜란드, 일본에 의해 남겨진 지난 과거의 역사까지 엿볼 수 있는 곳이다.

아름다운 섬이라는 뜻의 Formosa라는 애칭을 지닌 대만은 중국예술과 문화의 중심지 역할을 하고 있으며 중국문화를 한곳에서 엿볼 수 있는 곳이 바로 대만에 위치한 국립고궁박물원(國立故宮博物院)이다. 국립고궁박물원(國立故宮博物院)은 런던의 대영박물관, 파리의 루브르 박물관 등과 함께 세계 5대 박물관에 꼽히는 곳으로, 총 60만 점의 방대한 규모의 문화자산이 전시되어 있는 중국 문화 역사의 보물 창고이다.

이나라의 유서 깊은 축제는 수천 년의 역사를 지키며 이어온 역사와 전통을 가지고 있다. 크게 중국 대륙에서 이주해온 한족들에게서 전해져온 축제와 대만 원주민들의 축제로 나눠볼 수 있다. 일 년 중 가장 먼저 열리고 대만에서 가장 중요한 전통 축제는 바로 매년 음력 1월 1일 춘절(春節)이다. 음력설의 연휴 축제 분위기는 정월 보름의 등불 축제까지 이어지는데 대만 전역에 화려한 등불로 불야성을 이루게 된다. 매년 5월 달에는 드래곤 보트 축제, 중추절에는 온가족이 함께 모여 보름 달을 보며 달을 닮은 월병(月餠)을 먹고, 매년 8월에 열리는 타이베이 중화미식전(Taipei Chinese Food Festival)에서는 중국의 모든 지방의 요리를 맛볼 수 있는 축제가 열린다.

대만은 오랜 기간 동안 전통을 지켜온 원주민 문화에 대해 열성적으로 지원하고 현재까지 잘 보존이 되어 오고 있는데 원주민의 춤과 음악을 대표적으로 꼽을 수 있다. 음악은 원주민들의 삶에 필수적인 요소로서 농산물의 풍작, 애정, 원주민의 탄생 설화 등을 모티브로 하고 있다. 또한 원주민들은 대부분 고유의 문자가 없지만 신화와 전설 등 풍부한 구전문화와 독특한 문화예술을 간직하고 있다. 아메이족(阿美族) 추수감사 축제와 란위다오에 사는 야메이족(雅美族)의 축제는 매우 유명하다.

대만에서는 아직도 과거의 식민지 시대의 흔적을 찾아볼 수 있는데, 딴수이(淡水)에 위치한 홍마오청(紅毛城, Fort San Domingo)은 1629년 스페인이 세운 요새로 후에 네덜란드가 점령하고 19세기에는 영국인이 영사관으로 지은 역사 고적이다. 타이베이시의 디화지에(迪化街), 타오위엔 따시(大溪), 타이난의 신화(新化)와 같은 장소는 일본인들에 의해서 남겨진 바로크 양식의 건축물들이 잘 보존되어 있다. 일본의 식민지 시대에 지어졌던 총통부, 행정원, 구(舊) 대만 국립대학병원 건물 등은 역사적으로 귀중한 건축물로 남아있다. 최근에는 이러한 건축물에 야간 조명 등을 설치하여 타이베이의 야경을 더욱 아름답게 만들어 주고 있다.

3) 개요

위치는 동부아시아로, 기후는 아열대성기후(북부), 열대성(남부)이다. 수도는 타이베이. 인구는 2,373만 명(타이베이 262만 명), 면적은 약 3.6만 평방km(남한의 약 1/3)가 된다. 민족 구성은 대륙인(14%), 대만 인(84%), 원주민(2%), 종교는 불교, 기독교, 천주교, 도교이다. 언어는 북경어(공용어), 민난어(대만 방언), 객가어(중국 남방지역 방언)를 사용하며, 1인당 GDP는 20,154불, 우리나라와의 교역은 총교역 328.9억 불(수출 182억 불, 수입 146.9억 불)이며 재외동포는 약 3,000명이다.

라오스 Lao Peaple's Democratic Republic

1) 한류 확산

이 나라는 인근국 태국 TV방송의 시청이 용이하여 태국 방송을 통해 한류가 일반 대중에게 널리 알려지게 되었다. 아직 특정 한류팬층이 형성되어 있지는 않으나, 시내의 가게나 카페, 음식점에서는 K-Pop이 흘러나오고 있고 한국말은 잘 몰라도 한국노래 한 두 소절은 외워 따라 부르기도 한다. 라오스인들은 대부분 가정에서 유선으로 직접 태국 TV 방송을 시청하고 있으며, 특히 태국 TV방송에서 방영되는 한국드라마에 대한 인기가 높은 편이다.

라오스인들은 웃어른을 공경하고 가족중심적인 문화를 지니고 있어 사고방식이 우리와 비슷한 면이 많다. 라오스에서 한국의 옛 모습을 찾아볼 수 있다고 많은 사람들이 이야기한다. 음식 습관과 맛까지도 서로 흡사하여 자연스럽게 쉽게 다가설 수 있다.

2) 일반 정보 및 문화

이 나라는 인도차이나 반도의 중간(허브)에 위치하여 주변 5개국(중국, 미얀마, 태국, 베트남, 캄보디아)과 국경을 접하고 있는 내륙국가이다. 현재 라오스는 내륙국가의 단점을 극복하고 지정학적 이점을 살려 역내 물류의 중심지로 발돋움 하고자 노력하고 있다.

라오스는 여러 부족으로 유지하여 오다 란쌍왕국에 이르러 역사상 가장 강력한 통일국가를 형성하였다. 란쌍왕국은 1353년 루앙프라방지역에서 건국하여 인도차이나지역의 큰 영토를 지배하게 된다. 라오스말로 란쌍(Lan Xiang)은 '백만 마리의 코끼리'를 의미한다. 힘의 상징인 코끼리 백만 마리를 내세운 국호는 당시 현재의 라오스뿐만 아니라 태국의 일부까지 넓은 영토를 지배하던 왕국에 걸맞은 이름이라 할 수 있다. 13세기말부터 스리랑카에서부터 캄보디아를 통해 전래된 소승불교는 란쌍왕국 시기에 국교로 숭상되었으며 현재 국민 중 95%가 불교를 신봉하고 있다.

라오스인들은 조용하고 온순한 민족으로 공손하며 예의가 바르기로 잘 알려져 있다. 인사를 할 때는 두 손으로 합장하고 공손히 머리를 숙인다. 공개적으로 남을 비방하거나 흉을 보지 않으며, 온유하여 큰 소리를 내는 법이 없다. 남의 것을 탐하거나 터무니없는 욕심을 내지 않고 현실을 긍정적으로 받아들이고 만족할 줄 안다. 라오스는 여성이 가정을 꾸려가는 모계사회 전통이 있으며, 지금도 결혼 후 남자가 처가에서 같이 살거나 처가 부모를 모시고 사는 경우가 많다. 또 여성의 생활력이 매우 강하며 이혼을 하면 여성이 자녀를 돌보는 것을 당연하게 여긴다.

이 나라의 신년은 우리와 달리 매년 4월 중순이다. 이때가 되면 새해맞

이를 하는데 이를 삐마이(Pi Mai)라고 부르며 '물의 축제'라고도 한다. 4월 '물의 축제'는 각기 명칭은 다르지만 태국, 미얀마, 캄보디아에서도 행하여지고 있으며 서로에게 물을 뿌려주면서 행운과 건강을 기원한다. 물을 뿌려주는 대상도 사람뿐 아니라 절에 있는 스님들, 불상, 그리고 절 안에 있는 조형물이나 건축물에도 물을 뿌린다. 라오스에서 4월 중순은 건기 중 가장 더운 시기에 해당되며 이런 풍습은 더운 더위를 식혀 줄 비를 기원하는 의식이기도 하다. 이때에는 모르는 사람들에게 물을 뿌려도 누구 하나 화내는 사람이 없고 즐겁게 물을 맞고 또한 물을 뿌려준다. 또한 물을 뿌리기 위해 절을 순회하고 순회가 끝나면 가족, 친척, 그리고 친구들까지 한 자리에 모여서 밤이 새도록 음악을 크게 틀어 놓고 술을 마시며 즐긴다.

라오스의 문화는 역사상 태국과 닮은 면이 많다. 태국 동북부지역 거주인중 1/3가량은 라오스인의 후예로서 사용하는 언어도 라오스어 쪽에 가깝다고 한다. 라오스어와 태국어는 비슷하여 라오스인들은 태국어를 70~80%정도 알아들을 수 있으며 대부분 가정에서 유선으로 태국방송을 시청하고 있다.

3) 개요

위치는 인도차이나 반도 중앙 내륙이며, 기후는 고온 다습한 열대 몬순, 수도는 비엔 티안(Vientiane, 인구 75만 명)이다. 인구는 약 670만 명('13), 면적은 23.6만㎢(한국의 1.1배), 민족구성은 라오룸(50%), 라오퉁(30%), 라오숭(10%), 종교는 불교(95%), 카톨릭, 개신교이다. 언어는 라오스어, 1인당 GDP는('14년 기준) 1,697. 우리나라와의 교역은('15년 기준) 총교역 226백만 불(수출 99백만 불, 수입 200백만 불)이며 프랑스로부터 1954.10.22 독립. 재외 동포수는 ('12) 1,133명이다.

1) 한류 확산

말레이시아 TV3에서 2002년에 한국드라마 〈겨울연가〉가 최초 방영된 이래 〈가을 동화〉, 〈꽃보다 남자〉, 〈대장금〉이 잇달아 방송되면서 현지에서 한국드라마에 대한 관심이 대폭 증가하였다. 특히 〈대장금〉 방영 이래 한국 문화와 음식에 대한 관심이 증가하여, 주말에는 한식당에서 많은 말레이시아인(주로 중국계)을 만날 수 있다.

드라마 외에도 〈엽기적인 그녀〉, 〈태극기 휘날리며〉, 〈내 여자친구를 소개합니다〉, 〈My Way〉, 〈타워〉 등 한국 영화도 시내 상영관에서 소개되었으며, 2006년〈동방신기〉가 한국가수 최초로 말레이시아에서 공연한 이후 〈비〉, 〈슈퍼주니어〉, 〈원더걸스〉, 〈소녀시대〉, 〈2PM〉, 〈포미닛〉 등 다수의 K-Pop그룹의 공연이 성황리에 이루어졌다. 한국 드라마와 영화, K-Pop 등을 통해 한국 여배우와 걸그룹들이 현지에서 인기를 얻으면서 한국 화장품과 뷰티용품의 진출이 활발해졌다. 또한 젊은 층을 위주로 K-Pop에 대한 수요가 폭증하면서, 자발적인 한류 동호회가 다수 형성되어 K-Pop댄스와 한국어에 대한 수요 증가로 이어지고 있다.

최근 말레이시아 경제 성장 이후(2012년 1인당 국민소득 1만 불 돌파), 한류 드라마에 나온 패션, 화장술(미용) 등에 대한 관심도 높아져 한국 성형에 대한 관심으로 이어지고 있다. 한국 음식에 대한 수요는 우리

식재료의 말레이시아 진출로 연결되어, 최근 말레이시아 대형 유통 체인에 우리 식재료가 진출하고 있다. 한류의 확산으로 한류와 연계된 관광 상품이 개발되고 있으며, 이로 인해 방한 말레이시아인 관광객이 2012년 기준 17만 명을 돌파하였다.

2) 일반 정보 및 문화

이 나라는 오래 전부터 말라카 해협을 통해 동서양의 문물이 교차·교류하는 위치에 있었으며, 그 사회도 다인종·다문화로 구성되어 있어 외국인과 타문화 문명에 대해 매우 개방적이다. 1824년부터 말레이 반도를 식민지로 다스리던 영국이 주석광산 및 항만 건설을 위해 중국의 노동력을 받아들였으며, 19세기 후반부터 대규모 고무농장을 건설하면서 타밀지방에서 인도 노동력을 수입한 것이 현재 다인종 구성의 원인이 되었다. 3개 인종은 함께 어우러져 살면서도 전통 음식과 고유한 음식 등 각자의 문화와 생활습관을 유지하고 있다.

말레이계는 국교인 이슬람교를 믿으며, 중국계는 불교, 도교, 기독교 등을, 인도계는 대부분 힌두교를 따르는 다인종·다종교 사회이다. 말레이계는 부미푸트라 정책(Bumiputra, 말레이계 우대정책)의 영향으로 공무원, 경찰, 국영기업 등 공공부문에서 거의 대다수를 차지하고 있다. 성격은 느긋하고 여유로우며, 이슬람교의 보수적인 생활양식을 유지하고 있다. 중국계는 말레이계나 인도계보다 상대적으로 근면하고 이재(理財)에 밝은 편이며, 개방적이고 자유로운 생활양식을 유지하고 있다. 따라서 말레이시아 경제권의 대부분을 중국계가 장악하고 있다. 인도계는 의사, 변호사 등 전문직에 종사하기도 하나, 일용노동자 및 농촌빈민층의 상당 부분을 차지하고 있다.

말레이시아는 말레이시아의 특성을 잘 나타내는 『Malaysia Truly Asia』 및 『Colours of Malaysia』 등의 슬로건을 자국 관광 홍보에 활용중이다. 말레이시아는 문화정책의 목표로서 민족 간 조화 있는 문화 발전, 민족 문화 창달을 위한 말레이계 연예·예술인 육성, 연극·음악·무용 등의 대중문화 발전을 통한 국가적 일체감을 추구한다.

또한, 선임형 입헌군주제인 말레이시아는 각 주(州)의 왕인 술탄제도가 있어 까다로운 궁중예식이 잘 보존되어 있으며, 왕족과 유력한 평민에 대한 작위 및 호칭 제도가 발달되어 있다. 헌법에 의해 종교의 자유가 보장되나, 동시에 이슬람교를 국교로 규정하여 정부 행사시 이슬람식 기도로 시작하며, 각 주의 왕인 술탄은 모두 말레이계 무슬림으로서 상징적인 의미의 통치자일 뿐만 아니라 종교적 지도자로서의 지위도 보유하고 있다.

말레이시아 최초의 국가인 말라카 왕국이 1414년 이슬람교를 국교로 선포한 이래, 이슬람교가 말레이시아의 문화와 국민 생활 전반에 미치는 영향은 매우 크다. 『코란』은 무슬림으로 하여금 하루 5번 기도, 라마단(금식), 성지순례 등의 의무사항을 지키도록 규정하고 있다. 현지 이슬람 모스크에서는 매일 정해진 시간에 확성기를 통하여 기도 시간을 알리고 있으며, 무슬림들은 매년 정해신 기간에 한 달간 금식을 하고, 사우디아라비아 Mecca에 성지순례를 가기 위해 수입의 일정 부분을 저축하고 있다.

3) 개요

위치는 말레이 반도 및 보르네오성 북부이며 기후는 고온 다습의 열대성이다. 수도는 크알라룸푸르, 인구는 2,970만 명(2013년 6월), 면적은

330,803㎢ (한국의 1.5배)이다. 민족구성은 말레이계(60%), 중국계(25%), 인도계(7%), 기타(8%)이며, 종교는 이슬람교(국교, 60%), 불교, 힌두교 등 종교의 자유보장. 언어는 말레이어(공식어), 영어(통용어), 중국어를 사용한다. 1인당 GDP는(2012) 10,708미불. 우리나라와의 교역은 총교역 196억 불(수출 86억 불, 수입 110억 불 - 2013년). 독립은 1957년 8월 31일 말라야 연방 독립했으며 우리나라와의 관계수립은 1960년 2월 23일이며, 재외동포는('12) 14,000명이다.

몽골 Mongolia

1) 한류 확산

몽고에서 2002년 드라마 겨울연가 및 대장금 등의 방영으로 해당 배우인 배용준, 이영애 등이 몽골 안방에서 뜨거운 관심을 받았다. 이때가 몽골에서의 한류의 시초라고 할 수 있다. 이를 계기로 몽골에서 한국 드라마가 계속 방영되기 시작하면서 드라마에 출연한 배우들이 몽골에서 인기를 얻으며 한류바람을 이어 간 것으로 여겨진다. 2009년 이후 한국에서 인기 있는 드라마는 2~3주 후면 몽골 TV에서도 방영될 정도로 몽골에서 인기가 높아지고 있으며, 많은 한국 드라마는 몽골 국민들에게 일상의 화제 거리가 되고 있다.

이는 그동안 몽골에서 자체 제작한 일일연속 드라마가 없는 요인도 있겠으나, 일상생활 이야기를 재미있게 표현하는 한국드라마에 대한 호기심과 양국의 문화인류학적 유사성, 그리고 전 세계적으로 퍼지고 있는 최근의 한류 붐이 어우러져 몽골에서 한국 드라마 인기가 높은 것으로 보인다. 또한 젊은이들 사이에서는 드라마에 나온 패션, 화장술(미용)등에 대한 관심이 높아서 한국화장품의 판매가 급증하고 한국성형에 대한 관심도 높아지고 있다.

K-Pop가수로 1997년 Baby Vox그룹, 2009년 휘성, 2010년 한 · 몽 수교기념 20주년 행사 공연에 브라운 아이드 걸스, 유키스, HAM, DECEMBER 등이 출연한 바 있다.

1990년 3월 한 · 몽 수교후 몽골 외교부 산하 동양학연구소에 한국어 강좌를 최초로 개설 이후, 주요 대학에 한국어 학과가 꾸준히 개설되면서 정규 교육기관(26개 한국어 개설 대학) 및 수강 학생 수가 증가 추세에 있으며 한국유학생 수도 최근 급격히 증가 2011년 말 5,000여 명을 넘어서고 있다. 한국어 교육은 초 · 중 · 고등학교로 확산, 2012년 말 11개 정규학교에서 총 1,500명의 학생들이 한국어를 배우고 있으며, 기타 일반인을 위한 한국어 학습기관으로 세종학당(3곳)과 기독교 단체 등의 NGO들이 운영하고 있는 한국어 교육 기관들도 다수 있다.

이러한 한국어 및 한국 문화에 대한 몽골 국민들의 높은 관심은 개발선도 국가로서 한국의 역할모델, 한국에 체재하는 30,000여 명의 몽골 근로자 등에 연유하기도 하나, 향후 한 · 몽골 경제분야 협력 증진 전망에 따라 한국 문화를 이해하는 한국어 구사 인력의 수요 확대가 되리라 보고 있다. 또한, 야채와 양념을 주원료로 하는 한국 음식이 널리알려지게 된 동기는 육류 중심의 몽골 식생활 문화가 건강을 중시하는 채식음식문화로 변화하는 과정에서 한국 귀국노동자 및 유학생 출신들의 한국 식생활 접촉이 큰 요인 중 하나로 보인다.

2) 일반 정보 및 문화

Mongolia는 기원전 2009년 유목민이 세운 최초의 국가인 흉노국에서 기원하였다. 그 이후 선비, 유연, 돌궐, 위구르, 거란, 몽골제국 등 여러 유목 국가들이 이어져 왔으며 그들만의 독특한 문화를 발전시켜 왔다. 중국과 몇 천 년을 이웃하여 왔지만 중국의 문화와 차별되는 이유는 전통적인 유목생활과 자연환경에서 연유한다. 유목민들은 5대 가축인 양, 염소, 소, 말, 낙타를 기르며 4개월 동안 물과 풀을 따라 이동하는 자연과 어우러져 사는 생활방식을 가지고 있다. 유목민들은 유목 생활을 하면서 빠른 적응력과 자유로운 사고, 새로운 것에 대한 개방성을 저절로 배웠다. 유목민들이 중국의 문화를 수용하기 보다는 오히려 중국이 유목민의 문화 즉 의상과 악기, 전술, 말을 다루는 기술 등을 받아들였다.

유목민들은 종교를 중국이 아닌 티베트부터 받아들였다. 비록 대부분의 몽골 사람들이 불교를 믿지만 불교가 아닌 여러 종류의 종교가 징기스칸 시대부터 현재까지 평화롭게 공존하고 있다. 불교는 3번의 시도 끝에 몽골에 안착되었다. 처음으로 6세기 경에 불교가 들어왔지만 그렇게 성행하지는 못했다. 두 번째로 원나라 시대에 불교가 다시 국교로 선포되었지만 당시 왕실과 귀족들 사이에서만 성행되었다. 불교가 전 국민에게 전파된 것은 16세기 때부터였다. 이 때 몽골 귀족들은 샤머니즘이 아닌 불교를 통해 자신의 입지나 지위를 강화하고자 노력하였다. 당시 티베트 여러 종파들도 몽골의 군사력과 자금력을 이용하여 티베트 내에서의 입지와 자신의 속한 종파의 안전과 번영을 보장받고 싶었다. 청나라는 몽골을 점령하면서, 불교 전파를 국가차원에서 지원하였다. 청나라는 사원 건립 지원 및 승려가 되면 국가에 내는 세금을

면제하는 제도를 시행하였다. 그래서 한 때 세계를 평정하였던 몽골 전사들이 라마 승려로 변신하면서 그 용맹함이 많이 사라졌다. 불교가 들어오면서 종교 문화도 같이 들어왔다. 예술, 건축물은 물론 일상생활도 불교의 영향을 받았다.

몽골민족은 세계에서 가장 많은 문자를 만들어서 사용한 민족으로 현재까지 10여 종류의 문자를 만들었다. 현재는 징기스칸 시대에 위구르 문자를 토대로 만들어진 몽골 문자와 몽골이 사회주의 국가로 전환된 이후에 1941년에 위구르 몽골 문자를 폐지하고 도입된 키릴 문자를 병행해서 사용하고 있다.

3) 개요

위치는 중앙 아시아 고원지대 북방이며, 기후는 건성 냉대 기후. 수도는 올란바타르(Ulaanbaatar, 인구 140만 명)이다. 인구는 300만 명('13.7), 면적은 1,567,000㎢(한국의 7.5배)이며, 민족구성은 할흐 몽골족(90%), 카자흐족(5.9%), 브리야트계(2%) 등 17개 부족이다. 종교는 라마불교(80% 이상), 이슬람교(5%), 90년 이후 개신교 및 카톨릭 등 전파(약 4만 명 추산, 약 2%)이며 언어는 할흐 몽골어로, 1인당 GDP는 ('14년 기준) 3,843불. 수출입 현황은('14년 우리기준) 총교역 4.8억 불 (수출 4.3억 불, 수입 0.5억 불). 재외 동포수는('12) 2,284명이다.

1) 한류 확산

한류의 인기는 미얀마에서 한국드라마를 중심으로 형성되어 있다. 2002년 〈가을동화〉의 방영을 계기로 한국드라마가 큰 인기를 끌고 있다. 2011년 미얀마 한 주간지에서는 건강 특집 기사를 다루면서 고령의 미얀마 할머니가 자신의 장수 비결 중 하나로 한국드라마를 즐겨보는 것이라고 말한 것을 보도한 적도 있다. 이러한 한국드라마의 인기는 주로 콘텐츠가 재미있고 다이나믹하게 전개되는 것에 기인하는 것으로 보이며, 근년에는 〈대장금〉, 〈꽃보다 남자〉, 〈주몽〉, 〈대조영〉, 〈이순신〉 등이 큰 인기를 끌었다. 한국드라마 인기에 힘입어, 주미얀마대사관이 매년 주최하고 있는 한국영화제 개최, K-Pop 역시 미얀마 젊은 층에서 큰 인기를 끌고 있으며, 2013년 6월에는 K-Pop 동아리들이 커버댄스 행사를 개최하는 등 열렬한 K-Pop지지층을 보유하고 있다. 다만, 드라마의 경우와 달리 K-Pop은 아직 한국 가수들이 방문한 적이 없어 현장 공연을 통한 인기몰이나 붐은 부족한 상황이다.

한국드라마를 통한 한류 바람은 한국 상품, 한식, 한국 패션, 화장품 등에 대한 관심으로도 이어지고 있다. 양곤 시내 대형 슈퍼마켓에는 고추장, 된장, 김치, 김 등 한국 식품류가 다수 판매되고 있고, 양곤 시내에만 10개 이상의 한국 식당이 성업 중이며, 2012년 2월에는 재미얀마 한인회와 주미얀마한국대사관이 미얀마 주요인사 부인들을 대상으로 김치페스티벌을 개최하여 화제가 되기도 하였다. 미얀마 젊은이들 사이에서 한국 상품은 고급 제품으로 인식되고 있으며, 한국 패션과 화장품 및 생활용품에 대한 관심도 매우 높아지고 있다. 한편 미얀마 국민들의 한국어에 대한 관심도 높은데, 양곤 외국어대학교 및 만달레이외국어 대학교의 한국어학과 외에도 일반 사설 학원에서도 한국어를 배우려는 사람들이 증가하고 있는 추세로 태권도도 많이 보급되어 있다. 미얀마는 가족중시, 장유유서, 손님환대 등 정서적 측면에서 한국과 매우 유사한 문화와 관습이 있고, 언어 및 사고방식에 있어서도 비슷한 점이 많아 한국드라마 내용을 쉽게 수용할 수 있는 측면이 있다. 무엇보다 한국드라마의 뛰어난 콘텐츠나 K-Pop의 높은 음악성 및 엔터테이먼트 요소가 미얀마 시청자들에게 어필하는 것으로 보이며, 또한 식민지, 내전, 군부통치 등 비슷한 역사적 경험을 거치면서 오늘날 눈부신 발전을 이룩한 한국의 모습에 좋은 인상을 받고 있는 것으로 보인다. 미얀마는 한류 소비가 가장 활발하게 이뤄지는 국가 중 하나로 미얀마 최초 한류 전문 채널인 '포 레이디스(For Ladies)'를 개설해 2015년 1월 첫 방영을 시작했다.

2) 일반 정보 및 문화

군사정권에서 민주화로 매진하는 미얀마는 아세안(ASEAN) 국가 중에서는 인도네시아 다음으로 크고, 인도차이나 반도 국가 중에서 가장 큰 규모의 광대한 국토를 가지고 있으며 쌀, 티크, 원유, 천연가스, 철광석, 석탄, 니켈, 보석류 등 다양하고 풍부한 천연자원과 우수한 인적자원을 보유하면서 지정학적 · 전략적으로 대단히 중요한 위치를 차지하고 있다.

중국, 인도, 태국, 방글라데시, 라오스 등 5개국과 총 5,876km에 이르는 국경을 접하고 있으면서 예로부터 주변국들과 다양한 문화교류를 해왔으며, 종교, 문학, 건축 등 전반에 걸쳐 인도의 영향을 가장 많이 받았다. 1962년 군부 집권 이후, 특히 1988년 민주화 진통기간을 겪은 '랑군의 봄' 이후에는 서방국가들과의 관계가 소원해 지면서 중국과의 교류가 크게 확대되고 있다. 또한 미얀마 정부는 135여 개의 종족이 공존하면서 각자의 고유한 전통과 문화를 보존하기 위해 노력하고 있다.

미얀마의 불교는 한국과 같은 대승불교가 아니라 소승불교의 일종인 상좌부불교(Theravada)로서, 약 5세기경에 인도 및 스리랑카에서 당시 남부 미얀마의 몬족들에게 전파 되었다. 미얀마 정부는 1961년 우누 총리 집권 당시에는 불교를 국교로 명문화했다가 1962년 네윈 집권 이후에는 국교화를 폐지했으나, 미얀마에서 불교는 남녀노소를 불문하고 대부분의 사람들의 생각과 행동에 큰 영향을 미치면서 일상 생활속에 깊이 뿌리를 내리고 있다. 양곤의 쉐다곤 파고다, 행정수도 네피도의 우빠따단디 파고다, 문화유적지 바간의 수많은 파고다들은 미얀마 불교의 화려한 역사를 자랑하고, 승려들은 일반 국민들뿐만 아니라 예로부터 군왕을 비롯한 통치자들로부터 각별한 존경을 받아왔다.

높은 교육열로 매년 고등학교 졸업시험(matriculation examination) 때가 되면, 시험장 주변의 교통이 마비될 정도이고, 신문과 방송에서도 시험과 관련된 내용을 대대적으로 보도한다. 한국 못지않게 자녀들에 대한 과외열풍도 있고, 공무원 자녀들 중에서 졸업시험에서 우수한 성적을 거둔 학생들은 해당 정부부처에서 별도로 포상하기도 한다. 이러한 교육열 덕분에 미얀마의 문자 해득률(literacy rate)은 95%가 넘는 수준을 자랑한다.

미얀마는 전통과 문화에 대한 자부심이 강한 나라이다. 대표적으로 전통복장인 론지(longyi)라는 치마가 있는데, 여자는 물론 남자들도 하층민에서부터 대통령까지 모두 즐겨 입고 있다. 론지와 슬리퍼는 미얀마 국민들이 아직까지 서구의 영향으로부터 자신의 정체성을 지키고 있는 상징이라고 할 수 있다.

2011년 3월말 미얀마에는 지난 50년 가까운 세월의 군사정부가 물러나고 역사적인 민선정부가 들어섰다. 떼인 세인 대통령의 민선정부는 아웅산 수지 여사와의 대화, 대규모 정치범 석방, 소수민족과의 평화협상 추진, 환율제도 개혁, 노동법 개정, 외국인투자법 개정추진 등 일련의 민주화와 개혁·개방 조치를 급속하게 추진 중이다. 특히, 2012년 4월 1일 치러진 재보궐 선거를 통해 아웅산 수지 여사 및 소속 야당 NLD가 제도권 정치로 진입하면서 미얀마에 대한 미국, EU 등 서방국가들의 제재(sanctions)도 완화되는 등 미얀마는 이제 진정한 국제사회의 일원으로 편입되고 있다.

3) 개요

위치는 인도 차이나 반도 서북부 이며 기후는 열대성 몬슨 기후이다. 수도는 네피도(Nay Pyi Taw, 인구 약 100만 명), 인구는 약 5,600만 명 (마지막 인구조사 : 1983년 실시). 면적은 676,577㎢(한국의 약 3배, 국토의 66%가 산림지대). 민족구성은 버마족(70%), 소수족(25% -카친, 카렌, 친, 샨, 꺼야, 몬, 라카인 등 135개 종족), 기타 5%(중국·인도계 등)로 구성되어 있으며, 종교는 불교(89.4%), 기독교(4.9%), 이슬람교(3.9%), 토속신앙(1.2%), 힌두교(0.5%) 등이다. 언어는 미얀마어(공용어), 통용가능어(영어 : 양곤 일부, 중국어 : 만달 레이, 중국접경지역, 태국어 : 태국 접경지역 일부). 1인당 GDP는 ('13년 기준) 1,113불(IMF 추정) ※ UN이 정한 최빈국(LDC). 우리나라와의 교역은 ('13년, 한국기준) 총교역 11.9억 불(수출 7억 불, 수입 4.9억 불). 독립기념일은 1948.1.4일이며, 국교수립은 1975.5.16일, 재외동포 수는 ('12) 2,018명이다.

베트남 Socialist Republic of Vidtnam

1) 한류 확산

1998년 드라마 〈의가형제〉가 방영되었을 때 배우 장동건의 인기가 높아 90년도 말에 호치민시를 방문하여 1만여 명이 모이는 야외무대에서 공연한 바 있는데 이는 베트남에서의 한류의 시초라고 할 수 있다. 또한 드라마 〈모델〉 주인공인 김남주도 장동건과 함께 베트남에서 한류 바람을 일으킨 장본인으로 여겨진다. 한국 배우들에 대한 인기가 높아지면서 한국 의류, 화장품, 악세서리 등에 대한 수요과 관심도 급증했다. 베트남 젊은이들은 한국 드라마에서 본 듯한 옷, 한국 여배우가 바른 립스틱 등을 적극적으로 구매하기 시작했고, 한국성형에 대한 관심도 높아지고 있다. 베트남 내에서의 K-Pop의 위상은 상당히 높다. 한국 연예계 소식, K-Pop 스타들의 근황 등은 각종 인터넷사이트와 SNS를 통해 실시간으로 업데이트 된다. 베트남에서 최대 가입자수를 보유하고 있는 SNS 'Zingme'에서는 K-Pop, V-Pop(베트남 가요), 서양 Pop으로 구분된 세 개의 카테고리별로 인기 MP3와 뮤직비디오를 감상할 수 있는데, 이중 종합 인기 1, 2위는 거의 항상 K-Pop이 차지한다.

베트남 내에서 특히 인기가 높은 K-Pop가수(그룹)으로는 동방신기, 슈퍼주니어, 빅뱅, 샤이니, 소녀시대 등을 손꼽을 수 있는데, 이제는 특정 가수, 그룹 한 두 개만 인기가 있는 것이 아니라, 한국 음악계의 주류에서 비주류까지 다양하고 폭넓은 대상에 팬층이 형성되어 있다. 베트남 청소년들의 K-Pop에 대한 관심과 이해도는 국내 청소년들과 비교해도 다를바가 없다. 베트남을 방문했던 K-Pop 가수는 하노이 또는 호치민시에서 공연을 하였고, 작년 수교 20주년 기념으로 개최한 가장 큰 규모의 K-Pop공연으로는 2012년 3월 15일 KBS '뮤직뱅크 인 베트남' 콘서트와 11월 29일 MBC '쇼! 음악중심' 특별공연이 있었다. 뮤직뱅크에는 모두 17개 팀이 총 출연해 4만여 베트남 젊은이들에게 히트곡들을 선사하며 팬들을 매료시켰다.

베트남에서 방영된 한국드라마를 통해 김치, 소주를 비롯한 한국음식이 알려져 관심을 끌게 되었다. 2005년 방영된 드라마 〈대장금〉의 인기로, 베트남인들의 한국음식에 대한 선호도가 급격하게 증가하였다. 베트남 북부지역에는 약 80개의 한국 식당이 있는데, 한국동포 뿐 아니라 베트남인들도 한국 식당을 애용하고 있다. 베트남인들이 좋아하는 한국음식으로는 삼계탕, 불고기, 비빔밥 등을 들 수 있다. 베트남에는 현재 전국 14개 대학에서 2,600여 명의 학생들이 한국어학을 전공하고 있으며 한·베 관계의 지속적인 발전, 베트남에 대한 한국기업의 투자증가, 한국 드라마, 음악 등 문화교류에 힘입어 지속적으로 그 수가 증가하고 있다.

미모가 뛰어난 남녀배우들이 연기력까지 갖추어 시청자들로 하여금 드라마 캐릭터에 쉽게 감정이입을 할 수 있을 뿐 아니라, 한국의 경치와 도시풍경을 한눈에 볼 수 있는 아름다운 영상, 한번만 들어도 쉽게 잊어지지 않는 시청각적인 효과는 베트남인들의 마음을 사로잡는 데 한몫을 하였다. 드라마 '첫사랑', 1993~1999년 '의가 형제', '모델' 등으로 한류가 최초로 상륙한 이후 드라마를 벗어나 영화, K-Pop, 패션,

화장품, 식품 등 다양한 분야에서 한류 전파가 활발하게 이루어지고 있다. 지난해 연말 베트남에선 한국에서 인기를 끌었던 영화 '수상한 그녀'를 한국 · 베트남 제작사의 공동제작을 통해 '내가 니 할매다'로 리메이크했으며 영화 개봉 후 2주간 박스오피스 1위를 차지했다.

문화체육관광부 산하 해외문화 홍보원에 의하면 2016년 K-Pop 아카데미를 설립하여 최고의 강사진을 확보하는 한편 이로 인해 한류 확장에 큰 공헌이 될 것으로 내다봤다.

2) 일반 정보 및 문화

다민족으로 형성된 베트남 문화의 특성은 '통합된 다양성', '순응과 단결의 힘'으로 표현할 수 있다. 첫째, 인종학적인 측면에서 베트남은 54개 민족(다수 Kinh족 외 53개 소수민족)으로 이루어진 다민족사회로, 각 민족마다 고유의 문화, 언어, 생활방식을 갖고 있다.

자연환경적인 면에서 볼 때 고온다습한 기후, 계절풍, 벼농사에 유리한 풍부한 수자원 등 베트남은 전형적인 동남아국가의 특성을 지닌다. 그러나 같은 벼농사 문화권의 태국, 라오스, 인도네시아, 인도 등과 베트남은 분명한 문화적 차이를 보인다. 1000년 간의 중국의 지배, 남진(南進) 과정 중 라오스나 크메르와의 갈등, 그리고 프랑스 식민시대를 거쳐 독립, 베트남전쟁 등을 겪어오면서, 현지 토착문화, 중국문화, 서방문화 등 3개의 문화층이 쌓여서 베트남문화가 형성된 것이다. 베트남 스스로도 장기간의 농경사회에서 생활해온 베트남인은 혈연 · 지연중심, 공동체 중심의 문화를 갖는다고 보고 있다. 특히 문제를 해결함에 있어 '구성원 모두가 만족하는 평화적인 방법'을 추구하고자 하는 경향이 있는데, 이러한 양상은 현대 베트남 정치 · 경제 · 사회에서도 그대로 반영되고 있다.

베트남 사람들은 다양하고 복잡한 환경에 쉽게 순응하는 특징, 한가지 방안만을 추구하는 것이 아니라 상황에 따라 대체방안을 취하는 유연성, 외부세력 앞에서의 강한 집단적 단결력 등의 특징을 갖고 있다. 예로부터 전해져 내려오는 노장사상의 '유승강, 약승강(柔勝剛, 弱勝剛, 연한 것이 억센 것을 이기고, 약한 것이 강한 것을 이긴다)'의 영향을 받았다.

3) 개요

위치는 인도차이나 반도 동부이며, 수도는 하노이(Ha Noi, 인구 692만 명), 인구는('13) 9,240만 명이다. 면적은 330,341㎢(한국의 1.5배), 민족구성은 비엣족(베트남족, 89%) 외 53개 소수민족으로 되어 있다. 종교는 불교(92%), 카톨릭(7%) 등, 언어는 베트남어를 사용한다. 1인당 GDP는('12년 기준) 1,596불, 우리나라와의 교역은('14년, 우리기준) 총교역 216.7억 불이며, 기후는 아열대성(북부), 열대 몬순(남부). 우리나라와의 관계 수립일은 1992년 12월 22일, 재외동포수는('12) 10만 명이다.

브루나이 Brunei Darussalam

1) 한류 확산

브루나이 국민들은 평균 1~4시간 한국대중문화와 접촉하고 있으며 여성들은 TV 드라마, 남성들은 영화 및 음악에 대한 선호도가 높은 편이다. 국영방송 및 위성 채널을 통해 한국 드라마를 쉽게 접할 수 있으며 브루나이 시청자들은 한국드라마가 완성도가 높다고 평가하고 있다. 가족관계 중심의 한국드라마 내용에 친근감을 느끼고 젊은이들 사이에서는 드라마에 나온 패션, 화장술(미용) 등에 대한 관심이 높아서 한국화장품 등 한국 상품의 판매증가에 긍정적인 영향을 미치고 있다. 주재국내 K-Pop 가수나 드라마 등에 대한 관심은 높은 편이나 여타 동남아 국가에 비해 팬규모나 구매력이 낮은 편으로 한국 한류스타가 브루나이를 공식 방문한 사례는 없으며 한국 방문자나 주변국(말레이시아, 싱가폴)을 통해 한류가 유입되고 있다. 특히, 브루나이 시청자 다수가 말레이시아 위성채널(Astro)을 통해 한국 드라마를 시청하고 있으며 대부분의 음반도 말레이시아를 통해 수입되고 있는 바, 말레이시아 한류 열풍의 영향을 많이 받고 있다.

최근 한국 방문자 및 유학생이 증가하고 양국간 교류 확대되면서 브루나이 국민 사이에 한국음식에 대한 인지도 및 선호가 확산되고 있으며 현지 수퍼마켓에서 한국김치, 라면, 고추류 등 식재료 및 과자류 판매도 점차 늘고 있는 추세이다. 한국어는 2004년 브루나이국립대학교 어학센터 산하에 한국어 전문강좌에 개설되었으며 한국인 교수 2인이 교양강좌 과목의 일환으로 가르치고 있다. 또한 주재국 교육부 산하 평생교육원에서도 일반인 대상으로 한국어를 가르치고 있어 한류 저변 확대에 도움이 되고 있다.

2) 일반 정보 및 문화

이 나라는 동남아시아의 보르네오 섬의 북서 해안에 있는 이슬람왕국으로 남중국해와 맞닿아 있는 해안을 제외하고는 말레이시아 사라왁

주에 둘러싸여 있고, 사라왁 주 림방에 의해 두 지역으로 나뉘어 있다. 브루나이는 보르네오 섬에만 영토가 있는 유일한 국가로 섬의 나머지 부분은 말레이시아와 인도네시아에 속해 있다.

15~16세기경 브루나이는 보르네오 섬 북반부 전체 및 필리핀 일부까지 세력을 확대하는 등 제국의 절정기를 누리다가 17세기에는 화란, 18~19세기에는 영국의 식민 지배를 받았다. 1841년 영국과 우호조약을 체결하면서 왕국 영토의 대부분(현재 말레이시아 사바, 사라왁주) 영국에 할양하며 속국이 되었다. 1888년 영국의 보호령이 되었다가 1984년 마침내 영국으로부터 독립하였다.

브루나이는 인간 개발 지수가 동남아시아에서 싱가포르에 이어 두 번째로 높은 국가로 선진국으로 분류되고 있다. 이슬람과 왕실의 전통이 융합된 말레이 이슬람 통치철학에 따라 지배되고 있는 왕정국가이다. 브루나이 국민의 신앙심이 깊어 독실한 종교생활을 하고 있으나 외국인과 외부 문화에 개방적인 온건한 자세를 취하고 있다. 이슬람으로 개종한 13세기 무렵 이후 이슬람이 토착문화를 잠식하였으며 말레이 문화는 이슬람에 거의 동화되었다. 브루나이 곳곳에서 이슬람의 영향을 느낄 수 있으며 일반사람의 생활은 물론 문화와 관습 전반에서 종교의 영향은 큰 편이다. 도처에서 모스크와 이슬람 양식의 건축물을 찾아볼 수 있다.

3) 개요

위치는 보르네오섬 서북연안이며, 기후는 고온 다습 열대성, 수도는 반데르 세리 베가완이다. 인구는 42만 명(세계 175위). 면적은 5,765㎢ (경기도의 약 절반), 민족구성은 말레이계(67%), 중국계(15%), 토착인종(6%), 기타(12%)로 되어 있으며 종교는 이슬람교(국교 67%), 불교 (13%), 기독교(10%), 토착종교(10%)이다. 언어는 말레이어, 중국어이 며, 1인당 GDP는('13년 기준) 38,563불('12), 수출입 현황은('12년 우 리기준), 수출 124,560천 불, 수입 1,838,560천 불. 독립일은 1984.1.1 이며 재외 동포수는(1913년 6월) 103명이다.

스리랑카 Democratic Socialist Republic of Sri Lanka

1) 한류 확산

인도 동남부 인도양에 위치한 스리랑카에서 한류는 아직 미미한 현실 이나, 매년 5천여 명의 스리랑카 근로자들의 우리나라 취업 진출이 활 발(현재 약 2만 5천여 명 국내 취업중) 하게 이루어지고 있는 가운데 한국어를 배우는 사람들이 증가하고 있으며, 스리랑카 정부도 한국어 를 중고교 외국어 교과목에 정식 편입하는 등 우리 나라에 대한 관심이 높아 한류에 대한 잠재적인 수요는 많은 편이다. 최근 우리 드라마 〈대 장금〉의 높은 인기로 우리 드라마에 대한 관심이 높아지고 있어 앞으 로 스리랑카에서의 본격적인 한류 확산이 기대된다.

2) 일반 정보 및 문화

인도 동남부 인도양에 위치해 있는 스리랑카는 섬나라이다. 우리에게 는 실론티로 잘 알려진 스리랑카는 "인도양의 진주" 라고 불릴 만큼 자 연적인 아름다움을 간직하고 있으며, 옛날부터 인도양과 태평양을 잇 는 해양 실크로드로서 전략적인 요충지로 인식되어 왔다. 힌두사상 및 원시 불교의 영향을 받아 벽화, 조각 및 건축물에 그 흔적들을 많이 간직하고있다. 특히 기원전 3세기 중반에 불교가 전래된 이후 아누라다푸라(Anuradhapura), 폴로나루와(Polonaruwa), 캔디(Kandy) 지역에 불교사원을 건축하고 불교 설화에 나오는 갖가지 이야기들을 벽화와 조각으로 표현하는 등 많은 불교 문화유적을 남겼는데, 이 세 지역을 연결하는 소위 "문화의 삼각지대(Cultural Triangle)" 안에는 유네스코가 지정한 세계문화유산이 여섯 군데가 있으며 해마다 불교 성지순례자들과 일반 관광객들의 방문이 이어지고 있다.

스리랑카에서는 종교 관련 축제와 오랜 식민지 생활 속에서 얻은 서양 풍속이 혼합되어 불교사원이나 힌두교사원, 회교사원 등을 중심으로 신명나는 연주와 아름답게 장식한 코끼리의 행렬을 볼 수 있다. 매년 4월 13일 또는 14일은 싱할리 및 타밀 민족의 설날이며 길일(吉日)로서 많은 행사들이 진행되며 가족들이 한 자리에 모여 손님들을 접대하고 전통놀이를 즐긴다. 스리랑카를 일컬어 "미소의 나라"라고도 할 만큼 스리랑카 국민은 공손하며 예의가 바른 편이며, 상대방이 미소를 건네면 늘 미소로 답한다. 또한 가족간 서로 존중하며 강한 유대감을 가지고 있으며, 아이들이 잠자리에 들 때나 학교에 가기 전에 부모 앞에서 무릎을 끓고 인사하는 등 웃어른을 공경하는 관습이 있다. 이러한 스리랑카 국민의 문화적 정서는 우리 나라와 크게 다르지 않아 큰 어려움 없이 서로의 문화를 이해하고 공감대를 형성할 수 있다.

3) 개요

위치는 인도 동남부 인도양 해상이며 기후는 고온 다습한 열대성기후이다. 수도는 스리자예와르데네푸라(SriJayawardenepura, 인구 약 11

만 명). ※ 수도와 붙어 있는 콜롬보(Colombo, 인구 약 75만 명)가 실질적인 수도 역할). 인구는 2,033만 명. 면적은 65,610㎢(한국의 1/3). 민족구성은 싱할리(74.9%), 타밀(15.3%), 무슬림(9.2%), 기타(0.5%)로 되어 있으며, 종교는 불교(70.2%), 힌두교(12.6%), 회교(9.7%), 기독교(7.4%)이다. 언어는 싱할라, 타밀, 영어사용. 1인당 GDP는('14년 기준) 3,600불. 우리나라와의 교역은('12년 기준) 총교역 392백만 불(수출 320백만 불, 수입 72백만 불)이다. 독립일은 1948년 2월 4일. 우리나라와의 관계수립은 1977.11.14. 재외동포수는('12) 782명이다.

싱가포르 Republic of Singapore

1) 한류 확산

1990년대 후반 이후 아시아 전역에서 한국의 이미지를 바꾸는데 기여하고 있는 한류는 싱가포르 내에서 한국의 경제적 성취와 더불어 큰 인기를 유지하고 있다. 1인당 국민소득이 5만 불이 넘는 선진국이며, 영어를 공용어로 쓰면서, 다민족국가에 외국인들까지 넘쳐나는 나라에서 한국과 한국문화에 대한 관심이 뜨거워지면서 거의 매달 한국 연예인들의 콘서트, 팬미팅, 쇼케이스가 개최되고 있다.

싱가포르는 국민소득 수준이 높아 음식 및 외식 문화에 대한 관심이 매우 높고, 다양한 세계 음식이 공존하고 있다. 한류 확산과 한국의 경제적 영향 확대로 한국 음식점이 2013년 현재 150여 개이고, 싱가포르인들이 한식당의 주 고객층을 형성하고 있다. 한류의 인기에 힘입어 2012년 각 기관에서 약 1만 명의 싱가포르인들이 한국어를 수강하고 있다. 일반인은 한국국제학교, Community Center, 사설학원 등에서 수강하고, NUS, NTU, SMU 3개 대학과 싱가포르 폴리테크닉, Ngee Ann 폴리테크닉 등은 학생을 대상으로 선택과목 형태의 한국어강좌를 운영하고 있다. 싱가포르의 경우, 한국 취업대상자가 거의 없음에도 불구하고, 2010년에 211명이 한국어 능력시험(TOPIK)에 응시하는 등 응시인원이 매년 증가하고 있다.

싱가포르는 공중질서가 엄격하여 사소한 행위라도 처벌받을 수 있기 때문에 행동을 특히 조심해야 한다.

2) 일반 정보 및 문화

2012년 기준, 전체 인구 중 329만 명이 시민권자, 53만 명이 영주권자, 149만 명이 외국인이다. 특히 전체 인구에서 외국인 인구 증가 비율이 가장 높다. 이러한 인종의 다양성은 주거는 물론 요리, 쇼핑, 문화 등 측면에서 싱가포르의 곳곳에서 피부로 실감할 수 있다. 싱가포르의 다양한 인종 구성은 노동력 확보를 위해 식민지 시절부터 시행된 싱가포르 이민 정책에서 비롯되었다고 할 수 있다. 독립 후 리콴유 정부는 다문화 속에서 국민적 정체성을 창출하기 위해 다방면으로 노력을 기울였다. 1965년 제정된 싱가포르 헌법은 각 인종 간 평등주의를 명시하고 영어 이외에 중국어, 말레이어, 타밀어를 공용어로 채택하였으며, 각 종교 별로 균등하게 법정 공휴일을 지정토록 규정하였다. 싱가포르의 총리를 비롯하여 다수 각료가 중국계이다. 이는 싱가포르 인구의 다수가 중국계인데다 리콴유 전 총리를 중심으로 한 중국계 엘리트들이 건국과정에서 주도적 역할을 담당하였기 때문이다. 그렇지만 대통령의 경우는 말레이·인도·중국계를 돌아가며 배출되기도 하였고 각

료급 임명 시에도 가급적 인종별 분포를 반영하여 인종 간 화합을 위해 노력하고 있다. 공영아파트(HDB)의 경우에도 각 인종별 인구 비율에 따라 분양함으로써 특정인종이 특정지역에 편중되는 것을 방지하고 있다.

3) 개요

위치는 말레이 반도 남단섬이다. 기후는 고온 다습의 열대성 기후이며, 수도는 싱가포르(Singappore)로 인구는('15) 554만 명. 면적은 710㎢ (서울시 605.5㎢). 민족구성은 중국계(74.7%), 말레이계(13.6%), 인도계(8.9%), 기타(2.8%)로 되어 있으며, 종교는 불교, 도교, 이슬람교, 기독교, 힌두교 등이다. 언어는 영어(통용어), 중국어, 말레이어, 타밀어를 사용한다. 1인당 GDP는('12년 기준) 56,284미불('14)이며, 우리나라와의 교역은('12년, 우리기준) 312억 미불(2012년 기준). 독립기념일은 1965년 8월 9일. 우리나라와의 관계수립일은 1975년 8월 8일. 재외동포수는('12) 20,330명이다.

아프가니스탄 Islamic State of Afghanistan

1) 한류 확산

〈주몽〉, 〈대장금〉 등 우리 사극 드라마가 이란을 통해 들어와 주재국 TV채널을 통해 방영되어 인기를 끈 적이 있으나, 이곳의 엄격한 이슬람 문화의 특성상 노출이 심한 현대 드라마나 K-Pop 등은 아프간 내에 아직은 알려져 있지 않고 있다. 태권도가 널리 보급되어 전국적으로 많은 도장이 있고, 약 3만여명의 아프간인이 태권도를 배웠거나 배우고 있다. 특히 한국인이 아프간 국가대표팀의 사범으로 활약하고 있으며, 2008년 북경올림픽에서 아프간 최초의 동메달을 태권도에서 획득, 태권도가 널리 알려지게 되었다.

아프가니스탄에서는 탈레반 등에 의한 정부요인, 외국군, 외국공관원, 외국인 등을 대상으로 한 테러행위가 빈발하고 있으며, 2014년 외국군 철수 이후 치안상황의 불확실성이 커질 가능성도 배제할 수 없는 바, 당분간 아프간내 우리 국민의 여행은 엄격히 통제될 전망이다. 파키스탄과 국경을 맞대고 있는 아프간의 남서부 및 북동부 지역의 경우 아직도 탈레반의 출몰이 빈번한 바, 방문하지 않는 것이 바람직하다.

허리를 굽히거나 머리를 굽혀 인사하지 않는데 이는 종교적 배경에서 관습화된 것으로 하나님 이외에는 허리나 머리를 굽히거나 엎드려 절하지 않기 때문이다. 왼손은 절대로 내밀어서는 안되며 코란에서는 오른쪽은 선과 행운, 왼쪽은 악과 불행의 상징으로 해석하고 있다.

2) 일반 정보 및 문화

아프가니스탄은 지리적으로 중앙아시아 · 서아시아 · 중동의 교차지대에 위치하고 있어 주변 지역의 문화적 특성을 복합적으로 보유하고 있다. 과거부터 문화적 유물이 풍부하였으나, 그동안의 전란으로 많은 문화유산이 파괴되었는데 특히 탈레반 정권 시절에는 절정에 달해 역사적인 바미얀 석불 등이 파괴되었다.

사회조직이 주로 부족단위로 구성되어 있어 공동체 의식이 강하며 개인간 마찰이 부족 전체간 갈등으로 확대되는 경우가 허다하다. 또한 여러 종족간 상호 복잡한 이해관계로 얽혀있고 피해의식도 자리 잡고 있어 상대방에 대해 배타적, 이기적 성향이 강하다. 아프간 인들은 가족에 대한 사랑과 연장자에 대한 존경을 최우선의 사회적 가치로 인식하며, 자신들의 가문, 혈족에 대해 깊은 애정과 충성심을 보인다. 따라서 가문의 명예와 명성 유지를 의무로 여기고 명예실추 행위는 철저히 금지하며 성원 1명의 치욕을 전체의 치욕으로 간주해, 타인의 모욕에 매우 민감한 반응을 보이는 경향이 강하다.

아프간인들은 자부심과 허영심이 강하고 손님에 대해 극진하게 대접하되 적에게는 무자비하게 보복하는 양면성을 갖고 있다. 남에게 자랑하는 것을 좋아하여 학력, 재산, 능력 등을 과장하고 손님을 초대하는 결혼식, 파티 등을 거창하게 준비하는 경향이 있다. 여성은 철저하게 외부에 노출되지 않고 사회생활에도 참여하지 않는 것이 원칙이나 카불 등 도시지역과 상류층은 예외적이다. 이슬람 여성들은 첫 생리를 시작할 때부터 손과 얼굴을 제외한 신체를 히잡 또는 부르카 등으로 가리고 외출하며 몸매를 드러내는 옷이나 노출은 유혹 행위로 간주하여 금지된다. 남성과 여성은 공히 눈의 시선을 아래로 하여 상대방의 눈빛과 마주치지 않도록 함이 관행이다.

3) 개요

위치는 중앙 아시아 남부. 인도 대륙 북서쪽이며, 기후는 온대 몬순 기후이나 연중 건조하고 기온의 연교차가 극심하다. 수도는 카불(Kabul, 인구 450만 명). 인구는 3,256만 명('15, 세계 42위)이며, 면적은 647,500㎢(한국의 3배). 민족구성은 파슈툰족(42%), 타지크족(27%), 하자라족(9%), 우즈벡족(9%) 등. 종교는 이슬람교 99%(수니파 80%, 시아파 19%). 언어는 파슈툰어(35%), 아프간 페르시아어(다리어,

50%) 및 우즈벡어 등이며, 1인당 GDP는('14년 기준) 673불. 우리나라와의 교역은('11년 기준) 총교역 1억 2천12만 불(수출 1억 2천만 불, 수입 12만 불). 독립일은 1919.8.19일, 재외동포수는('13) 12명이다.

인도 Republic of India

1) 한류 확산

인도 동북부에서 점화된 한류가 점차 인도 본토를 향하여 서진하고 있는 형국이다. 인도 동북부에 한류가 소개 된 것은 2002년도 마니푸르 등 인도 동북부 7개주에서 자치독립을 주장하는 내분이 일어나면서 현지 문화를 보호한다는 명목으로 힌디 영화 및 힌디 TV채널 시청이 금지된 것이 계기가 되었다. 2007년부터 아리랑 TV가 힌디 채널의 공백을 메우게 된 것이다. 이 지역 주민들은 몽골계통으로 한국인과 외형적으로 유사하고, 동 지역에 인접한 중국과 미얀마로부터 비공식적인 한류 유입과 연동하여 현지에서의 아리랑 TV의 인기가 급등하게 되었다. 2008년 12월 2일에 나갈랜드주에서 아리랑 TV가 주최한 〈Korea-India Music Festival〉에는 1만여 명이 참석함으로서 현지의 한류 열풍을 반영하였다. 인도 내 한류가 사회적인 현상으로 정착되지는 않았으나, K-Pop 스타 등의 헤어스타일이나 옷차림, 한국의 정비된 도시 인프라와 생활환경 등이 일부 마니아들을 자극하고 있는 것으로 여겨진다. 문화체육관광부 산하 해외문화홍보원에 의하면 2016년에 K-Pop아카데미를 개설하여 한류 확산에 공헌하고 있으나 보수적 가치관으로 인해 전략적인 접근이 필요하다.

2) 일반 정보 및 문화

인도는 지방에 따라 상이한 기후와 풍토, 다양한 인종구성, 헌법에 인정된 공식 언어만 해도 22종에 이르는 복잡한 언어분포, 힌두교 및 이슬람교 등 다양한 종교, 극심한 빈부격차, 교육수준의 차이, 그 외에 수천 년을 내려온 카스트 제도의 잔존 등 매우 복잡한 사회구성을 보여주고 있다. 그러나 인도인들은 이러한 다양성을 자연스럽게 포용하는 가운데 수천 년에 걸친 전통에 대한 커다란 자부심을 가지고 국가적·사회적 조화와 정체성을 유지해 오고 있다.

골드만삭스, 미국국가정보위원회(NIC) 등 세계 주요 연구기관들은 인도의 젊고 풍부한 노동력, 시장경제와 민주주의 전통, 과학기술분야 우수성, 영어 사용능력 등 중장기적 경제성장 잠재력을 높이 평가하면서, 인도경제가 21세기에 미국 및 중국과 함께 세계경제를 이끌어 갈 3대 강국으로 도약할 것으로 전망하였다.

인도는 1947년 8월 15일 영국으로부터 독립한 후, 파키스탄과 종교·영토적 분쟁으로 1947년, 1965년, 1971년 3차례 전쟁을 치르고 중국과는 국경문제로 1962년 전쟁을 치르는 등 주변국과 마찰을 겪기도 했으나, 비동맹주의와 균형 및 실용주의를 적절히 조화시켜 나감으로써 국제사회에서 위상을 강화시켜 왔다. 현재는 파키스탄과 인도 북부 카시미르주(州)에 통제선(Line of Control)을 설치하고 휴전상태에 있으나 아직도 간헐적인 군사적 충돌이 발생하고 있다.

인도사회의 전통적 위계질서를 규정해 온 카스트제도는 헌법상 폐지되었지만 여전히 인도인의 실생활에는 존재하면서 개인의 신분, 직업 등 사회적 위치를 결정하는 주요한 요인으로 전반적 사회활동에 걸쳐 제약요소로 작용하고 있다. 따라서 이러한 관습을 이해하고 인도인들을 만날 때 카스트계층에 맞게 대우해 주는 것이 필요하다. 오랜 카스트제도 하에서 묵묵히 순종해온 생활태도, 불교의 자비와 관용적 사상, 수천 년에 걸친 평화주의 사상이 인도인들의 생활 저변에 깔려있으며, 마하트마 간디가 제창한 비폭력주의도 이러한 전통적 사싱의 계승 내지 발전으로 볼 수 있다.

힌두교는 다신교로서 교리나 성찰보다는 수많은 제신들의 형상화를 통한 의식이 주요 신앙생활을 이루고 있으며 도덕률이나 내세구원보다는 개인의 현세구복에 치중하고 있다. 따라서 직장이나 집안에서 이루어지는 이들의 정기적 종교의식을 존중해 주어야 하며, 힌두교를 비판하거나 자신의 다른 종교를 강요해서는 절대 안 된다. 소수 종교인 이슬람교, 기독교, 자이나교, 시크교도들 사이의 불협화음이 발생할 경우 집단적 테러 사태까지 이를 수 있다.

인도는 전통적으로 음주를 터부시하여 일부 주에서는 금주제도를 실시하기도 하며, 특정일과 특정 시간·장소에서 술 판매를 금지하기도 한다. 더운 지역의 사람들답게 대부분의 인도인들은 아직도 음식을 손으로 먹는 것을 좋아한다. 외국인을 상대하는 자리에선 자제하는 사람들이 대부분인 것 같지만, 자기네들끼리 모인 자리라면, 설사 점잖은 자리일지라도 칼이나 스푼 등으로 뜯거나 찢는게 옹색해지면 손을 사용하는 것을 별로 망설이지 않는다. 음식을 즐기는 요소로 색, 맛, 냄새 뿐만이 아니라 촉감도 포함시키는게 인도인들을 비롯한 남방 사람들의 지론이다. 왼손을 사용하는 것은 삼가하는 게 좋은 것인데 왼손은 용변을 처리하는 등의 깨끗하지 않은 일들을 처리하는 전담으로 간주되기 때문이다.

세계 2위의 인구를 자랑하는 인도는 다양한 종교만큼 다양한 관습과 문화가 존재한다. "여행 중엔 빨리 떠나고 싶지만, 여행 후엔 꼭 다시 찾고 싶은 나라"인 만큼 알기 어려운 나라다. 인도인들은 처음 만난 사람에게 가족관계에 대해 캐묻는 경우가 많다. 가족에게 관심을 표하는 것이 예의라고 생각하기 때문이다. 물론 상대방의 가족에 대해 되묻는 것도 중요한 예의다. 인도인의 전통의상을 함부로 입거나 신발이 상대방의 몸에 닿는 것은 주의해야 한다. 대화를 하다 보면 "No problem" 이란 표현을 자주 하는데 문제가 없다는 의미 보다는 '여유를 가져라', '네 말을 이해했다' 정도로 이해하는 것이 좋다. 대화 중 카스트 제도나 채식주의와 같은 화제는 언급하지 않는 것이 좋은데 인도의 카스트 제도는 아직도 엄청난 영향력을 끼치고 있고 채식주의는 종교, 카스트와 관련된 미묘한 화제이기 때문이다.

3) 개요

위치는 서남아, 아라비아해와 뱅골만 사이에 있으며, 기후는 대체로 열대 문순기후이다. 수도는 New Delhi(인구 : 약 1,675만 / 면적 : 1,484 ㎢, 2011). 인구는 약 12억 1천만('11년, 세계 인구의 6분의 1정도). 면적은 3,287,782㎢(한국의 15배, 세계 7위)이다. 민족구성은 인도 · 아리아인, 드라비다족, 프로토-오스트랄로이드, 니그리토족, 몽골로이드, 알파인 등으로 구성되어 있으며 종교는 힌두교(80.5%), 이슬람교(13.4%), 기독교, 시크교, 불교, 자이나교 등이다. 언어는 영어, 힌두교를 사용하며, 1인당 GDP는('12) 1,877불. 우리나라와의 교역은('11년 기준) 총교역 206억 불(수출 126.8억 불, 수입 78.9억 불). 독립일은 1947년 8월 15일(영국 식민지에서). 재외 동포수는('12) 10,397명이다.

1) 한류 확산

이 나라에서 한류는 2000년대 초반 현지 공중파 방송사에서 한국 드라
마를 방영 하면서 시작되었다. 2002년 상반기에 방영된 드라마 〈가을
동화(Endless Love)〉가 방영되면서 인기가 급상승하며 280만 명에 이
르는 인도네시아 시청자들의 관심을 받게 되었다. 한국배우들의 매력
적인 외모와 높은 연기 수준, 그리고 드라마의 독특한 스토리 구성 때
문에 한국의 드라마는 인도네시아에서 큰 인기를 얻을 수 있었고, 인도
네시아에서 〈가을동화〉의 인기가 높아짐에 따라 다른 드라마 주인공
들의 인기도 함께 높아지게 되었다. 드라마의 열기가 점점 더해지면서
최근에는 드라마 속 배우들의 의상 스타일, 휴대폰과 같은 전자 제품들
도 현지 시청자들의 눈길을 끌어 큰 사랑을 받고 있다. 2011년 하반기
부터 시작된 K-Pop 현지 콘서트도 인도네시아의 한류열기를 더욱더
뜨겁게 달구고 있다.

인도네시아대학교(Universitas Indonesia)에는 2006년 4년제 정규 학
위 과정으로 한국학과가 개설되었고, 가자마다대학교(Universitas
Gajah Mada)에는 1996년 한국어 교육 센터가 개원하여 학위 프로그램
이 시작되었으며, 현재 3년제 학위 프로그램과 4년제 정규 학위 과정
이 동시에 운영되고 있다. 기타 몇몇 대학에 학위 프로그램이 시작되
고 있다.

아시아 최대의 이슬람 국가인 인도네시아는 다양한 인종과 관습이 존
재하지만, 이슬람 문화가 주류를 이룬기 때문에 왼손을 내밀거나 아이
의 머리를 쓰다듬어서는 안 된다. 오른손으로 악수를 한 후엔 손을 가

습에 대고 쓸어내리고 남녀간의 악수는 하지 않는다. 라마단 금식기간을 철저하게 지키기 때문에 이 기간에는 언행을 조심해야 하고 무의식중에 사람을 툭툭 건드리는 것도 큰 결례다. 대다수가 모슬렘인 만큼 돼지고기나 돼지에 대한 이야기는 삼가는 것이 좋고 술과 담배도 권하지 않는다. 일본의 지배를 받은 역사로 인해 일본인에 대한 감정이 좋지 않아 일본인과 생김새가 비슷한 한국인은 특히 주의해야 할 필요가 있다.

2) 일반 정보 및 문화

인도네시아는 다양한 민족(약 300여 명)으로 구성되어 있다. 이 중 자바족(45%), 순다족(14%), 바딱족, 아쩨족, 마두라족, 발리족이 주를 이루고 있다. 또한 인도네시아인 뿐만 아니라 화교(5%), 한국인, 일본인, 서양인들까지 다양한 민족들이 인도네시아 전역에 고루 분포되어있다. 이들은 모두 자신들만의 고유 특색을 지키며 인도네시아 각 지역에서 생활하고 있다. 예를 들어 이슬람교도들이 많은 자바족은 예의바르고 보수적인 성품으로 기득권층을 유지하고 있는 반면, 수마트라 중북부 지역에 거주하는 바탁족은 그 규모가 상대적으로 작고 약 160년간 선교단체의 영향을 받아 기독교가 많은 편이다. 또한 각 종족들은 자신들만의 고유 언어를 가지고 그들의 전통 문화를 잘 보존하고 있다. 자카르타, 반둥 및 여러 지역에서도 한인들의 규모가 상당하며 곳곳에서 자랑스러운 한국의 문화를 알리고 있다. 인도네시아의 국장에는 "Bhinneka Tunggal Ika"라는 문구가 적혀있는데 이것은 '다양성의 통일'이라는 의미를 갖고 있다. 그 의미에 걸맞게 다양한 민족과 종족의 멋과 맛이 살아있는 인도네시아야 말로 진정한 다민족문화 국가라고 할 수 있다.

한국에 '빨리 빨리' 문화가 있다면 인도네시아에는 '느릿 느릿' 문화가 있다. 뭐든지 빨리 일을 처리하고 해결하는 한국인과는 달리 인도네시아인은 하나를 해도 천천히, 제대로 목적지에 도달하면 된다는 의식을 가지고 있다. 사람들 사이에서 화를 내거나 큰 소리를 높이지 않는 것도 인도네시아의 문화적 특성이라고 볼 수 있다. 인도네시아는 '참는 문화'가 잘 발달되어 있어 어떠한 문제에 화를 내거나 문제 삼기보다는 참고 넘어가는 것이 일반적이다. 인도네시아는 교통체증이 심각하기 때문에 차가 막혀서 직장에 늦는 것이 지각 사유로 가능하며 아침에 소나기가 오는 경우에도 소나기가 다 그친 후에 출발하는 것이 일반적이다. 또 병에 걸렸을 때나 특별한 사유가 있을 경우 문제가 완전히 해결될 때까지 회사에 출근하지 않아도 큰 문제가 되지 않는다. 이러한 점으로 볼 때 여유롭고 느긋한 생활을 즐기는 것 또한 인도네시아의 문화적 특성이라고 할 수 있다.

3) 개요

위치는 동남아 말레이 군도이며, 기후는 열대 몬순기후, 고온다습하다. 수도는 자카르타(Jakarta, 인구 1,200만 명). 인구는 2억4천545만 명(세계 4위). 면적은 1,919,440㎢(한국의 9배). 민족구성은 자바족(45%), 순다족(13.6%) 등 300여 종족으로 구성. 종교는 이슬람교(88%), 개신교(5%), 카톨릭(3%), 힌두교(2%). 언어는 인도네시아어 지방 및 방언 포함 600여 종을 사용하며 1인당 GDP는('15년, 우리기준) 3,511불. 우리나라와의 교역은('11년, 우리기준) 총교역 308억 불(수출 136억 불, 수입 172억 불). 독립일은 1945년 8월 17일(네덜란드 식민지, 일본

점령지에서 독립)이며 재외동포수는 50,000명이다.

일본 Japan

1) 한류 확산

2003년에 일본에서 한국드라마 〈겨울연가〉가 방영되고, 주인공이었던 배용준이 중년 여성층을 중심으로 한 '욘사마붐'이 사회현상까지 일으켰다. 그 후 〈대장금〉, 〈주몽〉 등 다양한 분야의 많은 한국드라마가 방영되면서 한국드라마에 대한 관심이 높아졌으며, 한국드라마에 출연한 배우들도 인기가 함께 상승하였다. 또한 〈대장금〉 방영을 계기로 한식에 대한 관심도 급속히 높아지면서 한식당이 전국 곳곳에 많이 생기며, 여러 종류의 한국요리 제품도 판매되고 있다

일본에서는 동방신기, 소녀시대, 빅뱅 등의 활약으로 케이팝이 강세다. 지난해 열린 '제29회 일본 골든디스크 대상'에서 동방신기와 소녀시대는 각종상을 수상해 인기를 입증했으며, 지난해 11월 그룹 빅뱅의 지드래곤은 도쿄 · 오사카 · 후쿠오카 · 나고야에서 콘서트를 개최해 100만 명의 팬들을 동원했다. 한류 향유층의 변화 및 확대에 따라 기존 '드라마 한류'를 넘어 K-Pop, 한식, 관광, 한국어 등 다양한 분야로 한류가 확산되었고 일본인들의 생활 속에 깊이 스며들고 있다. 그러나 일본내 한류 열풍은 뿌리가 깊지만 그만큼 반한 정서도 만만치 않다.

2000년 들어 할리우드 영화 못지않은 박력있는 액션을 선보이며 남북관계를 다룬 〈쉬리〉가 흥행에 성공하여 한국영화의 작품성을 널리 알려주었고, 이는 한국영화가 일본에서 상업화 될 수 있다는 인식을 일본

영화관계자에게 심어준 계기가 되었다. 현재의 K-Pop 붐은 크게 두 줄기에서 분석된다. 하나는 2003년 이후 한류드라마 팬을 중심으로 드라마 OST가 인기를 얻은 것이고, 또 하나는 2001년 보아와 2004년 데뷔한 동방신기의 활약을 통해 K-Pop의 매력이 알려지기 시작한 것이다. 〈대장금〉 방영을 계기로 한식에 대한 관심이 급속히 높아지면서 각종 한식 이벤트도 자주 개최되었다. 그리고 한식이라고 하면 김치라는 기존 이미지로부터 탈피하여 이제는 김치만이 아닌 다양한 한식에까지 관심이 확대되고 있다. 최근에는 젊은 여성층을 중심으로 몸에 좋은 술로서 막걸리가 인기를 얻고 있다. 현재 한식당이 전국 곳곳에 늘어나고 있으며, 여러 종류의 한국식재 및 식품도 편의점이나 일반 슈퍼에서 판매되고 있어서 손쉽게 구입할 수 있는 환경이 조성되고 있다. 이제 일본인 생활 속에 다양한 한식이 정착되고 있다.

한국어 학습자는 젊은 세대, 즉 10~20대를 중심으로 배우려는 학생들이 많아지고 있다. 대학생의 경우, 일본 대학 중 반 이상에서 한국어를 교양이나 선택 과목으로 배울 수 있기 때문에 학습 기회가 많다. 반면, 중고생일 경우 한국어가 입시 과목이 아닌 이유로 학교에서 수업의 일환으로 가르치고 있는 학교가 적어(중학교에서는 거의 없고, 고등학교 경우 전체 고등학교의 8%도 안됨) 배우고 싶어도 배우기가 쉽지 않으나 요즘은 한국 문화 동아리가 교내에서 많이 생겨 그 동아리를 통해 한국어를 학습하는 중고생이 많아지고 있는데 K-Pop의 영향이 컸다.

2) 일반 정보 및 문화

일본인들은 자신이 갖고 있는 본심을 명확하게 내어놓지 않고, 자신이 속한 조직이나 단체의 의견을 따르는 경향이 있는데, 이는 조직이나 집단의 목표를 안정적으로 달성하고자 하는데서 비롯된다. 한편, 일본인들의 와리깡 문화나 프라이버시를 존중하는 문화를 통해서는 일본의 개인주의적 속성을 함께 엿볼 수 있다. 개인의 의견이나 목표보다 집단의 이익이나 목표를 우선시하면서도 구성원들 간에는 서로의 프라이버시를 존중함으로써 불필요한 갈등이나 오해를 유발하지 않으려고 노력하는 것이다.

한국과 중국으로부터 유교, 불교, 도교 등 종교를 비롯하여 다양한 문물을 받아들였으나, 이를 그대로 받아들이는 것이 아니라 자신들 본래의 종교인 신도(神道) 등 전통 문화에 융합하여 일본만의 독특한 문화로 발전시켜왔다. 한국과 달리 외래종교인 불교나 기독교에 비해 신도의 인구수가 압도적이다. 한편, 이들 종교를 합친 인구수가 총인구수를 상회하므로 복수 종교를 믿고 있는 경우가 많음을 알 수 있다. 일본인들은 태어날 때는 신사를 찾고, 결혼할 때에는 교회나 성당을 찾고, 죽은 후에는 절로 간다는 말이 있는데, 실제로 일본의 대형호텔 등에는 전통혼례, 기독예식 등 다양한 형태의 예식 프로그램을 준비하고 있고, 통상 자신들의 종교와는 상관없이 예식형식을 택하는 경우가 많다.

일본은 섬나라로서 거의 2천년 가까이 한국과 중국 정도만이 교류의 대상일 정도로 폐쇄적으로 살아왔다. 또한 그러면서도 자신들에게 이익이 되는 경우에는 외래문화를 적극적으로 받아들여 발전시키는 실용적인 면도 갖고 있다. 실제로 외국인들에게는 폐쇄적인 면이 강해 금융거래, 휴대폰 개설시 여전히 도장을 요구하며, 외국인들에게는 신용카드를 잘 발급해주지 않는다. 또한 금융거래에 구비하는 서류 및 절차가 복잡하며, 영문표기시에는 반드시 후리가나라는 일본어 표기를 동시에 요구해 외국인들이 적응에 어려움을 겪기도 한다. 일본에는 각 지방마다 다양한 마츠리 축제가 행해지고 있으며, 교토의 기온 마츠리, 도쿄의 간다 마츠리, 오사카의 텐진 마츠리를 일본 3대 마츠리로 칭한다. 마츠리를 통해 일본의 집단주의, 지역공동체를 중시하는 문화를 엿볼 수 있다.

3) 개요

위치는 동북 아시아이며, 기후는 해양성의 온화한 기후로, 수도는 도쿄(東京 : Tokyo)이다. 인구는 약 1억 2,756만 명('13년, World Bank), 면적은 약 38만㎢(한국의 약 1.7배). 종교는 신도(1억 6,000만), 불교(9,000만), 기독교(214만), 기타(900만). 언어는 일본어이며, 1인당 GDP는(13년 기준, World Bank) 38,491불. 우리나라와의 교역은('11년 기준) 1,080억 불이며, 민족은 일본족(98%). 재외동포수는('11년 말) 545,401명이다.

중국　People's Republic of China

1) 한류 확산

한 · 중 수교(1992년 8월) 이후 한국 대중문화가 공식적으로 소개되어 〈질투〉, 〈여명의 눈동자〉 등의 한국 드라마가 방영되었다. 1997년 〈별은 내 가슴에〉와 〈사랑이 뭐길래〉가 선풍적인 인기를 얻었으며, 〈사랑이 뭐길래〉는 중국 수입 외화 방영 역사상 시청률 2위를 기록하였다. 2005년 중국 후난 위성 TV에서 방영된 〈대장금〉은 14% 이상의 경이적인 시청률로 드라마 부문 시청률 1위를 기록하며 중국내 한류의 전성기를 이루었다. 1998년 한국가요 번안곡들의 인기로 한국가요에 대한 관심이 증대되었으며 2000년 인기그룹 HOT 북경 콘서트 이후 선풍적인 인기를 얻기 시작하였다. 영화 공연보다는, 드라마와 K-Pop이 보다 인기 있고 젊은층을 중심으로 주로 인터넷 등을 통해 작품이나 음악을 감상하고 의견을 공유하고 있으며 한국의 패션, 미용, 화장품, 음식 등에 관심을 갖고 한국어를 배우는 사람들의 수도 점차 늘어나고 있는 추세이다. 최근에는 TV · 영화 촬영지를 찾는 중국인 관광객들이 매년 증가하고 있다. 2005년 드라마 「대장금」의 선풍적인 인기로 김치, 비빔밥, 불고기 등으로만 알고 있던 한국 음식에 대한 선호도가 급격하게 증가하였다. 또한 싸이의 「강남 스타일」이 2012년 한류의 영향력을 극대화 시켰다.

중국에서 한국어 학습 열기도 크게 고조되어 중국 전역 약 150여 개 대학에 한국어 교육과정이 개설되어 운영되고 있다. 한국어 보급과 한국어 학습 편의를 제공하기 위해 개설된 세종학당 또한 중국에 18개소가 운영되고 있어 한국어 교육과 한국문화 보급에 큰 기여를 하고 있다. 한편, 한국 내 중국 유학생 수도 크게 늘고 있는데 2012년 기준으로 중국인 유학생 수는 전체 유학생의 63.8% 수준인 55,427명이다. 몇 년 전 중국에서는 TV채널을 돌리면 여러 방송에서 한국 드라마가 나오곤 했다. '대장금'이 방영될 때는 시내 거리가 한산할 정도로 시청률이 높았다.

그런데 지금은 중국 TV에서 한국 드라마를 보기가 쉽지 않다. 한국 드라마에 대한 쏠림 현상을 막기 위해 규제하기 때문이라고 한다. 그렇다고 중국에서 한국 드라마의 인기가 식었다는 것은 아니다. 젊은 직장 여성들에게 물어 보니 TV는 신경 쓰지 않는다면서 인터넷을 통해 한국 드라마를 본다는 대답이 곧바로 되돌아 왔다.

드라마의 영향으로 한국화장품 '설화수'는 중국 여성이 가장 선호하는 선물로 알려져 있다. 중국 사람들이 한국을 여행하고 귀국할 때 큰 가방 하나에 설화수 화장품을 담아 오는 것은 기본이라고 한다. 또한 주방용품 '락앤락(Lock&Lock)'과 전기밥솥도 중국에서 선풍적인 인기를 끌고있다.

조어도(釣魚島) 분쟁으로 중국 내에서 일본에 대한 시위가 발생하고 도요다 자동차 등 일본 상품 판매가 급격히 줄어들었다. 반면에 글로벌 경제 침체에도 불구하고 현대와 기아 자동차는 작년에 중국에서 10% 이상 판매 신장을 이루었다. 한류로 인해 한 · 중 양국 국민이 가까워지고 경제, 문화 관계 등이 긴밀해지는 반면, 중국이 북한을 의식해 한국과의 정치 관계 발전에는 속도를 조절하고 있다는 견해가 있다. 한국과 중국은 1998년 말 김대중 대통령의 중국 방문을 계기로 처음으로 동반자 관계를 설정했고, 그 후 2000년 전면적 협력 관계, 2003년 전면적 협력 동반자 관계를 거쳐, 2008년 5월 이명박 대통령 국빈 방문 시 전략적 협력 동반자 관계로 발전하는 토대를 만든 셈이다.

중국은 한류관련 동호회(63개)와 회원수(617만여 명)를 가장 많이 보유한 국가다. 중국내 한류 열풍은 예능 프로그램에서 두드러지는데 지난해 중국 방송사인 CCTV와 심천위성 TV가 각각 중국판 '무한도전', '한중드림팀'을 국내 방송사와 공동제작에 나서 화제를 모았다. 그러나 중국 정부의 엄격한 해외프로그램 규제와 인터넷 상의 콘텐츠 불법 복제가 중국 내 한류 성장에 리스크로 작용하고 있다. 이러한 상황에서 제약이 적은 웹드라마 제작과 중국 현지 플랫폼과의 협력등을 통해 새롭게 접근하는 게 중요하다고 KF(한국국제교류재단)는 강조했다.

외국 가수로는 처음으로 중국 3개 위성 TV 채널의 춘제 특집프로그램인 '춘제 완후이(춘완)'에 출연해 국제 가수 싸이(39)의 인기를 입증했다. 소속사 YG엔터테인먼트에 따르면 2016년 2월 6일과 8일 방송된 둥방위성 TV, 장쑤위성 TV, 랴오닝 위성 TV 등 3개 채널의 춘제 특집 프로그램에서 열정적인 무대와 재치 넘치는 입담으로 현지 시청자들을 사로잡았다. YG는 "또 방송 후 중국 웨이보 실시간 검색어 차트에 싸이의 이름이 오르며 무대에 대한 중국팬들의 반응이 뜨거웠음을 증명하기도 했다"고 알렸다.

2) 일반 정보 및 문화

중국은 한자와 유교사상을 중심으로 하는 찬란한 중화문화를 발전시켜 주변 국가들에 영향을 미쳤다. 56개의 다민족으로 구성된 중국문화는 세계 유례를 찾아볼 수 없는 문화적 다양성과 외래문화에 대한 포용성을 갖게 되었다. 중국 인구의 91.5%를 차지하는 한족을 제외한 55개 소수 민족은 주로 중국 주변 14개 국가와 국경을 접하고 있는 국경지역에 거주하고 있으며 각 소수민족 간의 풍속 습관도 매우 다르고, 언어, 종교, 의복, 음식, 오락 등 민족마다 전통적이고 독특한 문화를 갖고 있다.

소수민족마다 차이는 있지만 일반적인 식사 예절로는 초대된 손님이 모두 모이면, 지정된 좌석에 앉아 식사를 시작한다. 중식당엔 주로 회전식 원형탁자가 있는데 원반은 주로 시계방향으로 돌려 시작한다. 주인이나 초대한 사람이 먼저 음식을 들고, 식사 중엔 사업 이야기를 하지 않는 것이 예의다. 젓가락은 접시 위에 올리지 않고 끝에 걸치고 개인 젓가락을 원반 위 음식에 갖다대는 것은 실례니 조심한다. 간혹 자신의 젓가락을 사용해 상대방에게 음식을 권하기도 하는데, 이는 호의의 표시므로 당황하지 않는다. 상석에 앉은 사람이 건배를 제의할 때는 두 손으로 잔을 감싸 경의를 표한다.

건배를 할 땐 잔을 테이블에 부딪치기도 하는데 초청자의 첫 잔은 받아 마시는 것이 예의나. 차와 술은 계속 채워지므로 안 마실 경우엔 정확하게 의사표시를 해야 한다. 음식은 조금 남기는 것이 예의인데 식사 후 트림은 잘 먹었다는 표시가 된다. 젓가락으로 사람을 가리키거나 젓가락 하나로 음식을 먹는 것은 상대방을 모욕하는 행동이므로 주의한다. 식사 중에 담배를 권하고 피우는 것은 흔한 일이므로 너그럽게 받아들이다. 특이하게도 중국인은 담배를 던져서 권하는데, 이는 상대방을 무시하는 행동이 아니니 비흡연자나 담배를 피우기 싫은 흡연자도 일단 권하는 담배는 받아 두는 것이 예의다.

홍콩은 가장 자유로운 나라이면서도 예절에는 엄격하다. 신체 접촉을 피하는 사회이기 때문에 어깨에 손을 얹거나 포옹은 피해야 한다. 식사는 주로 8~12개 정도의 코스 요리로 진행된다. 7개 코스는 장례식 식사로 평소엔 기피한다. 식사 때는 밥그릇을 손에 들고 먹고, 초대받은 사람 중 대표자가 일어나 감사의 건배를 들면서 식사를 마무리한다.

3) 개요

위치는 동북아시아이며 기후는 온대 및 아열대성 기후이다. 수도는 중화인민공화국(中華人民共和國/People's Republic of China : PRC), 북경(北京/Beijing, 인구 2151.6만 명). 전체 인구는 13억 5,404만 명(대만, 홍콩, 마카오 제외/중국통계연감 2013). 면적은 약 960만 ㎢(한국의 약 44배, 러시아, 캐나다에 이어 세계 3위)이다. 민족구성은 한족

(漢族, 92%)과 55개 소수민족, 조선족 약 183만 명으로 되어 있고, 언어는 중국어(漢語) 사용(단 방언(方言) 및 소수민족언어 존재)하며, 국내총생산은(GDP) 약 11조 2,563억 불. 대외무역액은('12년 기준) 3조 8,668억 불. 국가성립은 1949.10.1일이며, 우리나라와의 관계수립일은 1992년 8월 27일. 해외동포수는('12) 2,573,928명이다.

캄보디아 Kingdom of Cambodia

1) 한류 확산

캄보디아는 한국에 대한 호감이 매우 크고 한국의 정치 · 경제 · 문화에 대한 기대가 높은 편이다. 한국기업의 활발한 캄보디아 진출(2012년 2위)과, 한국 관광객의 캄보디아 방문(2012년 2위), 캄보디아 근로자의 한국 취업(2012년 1위)을 배경으로 한국어에 대한 수요가 상당하여 간단한 한국어 구사가 가능한 캄보디아인을 많이 만날 수 있다. K-Pop, 한국 드라마, 한국어, 한국 제품에 대한 인기가 매우 높은 편으로, 캄보디아 TV에서는 상시 한류 컨텐츠를 접할 수 있다. 한식은 캄보디아인과 외국인들에게도 인기가 있어 현지에 성업 중인 한국식당에서는 캄보디아 사람들을 많이 발견할 수 있다. 현재 프놈펜에만 50여 개의 한국식당이 영업 중이다. 캄보디아인 중에는 김치를 좋아하는사람들도 다수 있어, 현지 고급 슈퍼마켓에서도 김치 구입이 가능하다.
우리기업의 캄보디아 투자진출 확대 및 고용허가제를 통한 캄보디아 근로자의 한국 노동시장 진출에 따라 취업을 목적으로 하는 한국어 수요가 많이 있고, 또한 한류를 배경으로 한국문화에 대한 관심에 기인하는 한국어 수요도 상당한 편에 해당한다. 캄보디아에는 왕립프놈펜대학, 바탐방대학, 반티민쩨이대학, 캄보디아 국립기술대학 등 고등교육기관에서의 정규과정뿐 아니라 사설학원에서의 비정규 과정을 통해 한국어를 쉽게 배울 수 있다. 프놈펜 시내 도처에서 사설 한국어 학원을 어렵지 않게 발견할 수 있으며, 한국어로 간단한 인사말을 하는 감보디아인들을 쉽게 발견 가능하다.

2) 일반 정보 및 문화

캄보디아는 앙코르와트로 대변되는 찬란한 역사와 유산을 가지고 있는 동시에, 킬링필드로 알려진 크메르루즈의 슬픈 현대사를 간직하고 있는 나라이다. 1991년 파리평화 협정이 체결되어 오랜 내전이 형식적으로 종식된 후, 1991.10~1993.6(18개월)간 UNTAC(UN Transitional Authority of Cambodia)의 위임통치를 거쳐 1993년 총선거를 통해 정부 출범. 1993년 캄보디아 왕국(Kingdom of Combodia) 시대의 출범 이후 일관된 캄보디아 국민당(CPP)의 집권과 훈센 총리의 통치 아래 사회경제 발전을 추진해오고 있으나 아직도 1인당 GDP 1천 미불 미만의 최빈개도국으로 많은 부분을 대외원조에 의존하고 있다.

입헌군주국으로 국왕이 국가원수이나, 총리가 정부수반으로 실질적인 국정을 운영한다. 인구의 95%가 불교도인 불교국가이나, 여타 종교 및 외국 문화에 대해서도 특별히 제한하지 않는 개방적 성향을 가지고 있다.

3) 개요

위치는 인도차이나 반도 동남부이며, 기후는 열대 몬순, 고온 다습하며, 수도는 프놈펜(Phnom Penh, 인구 약 120만 명, 면적 375㎢). 인구는('13) 약 15,205,539명이다. 면적은 181,035㎢(남한의 1.8배). 민족 구성은 크메르족(90%), 소수민족(베트남, 중국, 참족, 고산족 등). 종교는 소승불교(95%), 기타(5%). 언어는 크메르어이다. 1인당 GDP는 ('13년 기준) 1,008불이며, 우리나라와의 교역은('12년 기준) 총교역 538백만 불(수출 451백만 불, 수입 87백만 불). 독립일은 1953년 11월 9일(프랑스로부터 독립). 재외동포수는('12) 4,373명이다.

태국 Kingdom of Thailand

1) 한류 확산

태국의 한류도 드라마로 시작됐다. 2003년 방영된 드라마 '가을동화'가 3번 씩이나 재방영됐을 정도로 호응을 얻었으며 태국에 한류열풍을 본격적으로 일으킨 것은 드라마로 여겨진다. 드라마로 촉발된 한국에 대한 관심은 K-Pop으로 불리는 한국대중음악으로 이어져, K-Pop은 태국음악 산업의 중요한 축으로 떠올랐다. K-Pop은 한국 대중가수들의 활발한 진출로 태국에서 붐을 이루고 있다. K-Pop 스타들은 젊은 층을 대상으로 하는 태국상품의 광고모델로 속속 등장하고 있으며, K-Pop의 가사를 이해하려는 욕구에 부응해 한국어를 배우려는 열풍도 이어지고 있다. 태국에서의 한류는 일본, 중국 등에 비해 역사는 짧지만 무한한 성장동력을 가지며 태국 사회, 문화, 경제 등 다방면에 걸쳐 영향을 미치고 있으며, 특히 젊은 층에게 크게 어필하고 있다는 점은 의미가 크다.

2005년 태국에서 방영된 드라마 '대장금'의 인기로, 태국인들의 한국음식에 대한 선호도가 급격하게 증가하였다. 2006년 한국 의상을 이용하고, 한국맛을 강조하는 태국의 패스트푸드 음식 광고가 등장하기도 하였다.

K-Pop 등 한류의 인기와 맞물려 태국 젊은 층에선 한국어에 대한 관심이 어느 때보다 높아지고 있다. 방콕 내 사설학원과, 한국 유학생도 증가추세이다. 태국 대학에서 한국어가 선택과목으로 선택된 것은 1986년 송클라 대학이 처음이었다. 이후 명문 국립대학인 출라롱컨대학에서 1989년 한국어를 커리큘럼으로 채택했으며, 2004년에는 한국어 센터를 설립하였다. 2013년 현재 전공과목으로 채택하고 있는 8개 대학을 포함 총 39개 대학에서 한국어를 가르치고 있으며, 총 1,300명이 전공 또는 부전공 과목으로 공부하고 있고, 태국 전역에선 총 2만5천여 명의 태국 고등학생들이 제2외국어로 한국어를 배우고 있는 것으로 추산되고 있다. 태국 한류와 가장 밀접한 관계를 보이는 곳은 관광분야이다. 2003년 총 7만 8천여 명이던 방한 태국인이 2004년 처음으로 10만 명을 돌파한 뒤 2009년 까지 6년 동안 한해 평균 13.28%의 증가율을 보였다.

지금도 한국 드라마 속의 다양한 관광지를 둘러 보는 여행 상품이 인기리에 판매중이다. 태국에서 처음으로 광고모델로 나선 가수 비의 음료 광고를 시작으로 빅뱅과 슈퍼주니어는 젊은 여성들을 위한 향수와 파우더, 닉쿤은 음료, 카라는 파우더, 2PM은 스낵 등 대부분 10대 및 20대를 대상으로 하는 광고에 출연했다. 화장품은 한류 열풍과 연계한 마케팅을 통해 태국내 비즈니스 성공을 거둔 대표적인 사례이다. 드라마로 시작된 태국 한류는 일본, 중국 등에 비해 그 역사는 짧지만 무한한 성장동력을 갖고 있다는 점에서 의미가 크다. 태국에서의 한류는 이곳 사회, 문화, 경제 등 다방면에 걸쳐 영향을 미치고 있으며 특히 미래 주요 소비층으로 떠오르 젊은 층에게 어필하고 있다. 한류와 연계한 마케팅을 활용하는 화장품이 소비자들에게 호응을 얻게 되었으며, Etude House는 태국에서 연간 1억바트(약 300만 달러), Skinfood는 연간 2억바트(약 600만 달러)로 한국화장품 중 선두를 달리고 있다.

2) 일반정보 및 문화

태국 문화의 기조는 인도, 미얀마, 크메르 문화가 융합된 것이며, 불교 문화는 스리랑카에서 도입되었다. 태국 종족은 11세기 경 중국 서남단에서 현재의 태국 땅으로 이주해왔다는 것이 정설이나, 말레이 반도에서 북상을 했다는 설과 선사시대 이후 주변종족들이 계속 이주해 들어와 구성되었다는 설도 있다. 태국은 불력(서기+543년)을 사용하고 있으며, 전체 인구의 95%를 차지하고 있는 불교가 사회 및 생활문화의 저변을 형성하고 있으며, 태국의 각종 건축, 사원, 미술, 무용 등은 불교의 큰 영향을 받아 형성되어 왔고, 불교의 자비심과 관용이 태국민들의 일상생활에 반영되어 있다.

태국은 입헌군주국으로 국왕은 직접 정치에 나서지는 않으나 대부분 국민들이 현 푸미폰 국왕에 대하여 절대적 지지와 존경을 보내고 있다. 이에 따라 현재 국왕은 태국의 국가 통합의 구심적인 역할을 수행하고 있다. 태국은 주변국의 침략 속에서도 아시아에서 유일하게 독립을 지켜낸 나라라는 자부심이 매우 강하며, 국가와 자국민에 대한 강한 사랑과 애착이 큰 문화적 특징이 있다.

3) 개요

위치는 중국 남부 말레이 반도 상부이며 기후는 고온 나습의 열대성 기후이다. 수도는 방콕(BangKok, 인구 830만 명). 인구는('13) 약 6,745만 명. 면적은 51.4만㎢(한국의 2.3배). 민족구성은 타이족(85%), 화교(12%), 말레이족(2%), 기타(1%)이며, 종교는 불교(94.6%), 이슬람교(4.6%), 기독교(0.7%), 기타(0.1%). 언어는 타이어(공용어), 중국어, 말레이어를 사용한다. 1인당 GDP는('13년 기준) 5,673불. 우리나라와의 교역은('12년, 우리기준) 총교역 136억 불(수출 82억 불, 수입 54억불). 국가성립은 1932년 입헌 군주국으로 개혁. 재외동포수는('12) 20,000명이다.

파키스탄 Islamic Republic of Pakistan

1) 한류 확산

이 나라는 한국 방문 근로자 및 한국어과 학생들을 중심으로 한국에 대한 관심이 높아지고 있으나 현재로서는 종교적인 성향 등으로 인해 한류 열풍이 그다지 높지 않은 상태로 한국문화와 파키스탄의 회교 문화와의 차이점을 인지할 필요가 있다. 이슬람 문화의 폐쇄적인 성격상 다른 문화를 받아들이는 데 유연함이 상대적으로 낮고 이슬람 문화의 성격상 여성의 과도한 노출이나 과한 개성 표현은 오히려 반감을 일으킬 가능성이 높다.

한국 문화는 물론 다른 서방 문화 유입량도 매우 적으며 대다수의 파키스탄인들은 자국 문화나 그와 비슷한 인도 문화(영화, 음악) 등을 선호한다. 아울러 한국과 같은 공연문화라는 개념이 정착되지 않은 점을 고려할 필요가 있다. 한국이라는 나라에 대한 인식 자체 역시 삼성이나 LG와 같은 전자제품을 제외하고는 문화적인 면에서 매우 낮은 상황이다.

2) 일반 정보와 문화

파키스탄 서남부의 인더스강 하류에 위치한 모헨조다로(Moenjodaro)에는 고대문명의 유적이 많이 남아 있다.

간다라 유파는 로마 종교의 신인동형적(神人同形的) 전통에 따라 부처를 젊은 아폴로 같은 얼굴에 로마 황제 비슷한 옷을 입혀 묘사했지만 좌불상은 그다지 뛰어나지 못했다. 간다라파와 마투라파는 서로 영향을 주고받았음이 분명한데 그 일반적인 경향은 자연주의적 형태에서 벗어나 좀 더 이상화되고 추상적인 형태를 추구했다. 사리탑과 다른 신성한 건축물을 장식했던 간다라 부조(浮彫)는 그 단순성과 정면표현법이 산치 및 마투라와 비슷하지만, 간다라 장인(匠人)들은 부처의 일대기를 여러 장면에 새겨 불교 예술에 지속적인 공헌을 했다. 간다라의 사리탑은 정교한 장식으로 유명한데, 난간이 없고 설화적이며 장식적인 부조가 탑의 몸체에 직접 새겨져 있는 것이 특징이다.

3) 개요

위치는 서남아시아이며, 기후는 지역에 따른 열대 또는 아열대 건조기후이다. 수도는 이슬라마바드. 인구는 177.1백 만. 면적은 803,940㎢

(한국의 약 3.5배). 민족구성은 아리안족(서북부와 Punjab주), 드라비다족(남부), 터키아리안족으로 구성되어 있으며, 종교는 회교(국교)-97%(수니파 77%, 시아파 20%), 힌두교, 기독교 등이다. 언어는 우르두어, 영어, 펀잡어(펀잡지방), 신드어, 발루치어, 세라이키어, 싸쉬토어를 사용. 1인당 GDP는('14년 기준) 1,513불('12). 우리나라와의 교역은('11년 기준) 총교역 15.6억 불(수출 8.2억 불, 수입 7.4억 불). 독립일은 1947년 8월 14일이며, 우리나라와의 국교는 1983년 11월 7일이다. 재외동포수는(2013년 8월) 600명이다.

파푸아 뉴기니 Papua New Guinea

1) 한류 확산

일반국민의 한국과 한국문화에 대한 전반적인 이해가 부족한 실정이다. 최근 들어 한국을 방문하거나, 경험한 일부 지식인, 대학생들을 중심으로 한국드라마와 K-Pop 열풍이 일고 있으나, 문화 인프라의 미비로 전파력이 약한 실정이다. 한국문화 홍보 및 한류확산을 위해 파푸아뉴기니 청소년들을 대상으로 하는 공공외교를 적극 수행할 필요가 있다.

2) 일반 정보 와 문화

파푸아뉴기니는 남태평양 최대 도서국이나 우리에게는 생소한 나라이다. 16세기 초 포르투갈의 항해사 Jorge De Meneses에 의해 발견된 후 1828년 네덜란드에 의해 식민지로 편입이 되었다가 1975년 호주로부터 독립한 신생국으로 알려져 있다. 그동안 외부와 단절된 상태로 수렵, 채집 등 원시 자급자족적인 경제체제를 유지해 왔으나 최근 구리, 금, LNG 등 자원부국으로 알려지면서 자원개발을 위한 외국기업들의 진출이 활발하게 이루어지고 있다.

파푸아뉴기니는 사용언어가 다른 850여 개 종족으로 구성되어 있으며 완톡이라는 독특한 종족문화(One Talk/같은 언어를 사용하는 종족 구성원 간의 폐쇄적인 집단유대감)가 만연하고 있어 아직 진정한 의미의 국민통합이 이루어지지 않고 있다. 이런 독특한 문화 탓으로 국민들 의식 속에는 아직 국가공권력에 의한 질서유지 및 형벌집행이라는 근대적 관념이 정립되어 있지 않다. 파푸아뉴기니는 치안이 열악하기로 악명이 높은데 라스콜(rascal)이라고 불리는 떼강도들이 사회질서를 어지럽히고 있다. 그러나 5,000여 명에 불과한 경찰병력 수준으로 치안을 확보하기가 어려운 실정이기 때문에 특별히 조심해야 한다.

파푸아뉴기니의 전통문화는 정령숭배, 원시수렵시대의 생활상을 보여주는 토속문화이다. 결혼풍습은 지역별, 종족별로 약간의 차이는 있으나 신랑이 신부의 부모에게 신부대금(통상 2,500불 상당 현금 또는 돼지 30마리)을 지불하는 매매혼이 성행하고 있다. 일부다처제의 풍습으로 인해 지역에 따라서는 4명에서 8명까지의 부인을 거느리는 경우도 있다.

3) 개요

이 나라의 수도는 포트모르즈비(Port Morseby, 인구는 33만 명이며, 총인구는 약 780만 명 추산(2013년 12월 현재)되며, 면적은 약 46.3㎢ (한반도의 2배)이다. 민족구성은 멜라네시안(96%), 마이크로네시안

(2%), 폴리네시안(1%), 기타 중국계 및 유럽인(1%)로 구성되어 있으며, 종교는 기독교 97%(개신교 및 카톨릭), 기타 토착신앙이다. 언어는 영어(공용어), pidgin어, motu어 등 850여 개 부족언어. 1인당 GDP는 (2014년 기준) 2,138불이며 한국과의 교역액은(2013년 기준) 총 297백만 불(수출 64백 만, 수입 233백 만)이다.

피지　Republic of the Fiji Islands

1) 한류 확산

'대장금', '내이름은 김삼순' 등이 2008년 이래 현지 TV에 방영되어 좋은 반응을 얻었으나, K-Pop 등에 대한 관심은 저조한 편이다. 피지는 광활한 태평양지역에 330여개 섬들이 흩어져 있고, TV, 인터넷이나 스마트폰의 보급이 아직 미미하여 통신수단에 의한 한류의 확산은 한계를 가지고 있다. 현재로서는 피지에 한국드라마나 영화, K-Pop이 본격 상륙하였다고 보기는 어려우며, 한국 드라마나 영화의 시장 점유율이나 K-Pop의 현지 인기도 등 통계자료는 없다. 2008년 방영된 드라마 〈대장금〉의 인기로 한국 음식에 대한 관심이 증가하여 수바 시내에 있는 3개 한식당과 2개의 푸드코트형 한식 점포를 현지인도 즐겨 찾고 있다. 촌락 단위 공동체 생활의 전통이 있는 피지인과 보수적 종교인 힌두교와 이슬람교를 믿는 인도인은 한국 드라마나 영화에 깔려 있는 어른에 대한 공경이나 공동체 강조, 가족애 등 보편적 가치에 공감하는 편이다. 또한 드라마와 영화의 배경이 되는 발달된 한국 사회의 모습 또한 호감으로 작용하고 있다.

2) 일반 정보와 문화

태평양에 있는 피지에 최초로 사람이 살기 시작한 것은 기원전 1300년
경이다. 피지는 서편의 멜라네시아 국가와 동편의 폴리네시아 국가 사
이에 위치하고 있어 이에 따라 피지는 멜라네시아 국가이면서도 폴리
네시아의 영향을 받아 인종·문화적으로 복합적 특징을 보인다.

피지토착사회는 공동생활을 기반으로 가족, 마을, 토지를 강조한다. 추
장은 마을과 부족을 통치하며 지위는 세습된다. 이는 폴리네시아의 특
징을 보이는 것으로 대부분의 다른 멜라네시아 사회에서 추장은 능력
에 따라 임명된다. 대도시를 제외한 시골 도서 지역의 경우 아직도 촌
락 형태를 유지하고 있다. 추장의 지위와 권위가 옛날에 비해 많이 약
해진 것은 사실이나 주요 추장의 임명이 신문에 보도되는 등, 사회적
영향력은 여전히 존재하며 추장 출신의 인사에게는 Ratu가 이름 앞에
붙는다. 현 대통령과 외교장관 또한 Ratu가 이름 앞에 붙는다.

피지는 96년간 영국의 식민 통치를 받게 된다. 현재 피지 인구의 37%
가량을 차지하는 인도인은 영국의 식민통치기간 중 1879년 사탕수수
농장 노동자로 최초의 피지에 들어오게 되었다. 1970년 10월 10일 독
립할 당시 피지는 인구 절반 이상이 인도계 피지인으로 다인종 사회를
구성하고 있었는데, 이러한 인구구성이 향후 피지의 정치·사회 발전
에 큰 영향을 미치게 된다. 독립 이후 피지 원주민 주도 정당과 인도계
피지인 주도 정당간 대결구도 하에서 피지 원주민측이 장기 집권하다
가 1987년 선거에서 인도계가 승리하자 쿠데타가 발생하여 1992년에
과도정부가 민정 이양하였다. 1999년에도 총선 후 다시 인도계에 의한
정권 장악을 저지한다는 명분으로 쿠데타가 발발했다.

2006년에는 피지 원주민에 의한 쿠데타가 발생하여, 현재까지 군사 과

도 정부 체재가 유지되고 있으며 2014년 총선 실시를 통해 민정으로 이양한다고 발표하였다. 피지는 인도계 민족이 경제적 실권을 둘러싼 사회구조가 조화를 이루지 못하고 있을 뿐만 아니라 문화·종교면에 있어서 대립상태가 계속되고 있다. 이 두 민족은 100여년 이상을 공존해 왔지만 서로 판이한 관습과 문화로 인해 인종상의 융합이 거의 없는 특징을 보이고 있다.

3) 개요

위치는 남태평양 호주 동북방이며 기후는 열대 해양성 기후. 수도는 수바(Suva, 인구 174,000명). 인구는 890,057명(세계 161위). 면적은 18,333㎢(우리나라 경상북도 크기, 약 330개 도서로 구성). 민족구성은 피지인(57.3%), 인도인(37.6%), 로투만(1.2%), 기타(중국인, 유럽인 / 3.9%) 등으로 구성되었으며, 종교는 기독교(55.4%), 힌두교(27.9%), 천주교(9.1%), 이슬람교(6.3%) 등. 언어는 영어, 피지어, 힌두어. 1인당 GDP는('13년 기준) 4,606 미불(ADB 자료). 우리나라와의 교역은('12년, 우리기준) 총교역 38,583,000 미불(수출 24,209,000 미불, 수입 14,374,000 미불). 독립일은 1970년 10월 10일. 재외동포수는 ('12) 1,000명이다.

필리핀 **Republic of the Philippines**

1) 한류 확산

필리핀의 대표적 공중파 방송인 GMA7에서 2003년에 '명랑소녀 성공기', '가을동화' 등 한국드라마가 처음 방송된 이후 지금까지 필리핀 주요방송을 통하여 190편이 넘는 한국드라마가 방영되었다. 최근 2~3년간은 필리핀의 양대 방송사인 GMA7과 ABS-CBN에서 매일 한국드라마를 방영하고 있다. 필리핀 국민들은 한국드라마를 코리아노벨라(Koreanovela)라 부르면서 즐겨 시청하는데, 〈풀하우스〉는 시청률 52%를 기록하기도 하였으며, 이 밖에 식품 관련 드라마 〈제빵왕 김탁구, 커피프린스 1호점, 파스타〉, 의학드라마 〈제중원, 뉴하트, 외과의사 봉달희〉 그리고 학원물 〈꽃보다 남자, 드림하이, 응답하라 1997, 학교 2013〉 등 다양한 장르의 드라마가 방영되고 있다.

2009년 이후부터는 K-Pop이 유행하기 시작하여 지금은 한국드라마의 인기를 능가하는 수준이 되었다. 2009년 9월 '쏘리쏘리' 음반을 발매한 수퍼주니어는 앨범 판매량 10만장을 돌파하여, 한국가수 최초로 필리핀에서 골드 판매기록을 세웠으며 2010년과 2011년 연속 아라네타 콜로세움 공연을 통해 각각 만 명 이상의 관객을 동원하였다. 2010년 원더걸스의 노바디는 필리핀 대선 캠페인 송으로, 2013년 싸이의 강남스타일은 필리핀 총선 캠페인 송으로 쓰이기도 하였다. 필리핀에서 연예인 활동 경력이 있는 '산다라 박'이 속해있는 2NE1도 필리핀에서 큰 인기를 끌고 있으며, 2011년 아라네타 콜로세움 공연을 성황리에 마쳤다. 2013년 1월 소녀시대, 유키스, 인피니트 등 다수의 인기 가수들의 드림콘서트가 열려 한국 음악의 열풍을 입증했다. 또한 월드스타로 부상한 가수 싸이 역시 2013년 2월 마닐라에서 공연을 선보였고, 2PM과 CNBULE가 단독 콘서트를 개최하는 등, K-Pop 열기를 이어나가고 있다. 이러한 한국 음악에 대한 뜨거운 관심을 반영하듯 2014 엠넷 아시안 뮤직 어워드(MAMA)가 2014년 11월 26일, 마닐라에서 진행되었다.

한류의 영향으로 마닐라 시내 곳곳에는 한국 음식점이 늘고 있으며, 한국 화장품 및 한국 스타일의 옷에 대한 수요도 크게 늘고 있다.

한국어 강좌에 대한 수요는 가히 폭발적이어서 한국문화원, 세종학당, 필리핀대학, 아테네오대학, TEDSA 등에서 한국어 강좌를 운영하고 있으며, 한국어 강좌에 대한 수요의 증가에 따라 개설 강좌수도 점차 늘어가는 추세이다.

2) 일반 정보와 문화

아시아에서 유일한 로마 카톨릭 국가인 필리핀은 교회를 중심으로 이루어지는 사회의 생활 관습을 그대로 따라 낙태나 이혼은 부정한 것으로 여겨진다. 17세기 중반부터는 필리핀인들 스스로 카톨릭을 받아들이기 시작했는데 필리핀에서는 어느 가정이든지 안방이나 거실 한 켠에 각종 성상을 모셔 놓은 것을 볼 수 있다. 특히 가장 많이 눈에 띄는 성상은 성모 마리아상과 아기 예수상이다. 그 중에서도 녹색 옷을 입은 아기예수상은 '행운의 아기 예수'라 부르며, 상업을 번창하게 해 준다고 믿고 있다. 필리핀의 교회행사는 열광적인 것으로 유명하다. 예수의 수난을 기념하는 성 금요일에는 많은 참회자가 실제로 자기 몸을 십자가에 묶고 못까지 박아 예수의 고난에 동참한다.

필리핀의 가족 제도는 핵가족을 단위로 하지만, 가까운 친족들과 강력한 연대를 맺고 생활함으로써 확대 가족의 모습을 강하게 보여준다. 연로하시거나 홀로된 부모님을 모시는 것은 물론이고, 그러한 상황에 처한 아저씨나 아주머니까지도 함께 생활하는 경우가 많다. 따라서 필리핀의 핵가족은 가족의 연령구조나 사회적 여건에 따라 손쉽게 확대 가족으로 전환 될 수 있는 탄력적인 핵가족 제도라고 볼 수 있다.

산업의 집중과 도시화에 따른 농촌 인구의 도시 진출이 필리핀의 전통적인 가족제도를 약화시키고 있는 것은 부인할 수 없는 사실이다. 죽음이나 질병 등과 같은 위기상황이 발생하면 가족과 친족의 정서적 · 물리적 도움은 결정적인 역할을 한다. 경조사의 비용을 나누어 부담할 뿐만 아니라, 사업의 실패와 같은 재정적인 어려움이 발생할 때에도 가족과 친족은 항상 안심하고 의지할 수 있는 사회조직이다.

3) 개요

위치는 서태평양 도서국가이며, 기후는 고온다습한 아열대성. 수도는 마닐라(Manila, 인구 1,155만 명). 인구는('13) 약 105,720,644명. 면적은 300,400㎢(한반도의 1.3배). 민족구성은 말레이계가 주종이며, 중국, 미국, 스페인계 혼혈 다수로 구성되어 있다. 종교는 카톨릭(83%), 신교(9%), 회교(5%), 불교 및 기타(3%)이며, 언어는 타갈로그어(Tagalog)와 영어를 사용하며, 1인당 GDP는('12년 기준, IMF) 약 2,588불. 수출입 현황은(2012년, 통계청) 교역은 11,494,649불(단위 천불(USD 1,000) - 수출 8,210,714불, 수입 3,283,935불). 독립은 1898. 6.12일이며, 재외 동포수는('12) 88,102명이다.

호주 Commonwealth of Australia

1) 한류 확산

동남아, 중국, 일본, 남미에서와 같은 수준의 한류가 호주에 존재한다고 볼 수는 없으나 현재로서 한국 대중문화에 대한 잠재적 수요는 대개

아시아계 호주인들에게 존재하는 것으로 보인다. 하지만 주류 호주인들 중에서 한국영화나 K-Pop 등 장르별로 소수집단층이 형성되어 있다. 호주는 문화의 다양성이 특징인 다문화사회이기 때문에 서양과 동양의 정서를 창의적으로 승화시킨 공연, 전시 혹은 한식 이벤트와 같은 맞춤형 한류 문화콘텐츠라면 호주 내 자연스럽게 스며들 수 있을 것으로 예상된다.

한-호 수교 50주년 우정의 해였던 2011년을 정점으로 하여 최근까지 호주 주요 언론에 K-Pop, 한식 등 한국문화 관련 노출 빈도가 상당히 증가하였으며 이는 한국문화의 잠재적 수요가 호주 주류 시장에서 표출되기 시작한 것으로 보인다. 한국어를 배우려 하는 수강생들은 크게 두 가지 유형으로 나눌 수 있다. 대다수의 학생들은 단지 한국문화가 좋아서 한국어를 배우려는 학생들이다. 한류의 영향을 직접적으로 경험한 이들은 한국영화와 드라마, K-Pop 등을 접하면서 점점 더 한국문화와 가까워진다.

이들은 한국문화를 더 즐기려는 과정에서 한국어를 배우는 것을 첫 과제로 삼는다. 한국영화나 드라마를 영어 자막 없이 시청하기 위해, K-Pop 가사를 이해하고 노래를 따라 부르기 위해 한국어를 배우려는 것이다. 이런 수강생들 외에 한국에 취업이나 유학을 위해 가려는 이들이나 한국인 배우자를 둔 수강생들이 한국어강좌 수강을 신청한다. 자신의 아내, 또는 애인과 한국어로 대화하기를 갈망하고 배우자의 가족들과 그들의 고유언어로 소통함으로서 보다 친밀해지기 위함이다.

호주는 여러 국가의 문화를 이해하고 자유롭게 접할 수 있는 문화의 다양성이 존재하는 환경적 요인을 갖추고 있다.

2) 일반정보 및 문화

호주의 예술과 문학은 영국, 아일랜드, 이탈리아 등으로부터 유입된 정통 서구 문화와 맥을 같이 하고 있으나 호주의 원주민 문화, 호주 대륙 특유의 자연 환경, 독특한 국가 형성 역사, 다양한 이민 사회 등의 영향으로 고유한 특성과 요소들을 형성해 나가고 있다.

주요 도시들은 미술관, 극장, 관현악단 등 각각 고유한 문화 기관들을 갖추고 있고 특히, 시드니 오페라 하우스, 시드니 심포니 오케스트라, 멜번 심포니 오케스트라 등은 세계적 명성을 지니고 있다. 가장 인기 있는 대중 예술은 영화로서, 국민의 70%가 연간 1회 이상 관람하며 대중음악콘서트(26%), 미술관 및 박물관(25%), 오페라 및 뮤지컬(19%), 연극(18%), 댄스 공연(11%), 클래식 음악(9%) 순으로 많이 관람하는 것으로 문화생활에 대한 대중적 관심이 높다. 호주는 2004년 아테네 올림픽에서 미국, 중국, 러시아에 이어 4위를 기록하는 등 스포츠 강국으로서의 면모를 갖추고 있는데, 호주인들이 가장 즐겨보는 스포츠를 꼽자면 호주식 풋볼, 크리켓, 럭비, 넷볼이라고 할 수 있다. 또한, 매년 1월에는 세계 4대 그랜드 슬램 테니스 대회 중 하나인 호주 오픈 테니스대회가 멜번에서 열린다. 호주 특유의 음식으로는 주로 북부 지역에서 맛볼 수 있는 캥거루, 버팔로, 악어, 에뮤 등의 요리가 있으며 다양한 이민사회의 영향으로 이탈리아, 중국, 인도네시아, 일본, 그리스, 태국, 프랑스, 베트남 등 세계 각지의 음식들이 보편화되어 있다. 따라서 각 도시마다 음식 문화를 선보이는 음식 축제가 열리는 등 호주에서 음식이 문화에 차지하는 비중은 대단히 크다고 할 수 있다.

3) 개요

위치는 남태평양이며, 기후는 서부(40%) 및 북부(80%)가 열대성, 나머지는 온대성 기후이다. 수도는 캔버라(Canberra, 인구 36만 명). 인구는('15. 8월 추정, 호주통계국) 2,387만 명. 면적은 768㎢(한반도의 35배). 민족구성은 앵글로색슨(80%), 기타 유럽 및 아시아계(18%), 원주민(애보리진) 및 기타(2%). 종교는 기독교(67%), 무종교(26%), 기타(7%)이다. 언어는 영어를 사용하며, 1인당 GDP는('15년 기준) 52,454불. 우리나라와의 교역은('11년 기준) 총교역 345억 불(수출 82억 불, 수입 263억 불)이며, 독립은 1901년 1월 1일. 재외동포수는('13) 156,867명이다.

PART 03 아메리카 지역의 한류변화

과테말라 Guatemala

1) 한류 확산

아직 이 나라에서 한류의 인기는 그렇게 대중적이지는 않으며, 일부 마니아층을 대상으로 K-Pop 음악에 대한 관심이 계속 확산되고 있는 중이다. 과테말라에서 한국드라마 방영은 2006년 〈겨울연가〉를 시작으로, 〈대장금〉 등 여러 편의 드라마가 방영되어 인기를 끌었다. 다만, 기존 중남미 드라마를 주름잡고 있는 멕시코, 콜롬비아 드라마가 방송국 메인 드라마로 황금시간대에 방영되고 있어, 우리 드라마가 현지인들에게 인기를 끌 수 있는 여러 장점(재미, 교훈, 이국적인 모습, 배우들의 현대적인 미적 감각 등)이 있음에도 불구하고, 현재까지는 우리 드라마 방영시간대 문제 등으로 현지인들에게 우리 드라마의 인기를 극대화하기에는 한계가 있다.

한편 한국드라마를 좋아하는 이유로서는 한국 드라마가 현지 중남미 드라마(멕시코, 콜롬비아 제작)의 소재인 폭력, 절제되지 않은 사랑,

마약 등을 다룬 것이 아닌, 가족간의 애틋한 사랑 및 연인간의 순수한 사랑을 다루는 등 따뜻하고 인간적인 면이 있고 교훈적이며 가족들이 함께 보기에 좋다고 한다. 또한 드라마에 나오는 이국적인 한국의 풍경 및 매력적인 한국인 배우 등의 모습에 관심이 있다고도 한다.

2) 일반 정보 및 문화

중미에 있는 과테말라는 다민족, 다문화, 다언어 국가다. 소수의 백인들은 사회표면에 잘 나타나지 않지만 경제력을 장악하고 다수의 메스티조(혼혈)들은 사회 각계에 진출했으나 대체로 백인들의 영향력 하에서 정체성이 부족한 반면, 원주민들은 순박하고 전통적인 방식에 따라 폐쇄적인 생활을 영위하고 있다. 철저한 부권 중심사회로 남아 선호사상이 강한 편이고, 혈통 및 사회계층을 중시하여 동일 계층 · 인종끼리 또는 선조들의 출신지역이 같은 사람간에 결혼하는 것이 일반적이다. 또한 가족제도도 계층간 차이를 보여, 상류층의 경우 거대한 저택에서 대가족제로 생활하는 편이나 중산층 이하는 핵가족화 현상이 현저하다. 여성의 지위가 높은 편이 아니나, 최근 중산층 출신을 중심으로 의사 · 변호사 등 전문직에 진출하는 여성인력이 증가하고 있다.

3) 개요

위치는 중미이며, 기후는 해안은 열대기후, 고지는 온대기후이다. 수도는 과테말라 시티(인구 250만 명). 인구는 1,580만 명(2014년 기준). 면적은 108,889㎢(한반도의 1/2). 민족구성은 원주민(43%), 메스티조(혼혈 50%), 백인 등 기타(7%)로 구성되어 있으며, 종교는 가톨릭(70%), 개신교(30%). 언어는 스페인어(문맹률 29.4%)를 사용한다. 1인당

GDP는('13) 3,414불이며, 독립은 1821년 9월 15일. 재외 동포수는('12) 12,918명이다.

니카라과 Nicaragua

1) 한류 확산

니카라과도 전 세계적으로 한류가 전파됨에 따라 어느 정도 한국 대중 문화가 알려지고 있으나 아직 초기단계라고 할 수 있으며, 파급 효과를 기대하기는 어려운 수준이다. 그러나 2007년 12월 니카라과에도 우리 대사관이 설치되고, 2009년부터 한국 드라마 방영을 시작으로 2011년, 2012년 연이어 한국영화제를 개최하는 등 각종 문화 행사를 통해 현지인들의 한국과 한국문화에 대한 관심이 증가하고 있다. 특히 청소년, 대학생 등 젊은층을 중심으로 K-Pop 가수 팬클럽이 결성되어 빅뱅, 샤이니 등 한류 팬클럽 회원들은 온라인은 물론 오프라인상에서 활발하게 활동하고 있다. 2011년 3월 22일 중미대학교(UCA) 고등어학원 내에 한국어 강좌를 개설한 이래 현재는 20명의 학생이 한국어를 공부하고 있다. 2011년 개설 시부터 시작된 과정이 현재까지 계속 이어지고 있다. 아울러 동 과정 수강생을 중심으로 한국어 말하기 대회를 매년 개최하고 있으며, 우수자에게 각종 부상을 수여하여 학습 의욕을 고취시키고 있다.

2) 일반 정보 및 문화

일반적으로 니카라과는 유럽 문화와 인디오 문화가 융화되어 조화를 이루며, 민속신앙과 음악, 종교적 전통이 생활에 반영되어 있다. 지역 특성을 보면 태평양 연안은 스페인 식민지 문화와 전통 민속신앙을 유지하는 반면 나카라과 운하를 건설할 목적으로 영국이 점령 통치한 대서양 지역은 공용어인 스페인어와 함께 영어와 인디오 토착어를 사용하고 자체 고유문화를 유지하고 있다. 19세기 후반까지 직막하었던 니카라과의 문학은 불세출의 시인 루벤 다리오(Ruben Dario, 1867~1916)의 등장으로 세계적인 각광을 받았다. 니카라과는 2004년부터 매년 '그라나다 국제 시(詩) 페스티발' 개최를 통해 세계 각국과의 문화 교류의 장을 마련하고 있으며 2014년 2월에는 Ruben Dario 시인을 추모하는 제10회 그라나다 국제시 페스티발을 개최했다.

니카라과 대부분의 도시와 마을들은 스페인 식민지 시대부터 수호성인을 모셔왔는데, 그 성인의 축일을 기념하여 여러 날에 걸친 축제를 개최한다. 축제는 엄숙함보다는 춤과 음악으로 가득하여 매우 떠들썩하고 흥겹다. 니카라과 음악과 춤은 인디오 전통부족, 유럽 정복자, 그리고 흑인 노예들의 문화가 혼합되어 다양성을 보여주고 있다.

3) 개요

위치는 북으로 온두라스와 남으로는 코스타리카와 접경 지역이다. 기후는 우기가 5월~11월, 건기가 12월~4월. 수도는 마나구아(Managua, 인구 185만 명)이며, 인구는 619만 명('14년 기준). 면적은 130.373㎢ (한반도의 3/5). 민족구성은 메스티소(69%), 백인(17%), 흑인(9%), 인디언(5%)로 구성되었으며, 종교는 카톨릭(58%), 개신교(23%). 언어는 스페인어를 쓴다. 1인당 GDP는('14년 기준) 1,904불. 우리나라와의 교역은('12년 기준) 총교역 2.26억 불(수출 1.85억 불, 수입 0.41억 불). 독립일은 1821년 9월 15일이며, 재외동포수는('12) 648명이다.

도미니카 공화국　**Dominican Republic**

1) 한류 확산

도미니카공화국에서는 한국드라마 〈천국의 계단〉과 〈겨울연가〉가 큰
인기를 끌었으며, 특히 스킨쉽 중심의 현지 드라마와는 달리 한국드라
마 특유의 감정묘사와 서정적인 분위기가 인기의 일등공신이 되었다.
뿐만 아니라 현지에서는 K-Pop 및 한식에 대한 관심도 점차 높아지고
있다. 전에는 한산하던 도로에 자동차가 많아져서 교통 체증이 심각해
졌지만, 현대 자동차가 가장 많이 눈에 띄는 것은 가슴 뿌듯하고 흐뭇
한 일이다. 수도 산토도밍고에 있는 마라도르 공원 앞 아나카오나 거
리는 고층 빌딩들이 숲을 이루어 뉴욕 맨하튼을 닮아가고 있다. 이곳
의 변화와 함께 경제 강국, IT 강국으로서 날로 높아지는 한국의 위상
을 대형 전광판 광고를 통해 느끼게 되니 우리나라에 대한 애국심과 자
긍심이 더욱 깊어져만 간다.

2) 일반 정보와 문화

서인도제도 카리브 해 한가운데 있는 섬나라, 지진 피해로 많이 알려진
아이티 옆에 있는 도미니카 공화국은 열대성 기후인 까닭에 유럽인들
과 북미인들이 가장 선호하는 휴양지로 유명한 곳이다. 이곳 역시 중
남미 국가와 다를 바 없이 빈부의 격차는 극심하지만, 이 나라 사람들
은 일 년 내내 좋은 기후와 아름다운 경관, 풍요로운 자연의 혜택으로

매사를 신께 감사드리며 낙천적으로 살아가고 있다. 도미니카공화국은 전 세계 143개국 중 국민 행복도가 2위에 선정되기도 했는데, 느린 문화와 정서로 외국인들이 이곳에 와서 적응하며 살아가기에는 상당한 인내심이 필요하기도 하다.

빠른 속도의 춤곡인 메렝게(merengue)는 도미니카인들이 눈 뜨면 듣기 시작해 저녁에 눈감을 때까지 들을 정도로 일상 속에서 즐겨 듣는 음악이다. 4분의 2박자로 타악기와 아코디언 음색이 강렬하며, 흔히 도미니카 서민들이 즐겨 모이는 동네 슈퍼마켓(Colmodo)에서 쉽게 접할 수 있다. 메렝게는 골반을 좌우측으로 움직이는 기본 발동작과 손을 사용하여 회전하는 동작이 결합되는데 남녀가 상당히 밀착된 자세에서 춤을 춘다. 이런 이유로 대중화 초기 백인 상류층 사회에서는 저속한 춤으로 간주되었다. 그러나 메렝게 음악과 춤은 도미니카 인들이 어려서부터 가족과 친구들을 통해 체득하는 문화의 일부로 평가되고 있다.

한편 바차따(bachata)는 4박자의 춤으로 도미니카공화국의 지방도시에서 유래되었다고 한다. 두 음악의 차이점을 보면 바차따는 악기에서 아코디언이 제외되며 일반 기타보다 크기가 작은 레킨토(Requinto) 기타가 리듬을 주도한다. 여기에 베이스 기타와 봉고(Bongó)나 구이라(Güira)와 같은 타악기가 결합되며 템포가 다소 느리다. 그러나 메렝게는 아코디온, 타악기, 키보드 등이 어우러져 빠른 리듬과 밝은 운율을 만들어내 어깨가 저절로 들썩거릴 정도로 흥겹다.

3) 개요

위치는 중부 카리브해 중앙인 쿠바 동남쪽에 있으며, 기후는 열대성기후이다. 수도는 산토도밍고(Santo Domingo, 인구 약 230만 명). 이 나라의 인구는 약 1,023만 명이다. 면적은 48,730㎢(남한의 1/2 크기). 민족구성은 혼혈(73%), 백인(16%), 흑인(11%)이며, 종교는 카톨릭(68.9%), 기독교(18.2%), 기타(12.9%). 언어는 스페인어를 사용하며, 1인당 GDP는('14년 기준) 6,076불. 우리나라와의 교역은('12년 기준) 총교역 약 2.9억 불(수출 1.67억 불, 수입 1.23억 불)이며, 독립일은 1844년 2월 27일. 재외 동포수는('12) 467명이다.

멕시코 Mexico

1) 한류 확산

한일 월드컵(2002년)을 계기로 젊은 층을 중심으로 한국에 대한 관심이 생겨났다. 한일 월드컵 개최이후, 멕시코인들에게 꼬레아(Korea의 스페인어 표현, Corea)는 그리 낯설지 않은 단어가 되었다. 멕시코의 가정에서 삼성전자, LG전자, 대우전자의 가전제품을 친숙하게 볼 수 있고, 상가 진열대에서 우리 상표의 디지털 카메라나 휴대폰을 흔히 볼 수 있다. 한류 문화 콘텐츠에 대한 멕시코인들의 관심은 2002년 10월, '별은 내 가슴에'가 최초로 멕시코 TV를 통해 방영되면서부터라고 본다. 이를 계기로 한류 팬클럽이 만들어졌으며, 그 후 여러 편의 한국 드라마가 더 방영되었다. 2005년에서 2010년 사이 한국 가요와 드라마를 통해 한류에 대한 관심이 더욱 높아졌고, 2012년 4월 현재 멕시코 전국에 약 70여개의 한류동호회가 활동 중인 것으로 알려져 있다. 또한 멕시코 현지인들이 2007년 자발적으로 구성한 사물놀이팀(새울림)이 있어 현지에서 개최되는 주요 한국 관련 행사에 참석, 30여 차례 이상 사물놀이 공연을 선보인 바 있다.

2011년 멕시코의 양대 지상파 방송사인 Televisa와 TV Azteca의 쇼 오락 프로그램에서 K-Pop가수와 멕시코 한류팬 관련 콘텐츠를 다룬 바 있다. 우리나라 느라마, K-Pop 등을 신호하는 일부 젊은 층이 있으나, 이 같은 한류 바람이 멕시코 일반인들의 일상생활에까지 파고든 것은 아니므로 이를 확산하기 위하여 부단한 노력이 요구된다. 현재 멕시코에서 한국어를 가르치는 교육기관은 멕시코 국립자치대학교(UNAM)의 외국어학원(CEPE), 콜리마(Colima) 대학교, 나야리트(Nayarit) 자치대학교 등이 있다. 2011년부터 멕시코에서 실시되고 있는 한국어능력시험(TOPIK)의 응시자도 눈에 띄게 증가하여 2011년 70명에서 2012년 204명으로 늘었다.

문화체육관광부 산하 해외문화 홍보원에 의하면 2016년에 K-Pop 아카데미를 설립하여 한국을 알리는 한편 한류 보급에 크게 공헌할 것으로 기대하고 있다.

멕시코 경우 K-Pop이 새롭게 관심을 끌며 인기 상승곡선을 타고 있다. 2012년 싸이의 '강남스타일' 열풍 이후 유키스, 엠블랙, 슈퍼주니어, 샤이니, 씨엔블루, 틴탑 등 다수의 그룹이 멕시코에서 콘서트를 열었으며 한국 문화로의 관심으로 이어지고 있다.

2) 일반 정보 및 문화

남미의 최북단에 있는 멕시코는 지난 2010년 독립 200주년을 맞았다. 스페인의 오랜 식민 통치 이후, 독립 투쟁을 시작한 이 땅의 사람들은 옛 아스테카 제국의 영화를 기리며 새로운 독립국가의 이름을 멕시코로 정했다. 아스테카 제국의 수도 이름이었던 멕시코는 300년의 식민 기간을 지나 이 땅 전체를 가리키는 나라 이름이 되었다. 멕시코의 역사는 고대 문명 시기, 스페인 식민 시기, 그리고 독립 이후 현대의 멕시코로 삼분할 수 있다. 찬란한 고대 문명을 꽃피우던 멕시코에 스페인 정복자들이 도착하면서 원주민 문명은 점차 파괴되었고, 멕시코 원주민, 스페인 정복자들, 흑인 노예들 등 다양한 인종과 문화가 서로 융합되기 시작하였다. 이후 스페인의 식민지배에서 벗어나 독립을 이루고 20세기 초반 혁명의 소용돌이를 거치면서 멕시코는 원주민의 국가도, 백인의 나라도 아닌 혼혈인 메스티소의 나라로 탄생하게 되었다. 초록색, 하얀색, 빨간색 세가지 색으로 구성된 멕시코의 국기는 이와 같은 혼합문화를 잘 대변하고 있다.

3) 개요

위치는 북으로 미국, 남으로는 과테말라 벨리즈와 접경지역이며, 기후는 저지대는 고온 다습하고 고지대는 온대. 수도는 멕시코시티(Mexico City, 인구 약 2,000만 명, 고도 2,300m). 인구는 약 1억 1,425만 명. 면적은 1,964,375㎢(한반도의 9배). 민족구성은 혼혈(메스티조, 60%), 원주민(인디오, 30%), 백인(9%), 기타(1%)로 구성되어 있으며, 종교는 카톨릭(89%), 기독교(6%) 등이다. 언어는 스페인어이며, 1인당 GDP는 ('13년 기준) 15,607불. 우리나라와의 교역은('12년 기준) 총교역 116.36억 불(수출 90.41억 불, 수입 25.95억 불). 독립일은 1810년 9월 16일. 재외 동포수는('12) 11,364명이다.

1) 한류 확산

서서히 부는 한류 바람이 미국 내에서도 갈수록 거세지고 있다. 미국 한류팬들은 인터넷 영문 사이트를 통해 한국의 드라마와 K-Pop을 거의 실시간으로 즐기고 있다. NBC 방송과 뉴스 코퍼레이션의 합작회사인 동영상 사이트 훌루 닷컴(hulu.com) 등을 통해 한국드라마를 시청하는 미국인들이 점차 늘어나고 있다. 훌루 닷컴은 한국드라마에 영어 자막 서비스를 제공해 한국어를 모르는 미국인들도 쉽게 한국드라마를 즐길 수 있도록 한다. 또한 미국 한류팬들이 즐겨 찾으며 한류 소식을 접하는 사이트로 숨피 닷컴(soompi.com)을 꼽을 수 있다. 미국의 일부 방송에서는 한국드라마에 나오는 대사를 활용해 한국어를 가르치고, 한국문화를 소개하는 프로그램을 제작해 방송하기도 했다. K-Pop가수들의 미국 내 공연에 대한 수요가 증가하고 있으며, K-Pop 가수들에 대한 팬클럽들이 속속 생겨나 인기를 얻고 있으며 한국식 생활문화도 미국인들 사이에 퍼져나가고 있다.

한국영화감독들의 헐리웃 진출이 박차를 가하고 있는데 한국영화 산업의 촬영 기술과 스토리가 세계에서도 통하고 있다는 뜻이다. 특히 2012년에 한국 영화감독들이 연출한 여러 편의 헐리우드 영화가 개봉하였다. 배우들의 활약상도 돋보인다. 2012년 6월에는 한류스타 이병헌과 국민배우 안성기가 아시아 배우 최초로 헐리웃의 심장부인 그로먼스 차이니즈 극장에 손과 발 도장을 남기기도 했다.

한국 영화 〈마이웨이〉, 〈늑대소년〉, 〈도둑들〉, 〈R2B〉, 〈베를린〉, 〈타워〉 등 북미 지역 수출은 47.1% 증가하였다. 이는 본국의 CJ 미국지사를 중심으로 한 한국영화의 배급 호조 및 안정화로 수익이 늘어난 것으로 분석되고 있다.

「K-Pop World Festival」은 2011년 첫 번째 행사를 시작으로 2013년 3회째를 맞는 전 세계 한류 팬들이 함께 참여하는 행사로서 대표적인 한류 축제 중 하나로 자리매김하고 있다. 세계적인 K-Pop의 인기를 실감하듯 전 세계 44개국 60개의 지역에서 K-Pop 오디션을 진행한다. 동부의 버클리 음대와 함께 미국 양대 실용음악 대학으로 꼽히는 헐리웃 음악 전문학교 뮤지션스 인스티튜트(MI)가 학사 정규 과정에 K-Pop을 도입하여 한류의 위상을 드높이고 있다.

글로벌 가수가 된 싸이가 빌보드 뮤직 어워드 2013에서 '톱 스트리밍 송'의 비디오 부문을 수상했다. 2012년 7월 15일 공개된 '강남스타일' 뮤직비디오는 현재 유튜브에서 16억 뷰를 돌파한 상태로, 역대 최다 조회수 1위를 지키고 있다. 최근 신곡으로 발표한 '젠틀맨' 역시 뮤직비디오 조회수 3억을 돌파하였다.

소녀시대는 전 세계 팬들이 뽑은 세계 최고 인기 걸그룹으로 선정됐다. 타이거 JK와 윤미래가 비지와 결성한 엠에프비티와이(MFBTY)는 지난 1월 세계 최대 음악 마켓인 미뎀의 페스티벌 헤드라이너로 나섰다.

우리의 한식은 세계의 입맛을 사로잡고 있는데 한국 농수산식품의 미국시장 수출이 크게 늘었다. 올 4월 말까지 지난해 같은 기간보다 16.4% 늘어난 2억 4,840만 달러로 집계됐다. 월스트릿저널(WSJ)은 4월 18일, 최근 미국인들의 입맛이 갈수록 자극적인 맛을 쫓고 있다고 보도한 바 있다. 비빔밥과 한국식 양념치킨이 주류사회에서 인기를 얻으면서 고추장이 맛있는 매운 소스로 유명세를 타고 있다.

또한 오바마 대통령의 부인 미셸 오바마가 자신이 담근 김치 사진과 요리법을 본인 트위터에 올리며 직접 김치를 만들어 보라고 조언할 정도로 주류사회에서 건강식으로 인정 받으며 높은 인기를 얻고 있음을 보여주었다. 한국김치는 현재 미국의 코스트코와 홀푸트마켓과 같은 주류 대형마켓에서도 쉽게 구입할 수 있을 정노로 대중화 되있다.

미국 화장품 시장에서도 '뷰티한류' 바람이 불고 있다. 힙리적인 기걱에 우수한 품질을 내세운 한국 화장품이 세계에서도 통한다. 활발한 한류 문화가 한국의 화장품 산업에도 긍정적인 영향을 미친 것이다. 코트라가 발표한 보고서에 따르면 지난해 한국 화장품 대미 수출액은 22.6% 증가한 7,016만 달러를 기록했으며 매년 증가세를 이어가고 있다. 주류 사회 고급 백화점에서도 한국산 화장품이 고급 원료와 기술력을 갖춘 우수제품으로 입소문을 타고 높은 인기를 끌며 새로운 한류 산업의 정점으로 떠올라 긍정적인 성과를 만들어 가고 있다.

2) 일반 정보 및 문화

미합중국은 토착 인디언을 제외하면 300여 년 동안 유럽, 아시아, 아프리카 등에서 이주하여 정착한 사람들에 의해 이루어진 국가다. 미국은 많은 인종이 모여 있는 나라인 탓에 문화가 아주 다양하고 잘 융합돼 있는 것이 특징이다. 미국은 독특한 장르의 대중음악을 발전시켰다. 재즈, 블루스, 뮤지컬, 힙합, 컨트리, 로큰롤 등은 여러 인종이 모여 사는 미국의 문화적 다양성에 기반을 두고 있다. 재즈는 19세기 말부터 20세기 초 미국 뉴오리언스 지역 흑인들이 아프리카 리듬과 블루스에 백인 음악 등을 가미해 연주하면서 등장했다. 블루스는 미국 남부 미시시피 지역에 노예로 끌려온 흑인들에 의해 생겨났으며, 이들의 고통과 아픔을 반영하고 있다. 로큰롤은 엘비스 프레슬리라는 대형 로큰롤

가수가 등장하면서 하나의 음악 장르로 미국 사회에 자리를 잡았다. 힙합은 1970년대 후반 뉴욕 할렘 지역 흑인 청소년 사이들에서 거리 문화의 한 형태로 등장했다. 힙합은 90년대 들어 하나의 문화 운동으로 전 세계로 확산되었고, 세계 청소년들은 헐렁한 바지와 모자 등으로 상징되는 힙합패션에 영향을 주었다.

미국 대중문화에 기여한 또 다른 분야가 뮤지컬이다. 미국 뮤지컬은 대중음악을 많이 수용해 유럽 뮤지컬보다 악기 편성 등 음악적 구성이 단조로운 것이 특징이다. 스포츠는 다양한 인종들이 사는 미국에서 이들을 하나로 연결하는 사회적 매개 역할을 하고 있다. 미국민들은 풋볼, 야구, 아이스하키 등 단체 경기를 통해 개인적인 우월함보다는 팀워크를 중시하는 가치관을 형성한다. 미국인들이 가장 열광하는 스포츠는 풋볼이며, 미국인들이 TV로 가장 많이 시청하는 시합은 프로 풋볼의 정상을 가리는 슈퍼 보울 경기다.

3) 개요

위치는 북미 내륙이며 기후는 대부분 온대. 수도는 워싱턴(Washington, DC). 인구는 약 3억 875만 명이다. 면적은 982만㎢(한반도의 45배). 민족구성은 백인(72.4%), 흑인(12.6%), 아시아계(4.8%), 원주민(1.1%), 기타(9.1%). 종교는 개신교(51.3%), 카톨릭(23.9%), 몰몬교(1.7%), 유태교(1.7%), 불교(0.7%), 이슬람(0.6%), 무교(4%)이며, 언어는 영어를 사용한다. 1인당 GDP는('11년 기준) 49,802불('12). 우리나라와의 교역은('11년 기준) 총교역 1,007.9억 불(수출 562.1억 불, 수입 445.7억 불). 독립일은 1776년 7월 4일. 재외 동포수는('12) 2,091,432명이다.

1) 한류 확산

카리브에 있는 베네수엘라의 한류는 2005년 경 겨울연가 방송이 계기가 되었다고 볼 수 있으며, 이후 〈이브의 모든 것〉, 〈가을동화〉, 〈내 이름은 김삼순〉, 〈대장금〉 등으로 한국 드라마가 공중파를 통해 방송됨으로서 확대되고 있다. 다만, 베네수엘라 문화특성〈카리브, 미국, 유럽〉으로 기타 중남미국가에서 보다 한류확대가 더딘 것은 사실이다. 2008년부터 베네수엘라 인터넷망이 확대되는 과정에서 한류 팬들의 활동 및 연대가 강화되기 시작했고 인터넷을 통해 드라마는 물론 K-Pop, 영화 등이 알려지기 시작했다. 2010년 처음 개최된 한류행사(대사관 주최)에 440여 명이 참석하면서 한류클럽 형성이 활발해 졌으며, 카라카스를 비롯한 전국에 자체적으로 한류행사를 개최하는 클럽도 있다. 2011년 12월에 개최된 제3차 한류페스티벌에는 전국 한류팬 1,200여 명이 참석하였으며 2013년 6월 행사에는 2,000명 이상 참석하였다.

한류확산과 함께 한국어에 대한 관심도가 높아졌으며, 현재 매주 토요일마다 운영되는 한글학교는 외국어반을 초·중급으로 분류하여 약 120여 명의 한류팬들을 수용하고 있다. 한류의 확산으로 한국어를 배우고 싶어하는 학생들이 늘어나고 있으나 장소 등 제반여건 미비로 어려움을 겪고있다.

현지인들이 한국문화(한류)를 좋아하는 이유는 카리브, 미국, 유럽 등지의 문화에 익숙했던 현지인들은 한류문화가 신선하고 건전한데 대해 많은 매력을 느끼는 것으로 보이며, 특히 외국문화에 개방적인 베네수엘라인에게 동양문화에 대한 호기심이 작용한 것으로 보인다. 특히 한류팬의 일부는 이전에 일본문화(망가, J-Pop 등)을 즐겼으나, 시대별 큰 변화가 없는 현대 일본문화보다는 더욱 다이나믹하고 활동적인 한류를 선호하는 것으로 관찰된다. 베네수 엘라는 외국문화에 개방적인 면이 많아 우리 문화전반(전통, 현대) 진출에는 큰 어려움이 없으며, 문화계에 종사하는 공무원, 학계 등도 외국문화 행사 유치에 매우 호의적으로 협조한다.

2) 일반 정보 및 문화

남미 북부에 있는 베네수엘라는 카리브에 위치하고 미국과 근접하며 대규모 유럽계 이민자들을 1960~70년대에 수용했다. 이에 따라, 전반적으로 개방적이고 서구적인 문화를 영유하고 있다. 특히 살사 등 카리브 문화는 일반인들이 애호하는 문화장르로서 일반가정 파티에서도 밤새 살사음악을 틀고 춤을 추곤 한다.

클리식 음악에도 세계적으로 유명한 EL Sistema(빈민층 어린이 음악교육 시스템)을 통해 Dudamel 등 유명 음악가를 배출해 냈다. Chavez 대통령 집권 이후에는 문화를 통한 사회단합 추구를 위해 고급예술을 매우 저렴한 가격으로 일반시민이 접할 수 있는 시스템을 구축하였다. 베네수엘라의 문화는 라틴아메리카지역에서 대체로 훌륭하게 유지 되어 왔다고 할 수 있다.

3) 개요

위치는 남미 북부이며, 기후는 열대에 속하나 고도에 따라 다양한 기후이다. 수도는 카라카스(Caracas, 인구 5백만 명)로 인구는 2,883만 명

(세계 41위). 면적은 916,445㎢ (한반도의 4.5배). 민족구성은 메스티소(50%), 흑인(30%), 유럽계(15%), 인디오(5%)이며 종교는 카톨릭(71%), 개신교(17%) 등으로 언어는 스페인어를 사용한다. 1인당 GDP는 ('12년 기준) 11,570불. 우리나라와의 교역은 ('12년기준) 총교역 6.35억 불(수출 5.2억 불, 수입 1.15억 불). 독립일은 1819년 7월 5일이며, 재외동포수는 ('12) 250여 명이다.

브라질 Brazil

1) 한류 확산

브라질로 이민간 우리동포들 때문에 브라질에서는 5만여 명이 거주하는 중남미 최대의 동포 밀집사회를 기반으로 동포 청소년들을 비롯하여 유튜브 동영상 등을 통하여 자생한 K-Pop 팬들에 의해 한류붐이 일기 시작하고 있다. 최근에는 상파울루, 브라질리아 등 대도시에서 K-Pop 커버댄스 그룹이 급격하게 늘고 있는 추세이며, 소녀시대, 슈퍼주니어 등을 중심으로 K-Pop 아이돌들이 크게 인기를 얻고 있어 2011년 큐브엔터테인먼트 상파울루 콘서트에서 열광적인 분위기가 연출되기도 하였다. 다만, 드라마 부문은 브라질 방송사들이 이미 드라마를 자체 제작하여 방영하고 해외에까지 수출하는 등 브라질의 드라마, 영화 제작이 나름대로 상당한 수준에 올라 있기 때문에 브라질 방송채널들마다 자사 드라마 해외진출에 급급하여 한국드라마에는 배타적인 입장을 취하고 있는 상황이다. 그러나 MBC 및 KBS 등이 자사 드라마의 브라질 진출을 적극 추진하고 있어 머지않아 브라질의 채널에서도 한국드라마가 인기리에 방영될 것으로 기대되고 있고 또한 상파울루에서 한국드라마를 포르투갈어로 번역 SNS에 제공하고 있는 한류 동호회가 활동 중이며 일부 한류팬들은 이미 SNS를 통하여 다수의 한국영화 및 드라마를 접하고 있는 것으로 파악되고 있다.

현지인들이 한국문화(한류)를 좋아하는 이유는, 브라질 문화특성이 이국문화에 대하여 배타적이지 않고 쉽게 포용하는 성향을 보이고 있으며, 우리와 같은 가족중심의 사회라는 점에서 유사한 정서를 가지고 있다. 특히 K-Pop의 경우는 신선하고 리듬도 경쾌하여 그들의 취향에도 부합한다.

남미에서는 K-Pop이 한류를 주도하고 있다. 브라질의 경우 동영상 사이트인 유튜브를 통해 소녀시대, 슈퍼주니어, 투애니원, 빅스, 방탄소년단 등이 인기를 얻고 있으며 최근 상파울루, 브라질리아 등 대도시에는 200여 개의 K-Pop 커버 댄스 그룹이 활동 중이다. 더불어 K-Pop의 인기가 한국어 학습 열풍으로 이어지고 있다. KF측은 "(지난해) 브라질 내 최대 한류 커뮤니티인 K-Pop 스테이션은 '웰컴 투 코리아'란 주제로 약 2,500명이 참석한 가운데 한국어 말하기 대회를 가졌다"고 밝혔다.

2) 일반 정보 및 문화

남미대륙의 거의 반을 차지하는 브라질은 광대한 영토를 가지고 있으며, 아마존 유역의 열대우림에서 아열대에 걸쳐 있어서 인종도 다양하게 분포되어 있다. 여기에 16세기 초에 포르투갈인들이 상륙하여 식민 통치를 한 이래 사탕수수 및 커피 경작을 위한 아프리카 흑인노예들의 유입, 19세기 말부터 20세기 초에는 유럽, 중동 및 아시아에서 다양한 민족들이 대거 이민해 옴으로써 오늘날의 다민족사회가 형성되었다. 이러한 다민족사회는 문화형성에도 그대로 투영되었다. 포르투갈의 식민통치로 포르투갈어와 카톨릭이 브라질의 전형적인 문화형성에도 지배적인 영향을 미쳤으나, 아직도 브라질인들의 전통음식으로 가장 보편적인 타피오카, 만니옥, 과라나음료 등은 토착 인디언들의 주식이었고, 브라질의 상징이기도 한 삼바음악과 춤, 매년 사순절 직전에 거행되는 삼바축제와 퍼레이드는 아프리카 흑인노예들의 유산이듯이 브라질의 문호에는 더불어 살고 있는 다양한 인종과 민족들의 대표적인 전통과 문화가 함께 녹아 독특한 형태로 계승, 발전되어 있다. 이처럼 광활한 영토에 다양한 인종과 민족들이 제각각 자신들의 전통과 문화유산을 유지, 계승하여 발전시켜가고 있으면서도 한 국가로 통합되어 독특한 브라질의 문화로 발전시켜가고 있는 이면에는 포르투갈어라는 언어와 카톨릭이라는 종교, 축구에 대한 열정, 카니발 및 삼바가 브라질인들의 일상에서 매개체 역할을 하기 때문이다.

3) 개요

위치는 남미 중부 및 동부이며, 기후는 열대, 아열대, 온대. 수도는 브라질리아(Brasila, 260만 명). 인구는 1억 9천만 명. 면적은 851만㎢ (한반도의 약 37배). 민족구성은 백인(54.7%), 물라또(혼혈인 38%), 흑인 (6%), 동양인 및 기타(1%). 종교는 카톨릭교(85%), 개신교(11%), 토속종교(Umbanda) 등이며, 언어는 포르투갈어. 1인당 GDP는('14년 기준) 11067불. 우리나라와의 교역 현황은 ('12년 기준) 수출 102.9억 불(선박, 승용차, 핸드폰 부품, LCD, 경유, 건설중장비 등). 수입 60.8억 불(철광석, 펄프, 천연섬유, 금속광물, 사료 등). 독립일은 1822년 9월 7

일. 재외동포수는('12) 약 49,511명이다.

1) 한류 확산

남미 대륙의 최남단에 위치한 아르헨티나는 외국문화의 자국내 유입에 대해서 매우 보수적인 경향이 있다. 하지만 소셜 네트워크의 영향으로 2008년부터 점차 한류에 열광하는 아르헨티나인들이 늘어났다. 2008년 중순부터 부에노스아이레스를 비롯한 주요 수도권지역에 ARIRANG TV가 아시아 채널로서 최초로 케이블을 통해 현지에 진입해 방영되기 시작했고 이에 따라 조금씩 한국이 알려지는 단계에 있다. 하지만 칠레, 페루 등 남미의 주변국가에 비해서는 다소 열기가 낮은 편이나 몇 년 전부터 한국문학이 알려지며 긍정적인 평가를 받고 있다. 아르헨티나 주요 일간지 페르필은 김영하, 황지우, 은희경, 신경숙 등 한국 작가들을 주목하는 기사를 실었으며 한국 작가들의 번역도서도 증가하고 있는 추세이다. 중미한국 문화원도서관에서는 스페인어로 번역된 한국문학을 무료로 대여해주고 있고, 도서관의 이용자도 점점 늘어나고 있다. 또한 2007년부터 중남미에서 가장 큰 부에노스 아이레스 국제도서전에 한국관을 설치하여 매년 한국문학을 알리고 있다. 또한 현지 최대 민영 지상파 방송인 텔레페(Telefe TV)에서 방영된 '별에서 온 내사랑(별에서 온 그대)'가 선풍적인 인기를 끌면서 그 파급효과도 기대할 만하다.

2) 일반 정보 및 문화

아르헨티나하면 마라도나, 탱고, 에바 페론 등으로 유명한 나라로 19세기 말에서 20세기 초반, 이탈리아를 비롯한 영국, 스페인, 헝가리, 러시아 출신의 유럽인들이 대거 이주하였다. 그래서 현재 인구의 약 97%가 백인이며 아직도 그들에게는 유럽 중심의 사고와 정체성을 가지고 있어 유럽 지향의 국민정서를 나타내고 있다. 또한 아르헨티나는 전통적인 유럽의 건축양식의 특징을 보존하는 동시에 조화를 이루는 것으로도 유명하다.

아르헨티나는 최고 육질의 쇠고기를 생산하는 것으로 유명한데 이와 더불어 쇠고기 소비량에 있어서도 세계에서 가장 높은 비율을 보인다. 또한 브라질과 오스트레일리아에 이어 세계 3위의 소고기 수출국이기도 하다. 전통적인 아르헨티나 음식으로는 아사도(Asado)가 있는데 미국의 바비큐와 비슷한 형태의 요리이다.

아르헨티나 사람들는 축구에 열광한다. 세계적으로 축구로 유명한 나라답게 축구 경기가 매우 자주 있는 편이고, 대부분의 사람들은 특정한 팀을 자신의 팀이라고 간주하며 해당 팀의 경기가 있는 날을 기다린다. 매 경기는 TV로 생중계되고, 이따금씩 시민들은 축구장에 가서 열기를 느끼며 직접 관전하는 것도 즐긴다.

3) 개요

위치는 대서양 연안 남미 대륙의 최남단이다. 기후는 아열대(북부), 온대(중부), 한대 (남부). 수도는 부에노스 아이레스(Buenos Aires, 약 300만 명). 인구는 4,180만 명(2014년도 기준). 면적은 2,791,810㎢. 민족구성은 유럽계 백인(97%), 원주민계 및 기타(3%). 종교는 카톨릭

(92%), 기독교(2%), 유태교(2%), 기타(4%). 언어는 스페인어를 사용. 1인당 GDP는(2012년도 기준) 11,891불. 우리나라와의 교역은(2012년도 기준) 총교역 17.1억 불(수출 9.7억 불-자동차, 합성수지, 영상기기, 화학제품, 기계류) (수입 14.2억 불-대두유, 동광, 가죽, 양모, 옥수수, 냉동어류). 독립일은 1816년 7월 9일. 재외동포수는('12) 약 22,580명이다.

에콰도르 Ecuador

1) 한류 확산

에콰도르에는 2009년도 한국드라마 '천국의 계단'이 큰 성공을 거두면서 에콰도르 국민들의 한국과 한국 드라마에 대한 관심이 증가하고, 라디오 등에서 김범수의 '보고싶다' 노래가 울려퍼지기 시작하였는데, 이것이 에콰도르 한류의 시초라고 할 수 있다. 그러나 본격적인 한류 붐이 일기 시작한 것은 K-Pop이 유럽 등 남미로 확산되기 시작한 2011년 초부터라고 보여진다. 에콰도르 젊은 층 사이에서 페이스북 사용이 증가하고 인근 페루, 칠레, 아르헨티나 청소년들과의 온라인 교류가 잦아지면서부터 에콰도르 내 한류관련 오프라인 동호회들이 결성되기 시작하였다. 2011년 이전에도 한국문화에 관심이 있는 청소년, 대학생들은 존재하였으나 그룹을 형성하여 온라인, 오프라인 활동이 본격적으로 증가하기 시작한 것은 2011년이 기점이라고 볼 수 있다.

에콰도르내 한류팬클럽은 인근 다른 나라에 비해 수적인 면에서 아직 초기단계라고 할 수 있지만, 점차적으로 증가하고 있는 추세이며 자발적으로 생겨난 동호회인 만큼 수시로 오프라인 모임을 갖고 각종 한류 행사에 적극적인 모습으로 참여하고 있다.

2) 일반 정보 및 문화

에콰도르는 남미 중에서는 작은 나라이다. 그러나 에콰노르 현시 사람들은 에콰도르는 남미 안의 작은 남미라 일컬으며 다양한 자연환경과 스페인 전통문화와 인디오 문화가 공존하는 자신들의 문화환경에 대해 자랑스럽게 생각하고 있다. 에콰도르는안데스산맥 주변의 산악지역을 비롯해 해안지역, 아마존지역, 천혜의 자연환경을 자랑하는 갈라파고스까지 남미 전체의 관광 명소들을 작은 공간 안에 집대성해 놓은 것처럼 다양한 기후와 다양한 자연환경이 공존한다.

에콰도르는 15세기 잉카제국이 안데스 산맥의 일부를 중심으로 형성한 잉카문화의 영향을 받았으며, 에콰도르 국내 일부 작은 마을에는 여전히 종족을 이루며 살아가는 인디오들의 생활모습을 관찰할 수 있다. 이들은 키추아어, 수아르어 등을 비롯한 다수의 인디오 언어와 스페인어를 혼합하여 사용하고 있다. 수도인 키토 구 시가지는 스페인 식민시대의 건축양식을 잘 보존하고 있으며 1979년 유네스코에 의해 인류문화유산으로 지정되었다. 제3의 도시 쿠엔카 구시가지도 1999년 인류문화유산으로 지정되어 있다. 인구 대다수(90% 이상)가 카톨릭 전통을 존중하며 여전히 대가족 제도의 풍습이 남아 있다. 주말이나 휴일에는 특히나 가족중심의 사회활동을 많이 하는 편이며 카톨릭 전통에 의한 종교 축제와 토속신앙이 결합된 민속 축제를 함께 즐긴다.

3) 개요

위치는 남미대륙 태평양 연안 북단 적도상에 위치한다. 기후는 해안과 대륙 저지대는 다습고온, 고산지역은 온대성 기후이며, 수도는 끼또 (Quito, 인구 225만 명). 인구는 15.9백 만 명('11년 인구조사). 면적은 283,560㎢(한반도의 1.3배). 민족구성은 메스티소(65%), 유럽계(7%), 인디오(25%), 흑인(3%). 종교는 카톨릭(90% 이상). 언어는 스페인어. 국민총생산 GDP는('14년기준) 1,000억 불이며, 1인당 GDP는('14년 기준) 5,989불. 독립일은 1809년 8월 10일. 재외동포수는 930명이다.

엘살바도르 El Salvador

1) 한류 확대

중미에 있는 엘살바도르는 한국과 지리적으로 멀리 떨어져 있어 문화 분야에서 교류가 활발하지 못했으나, 2001년 한국드라마가 처음 방영되면서 한국드라마 마니아층이 형성되기 시작한 이후, 최근 5년간 다수의 한국드라마가 엘살바도르 시청자들에게 큰 반향을 불러일으켰다. 동시에 K-Pop에 대한 인기가 더해져 엘살바도르 내 한류는 급속도로 확산되고 있으며, 이로 인해 한국과 한국문화에 대한 관심이 어느 때보다 커지고 있다. 현재 엘살바도르, 과테말라, 니카라과, 미국 등지에서 포장용품 제조업체로 업계 3위에 오른 CAISA 그룹회장 하경서는 스포츠 웨어, 커피 농장, 미래에너지 대체 사업 등으로 엘살바도르 경제에 새로운 희망을 불어넣는 동시에 한류에 새로운 획을 긋고 있다.

2) 일반정보 및 문화

엘살바도르는 원래 마야 문명권에 속하였으나, 화산, 지진 등 잦은 자연재해로 인해 부족 이동이 빈번했으며 1524년부터 300년 간 스페인 식민지 시대를 거쳐 1841년 오늘날의 엘살바도르 공화국이 성립되었다. 이로 인해 유럽의 습관과 인디오의 관습을 함께 유지하며 스페인어를 사용하는 문화가 혼재되어 있다. 1980~1992년 동안 내전을 겪으면서 수많은 이민자들이 속출, 현재 약 3백만 명의 엘살바도르인이 미국에 체류 중이며, 이로 인해 미국과는 정치 · 경제면에서 강한 유대관계를 맺고 있으며 문화적으로도 큰 영향력을 받고 있다.

3) 개요

위치는 중앙아메리카 남서쪽에 위치하며, 기후는 온난기후이다. 수도는 산살바도르(San Salvador : 해발 680m). 인구는 (2013) 630만 명. 면적은 21.04㎢(한반도의 1/10 크기). 민족구성은 메스티소(86.3%), 백인(12.7%), 기타(1.0%)로 되어있으며, 종교는 카톨릭(65%), 개신교(30%), 기타(5%)이다. 언어는 스페인어를 사용. 1인당 GDP는 ('14년 기준) 3,958불, 우리나라와의 교역은 ('12년 기준) 수출 114.8백 만불, 수입 37.9백 만불이며, 독립일은 1821년 9월 15일. 재외동포수는 ('12) 267명이다.

1) 한류 확대

온두라스의 한류는 2008년 6월 드라마 〈대장금〉 방영을 필두로, 같은 해 10월 드라마 〈가을동화〉가 연속 방영되면서 온두라스에 한국드라마가 소개되기 시작했다. 드라마의 인기에 힘입어 한국음식에 대한 온두라스민들의 관심이 높아지자, 드라마를 방송한 Teleunsa 방송사의 요청으로 같은 해 한국음식을 소개하는 영상물이 방영되어 좋은 반응을 얻기도 하였다. 2011년 드라마 〈내 이름은 김삼순〉이 온두라스 국영방송 TNH(ch8)를 통해 방영되면서 페이스북 등 SNS를 통해 온두라스 시청자들과 쌍방향 의견 교환이 이뤄지게 되었고, 동방신기 팬클럽을 필두로 K-Pop 동호회도 점차 활동을 시작하게 되었다. 중남미 여타 지역에서 불고 있는 한류 돌풍의 영향으로 온두라스에서도 SNS인 페이스북과 유튜브를 통해 한류동호회가 자생적으로 구축되고 있다.

2) 일반 정보 및 문화

마야 문명 등 아메리칸 인디오 문명의 기반 위에, 스페인 식민통치를 통한 서구문명 및 근대화 과정에서의 미국의 영향으로 혼합적 생활양식을 갖추고 있다. 온두라스의 인종은 대체로 자존심이 강하고 다혈질 성격이 많은 편이다. San Pedro Sula 지역을 중심으로 레바논, 팔레스타인 등 아랍계 인구와 중국계도 상당 수 분포되어 있으며, 이들이 실질적으로 온두라스 지배계층을 형성하고 있다.

원주민(7%)은 7개 부족으로 형성되어 있다. 흑인(2%)는 La Ceiba 인근에 주로 거주하는 Afro-Honduran 인으로 구성되어 있으며 온두라스 고유의 흑인 문화인 Garifuna족의 음악, 음식, 생활 문화권을 형성하며 독특한 온두라스 문화를 토대로 삶을 영위하고 있다. 온두라스는 아직까지 중미 빈국의 하나로 각종 문화센터가 거의 없어 많은 젊은이들은 영화 및 아이쇼핑 등으로 소일하고 있다. 최근 인터넷 사용률이 증가하면서 가정에서 유튜브 및 페이스북 등 SNS을 통해 세계 친구들과 인연을 맺고 있으며 K-Pop 및 한국 드라마를 접하고 있다.

3) 개요

중앙아메리카 지협에 위치해 있으며 해안 지대는 열대성 기후로 연중 고온 다습하고, 대륙고지는 온난기후이다. 수도는 떼구시가파 (Tegucigalpa, 인구 약 125만 명)이며, 인구는 약 858만 명(2012년 잠정). 면적은 112,090㎢(한반도의 약1/2). 민족구성은 혼혈(메스티조 90%), 원주민(인디오 7%), 흑인(2%), 백인(1%)로 구성. 종교는 카톨릭 (85%), 기독교(10%), 기타(5%). 언어는 스페인어를 사용. 1인당 GDP 는('14년 기준) 2,250불이며, 우리나라와의 교역은 ('12년 기준) 총교역 175,77백 만불(수출 68.97억 미불, 수입 106,80억 미불). 독립일은 1821.9.15이며 재외동포수는('12) 283명이다.

우루과이 Uruguay

1) 한류확산

우루과이는 남미 중 '한류 발아 국가'로 분류될 수 있으며 타 중남미 국가들과는 비교할 수 없으나 꾸준한 성장세를 보이고 있다. 2012년 공중파 TV 방송사인 SAETA TV(Canal 10)를 통해 한국드라마 〈천국의 계단〉이 최초로 방영된 바 있다. 이후 2011년 인터넷을 통해 한국 드라마 및 K-Pop 등의 한류를 접한 우루과이 청소년 및 대학생들을 중심으로 한류 마니아층이 형성되기 시작한 이래, 현재 한류동호회 모임이 지속적으로 늘어나고 있다. 2012년 2월에는 K-Pop, 영화, 드라마 등 한류 팬들이 대사관의 지원을 받아 서로간의 정보를 공유하고자 Korea Fans Uruguay(한국명 : 한국사랑동아리)를 형성하여 활발하게 활동하고 있다. 한류 팬들은 각자의 동호회 단위로 활동하며 각종 박람회, 댄스대회, 공연 등에 참가하여 K-Pop 및 한류를 소개하는 등 점차 그 활동의 범위가 확장되고 있다.

2) 일반 정보 및 문화

17세기 초 스페인 정복자 Hernandarias는 아르헨티나로부터 소 100마리와 말 두 마리를 우루과이로 들여왔는데, 이들은 불과 100년만에 2천5백만 마리로 늘어나게 된다. 이와 함께 드넓은 평야에서 소와 말을 자유자재로 다루는 남미지역의 카우보이인 가우초(Gaucho)들이 등장하기 시작하는데 이들을 중심으로 가우초 문화가 형성되기 시작한다. 인디언과 메스티조(인디언과 백인의 혼혈), 크리오요스(신대륙에서 태어난 스페인 자손)들은 함께 어울려 생활하면서 끝없이 펼쳐진 평야를 자유롭게 돌아다닌다. 한편, 일부 농장을 보유한 농장주들은 아프리카로부터 들어온 흑인노예들을 받아들이게 되는데 이들 소수의 흑인노예들을 중심으로 문화가 형성되기도 한다. 그러나 18세기 이후 유럽으로부터 이주민이 점차 늘어나기 시작하면서 카우보이들은 단순한 일꾼의 지위로 전략해가고 점차적으로 유럽의 문화가 이식되기 시작한다.

1928년 우루과이는 우루과이동방공화국이라는 공식적인 국가로 탄생하게 된다. 당시 국가 총인구수는 75,000명에 불과했다. 전체 국토면적이 1㎢ 당 0.4명으로 국토의 대부분이 비어 있었다고 볼 수 있다(한국은 ㎢ 당 476명, 서울, 인천은 1만 6,700명). 독립 이후 스페인, 브라질, 이탈리아, 프랑스, 영국, 폴란드, 러시아 등 유럽국가들로부터 많은 이민자들이 들어오기 시작한다. 유럽인들의 이민이 급격히 늘어나면서 우루과이는 이전과 비교할 수 없을 정도로 유럽문화에 깊이 영향을 받게 된다. 이들 유럽이민자들은 18세기 이전까지 가우초들 위주로 형성되어 왔던 사회문화를 대부분 유럽방식으로 탈바꿈시키며 현대에 까지 이르게 된다.

Rio de la Plata를 사이에 둔 아르헨티나와 우루과이 양국의 문화는 여러 면에서 공통적인 문화요소를 갖고 있다. 탱고(Tango)는 우루과이 및 아르헨티나 등 Rio de la Plata 지역의 대표적인 음악으로 아프리카 고유의 리듬과 유럽의 리듬 및 악기가 결합하며 탱고가 탄생한다. 탱고의 찬가로 불리는 'La Cumparsita'가 가장 대표적이다.

우루과이의 카니발 축제는 전 세계에서 가장 긴 축제로 2~3월에 거쳐 총 40일간 이어진다. 동 축제는 스페인 식민시대 동안 아프리카에서 노예로 들어온 흑인들의 문화적 영향을 받았으며 타악기를 중심으로 발전한 경쾌한 리듬의 '칸돔베' 음악이 대표적으로 선보인다. 전통민속으로는 우루과이 여러 지방의 전통적인 특색이 담긴 노래와 춤의 전통민속 문화가 남아 있는데 스페인 식민시대동안 들어왔던 기타가 주악기로 사용되며, 보조악기로 아코디언이 사용되기도 하는데 카우보이들의 즐거움과 애한이 서려있기도 하다.

우루과이 각 지역에 걸쳐 다양한 축제가 개최되며 이를 통해 각 지방의 독특한 문화를 살펴볼 수 있다. 주로 가우초들이 주종을 이룬 크리오요스(신대륙에서 태어난 스페인 자손)가 즐겼던 축제로부터 시작된다.

3) 개요

위치는 남아메리카 남동부에 있는 나라로 브라질과 아르헨티나 사이에 있다. 기후는 온난하며, 수도는 몬테비데오(Montevideo, 인구 약 130만 명). 인구는 328만 명('14년 기준). 면적은 176,220㎢(한반도의 4/5). 민족구성은 백인(88% - 스페인 및 이태리계 등), 기타(12% - 메스티소, 흑인 등). 종교는 천주교(47%), 개신교(11%) 등. 언어는 스페인어를 사용. 1인당 GDP는('11년, 우리기준) 총교역 2.95억 불(수출 2.2억 불, 수입 0.75억 불). 독립일은 1825년 8월 25일이며, 재외동포수는 ('12) 181명이다.

자메이카 Jamaica

1) 한류 확산

한국드라마 '찬란한 유산'이 2011년에 현지 채널을 통해 방영되었으며, 시청자 요청에 따라 두 번에 걸쳐 재방송되는 등 한국 드라마에 대한 현지 관심이 상당하다. 2012년에는 제1회 한국영화제가 수도 킹스턴 및 자메이카 최대 관광도시인 몬테고베이에서 개최된 것을 계기로 한국 문화에 대한 관심이 높아진 상황이며, 중·고등학생 및 대학생을 중심으로 자발적 K-Pop 동호회가 결성되는 등 자발적 한류 형성도 눈에 띄게 증가했다.

2) 일반 정보 및 문화

중부 카리브해에 있는 자메이카는 영어를 사용하는 카리브 지역 국가 중 가장 인구가 많은 국가이며 사회·문화적으로 풍요로운 국가로, 기본적으로 아프리카인들과 앵글로색슨 문화의 혼합을 바탕으로 스페인과 지역 원주민이었던 아라와크족의 영향이 잔존해 있다. 지난 몇 세기에 걸친 다양한 인종들의 혼합으로 세계 어느 곳에서도 찾아보기 힘든 다양한 이질문화의 혼합성을 나타내며, 노예제도와 억압에서 살아남은 자메이카인들이 그들의 출신에 따라 아프리카 토착어, 스페인어 등을 혼용하여 사용하고 있다. 자메이카는 유럽, 미국, 아프리카 등지에서 유입된 예술의 여러 가지 형태를 자메이카만의 스타일로 소화해 내었다는 문화적 자부심이 높으며, 노예문화에서 비롯된 예술뿐만 아니라, 종교 및 토속문화에서 전승된 예술분야도 발전되어 있다. 자메이카 출신의 유명가수 Bob Marley는 레게 음악의 태두로서 전세계 레게 음악가들로부터 존경 및 국제적 명성을 획득했다.

레게 음악은 Kingston의 슬럼가에 배경을 두고 탄생한 자메이카 빈민 흑인들의 음악으로 주제는 래스터패리언주의(Rastafarianism : 아프리카 복귀 주장), 정치적 저항 등이며, 우리나라 가수 김건모의 '핑계'가 레게 리듬의 영향을 받은 것으로 평가 된다.

3) 개요

위치는 서인도제도, 중부 카리브해(쿠바 남쪽 145km 지점, 아이티 서쪽 161km). 수도는 킹스톤(Kingston). 인구는 286만 명(2011년 7월 기준). 면적은 10.991㎢(남한 면적의 1/9, 제주도의 6배 크기). 민족구성은 흑인계(91%), 이외 백인계, 인도계, 중국계로 구성되어 있으며, 종교는 신교(56%), 카톨릭(5%), 기타(38.9%-라스타파리안 등)이다. 언어는 영어, Patois를 사용. 독립일은 1962년 8월 6일. 1인당 GDP는('11년 기준) 5,402불. 우리나라와의 교역은 35.6백 만불(수출 20.3백 만불, 수입 15.3백 만불). 독립일은 1962년 8월 6일(영국식민지에서). 재외동포수는('12) 132명이다.

칠레 Chile

1) 한류 확산

남미의 칠레는 한국과 지구 반대편에 있다. 칠레 내에서는 K-Pop을 중심으로 한류의 저변이 급속도로 확대되고 있다. K-Pop 인기의 강세에 힘입어 상대적으로 보수성향이 강한 칠레 언론사들도 최근 한국 정치, 경제상황 및 한국문화에 대한 관심 표명이 지속적으로 증가하고 있으며, 청소년층을 중심으로 한국 유학 희망자도 계속 증가하고 있다.

한국어 교육기관인 세종학당에서 5개반 105명이 수강중이며, 한인회에서 운영하는 한글학교 수강생도 동포 2세(100명)보다 현지인(250명)이 2배 이상 많은 상황이다. 칠레 한류 팬클럽은 주칠레대사관을 중심으로 상당히 조직적인 체계를 갖추고 있으며, 특히 지난 2013년 5월 14일 대사관의 도움을 받아 한류 팬클럽연합회인 한류칠레(Hallyu Chile)가 결성되었다.

TV 지상파에서 한국 드라마가 인기리에 방영되고, 유명해진 몇몇 한국

음식점은 토요일이면 줄을 서서 기다려야 할 정도다. 한국 슈퍼마켓에 가면 한국인보다 칠레인들로 더 북적대며 자동차와 가전제품 등은 국가 이미지와 함께 상승세를 타고 있다.

2) 일반 정보 및 문화

스페인과 토착 원주민과의 혼합이 칠레인과 칠레 문화의 기초를 형성하며, 시간이 지남에 따라 유럽계 이주자와 미국 문화가 영향력을 행사하고 있다. 19세기에는 지적사고, 예술작품 및 상류층의 생활양식에 지배적인 영향을 미쳤고, 이후 불란서 양식이 주를 이루다가 20세기말경에는 미군의 영향이 지배적이다. 아직 쿠에카(Cueca) 민속춤과 야생마를 타고 뛰는 로데오(Rodeo)가 널리 성행되며, 가장 인기 있는 스포츠는 축구이다.

연극, 무용, 음악, 미술 등 각종 예술 활동이 활발하고 특히, 칠레의 문학은 남미의 최고봉으로서 "시인의 나라"로 불린다. 가브리엘라 미스트랄(Gabriela Mistral)과 파블로 네루다(Pablo Neruda)는 노벨문학상을 수상하였다. 칠레인들은 서로 볼과 볼을 맞대어 인사하며, 처음 보는 사람과도 마찬가지이다. 다만, 여자는 남녀 모두와 이 방식으로 인사를 할 수 있지만, 보통 남자끼리는 가족이나 친한 친구가 아니면 악수만 한다. 또한, 인사 후에는 늘 서로의 일상에 대한 물음과 간단한 대화를 한다. 칠레음식들은 대부분 스페인 식민시대에 뿌리를 두고 있지만, 이후 정착한 다른 나라의 이민자들에게서도 많은 영향을 받았다. 특히 독일인들이 많이 정착한 남쪽 지방은 견과류나 과일을 곁들여 구운 독일식 파이인 쿠헨(Kuchen)이 유명하다. 또, 성탄절 케이크인 빤데 빠스꾸아(Pan de Pascua) 역시 독일에서 건너온 것이다.

3) 개요

위치는 남미 대륙의 태평양 연안이며, 기후는 아열대(북부), 온대(중부), 한냉(남부)로 형성되어 있다. 수도는 산티아고(Santiago, 인구 6.5백만 명)이다. 인구는 1,771만 명(2014). 면적은 756,950㎢(한반도의 3.5배). 민족구성은 메스티조(66%), 백인계(29%), 원주민(5%). 종교는 카톨릭(74%), 신교(15%), 소수종교(4%)이며, 언어는 스페인어를 쓴다. 1인당 GDP는('14년 기준) 14,911불. 우리나라와의 교역은('14년 기준) 총교역 71.5억 불(수출 24.7억 불, 수입 46.8억 불). 독립일은 1810년 9월 18일. 재외동포수는('12) 2,575명이다.

캐나다 Canada

1) 한류 확산

Youtube, Facebook 등 소셜미디어를 통해 한국드라마, K-Pop, 한국영화 등이 빠른 속도로 확산되고, UBC/SFU 대학생 중심으로 K-Wave라는 한류동호회가 자발적으로 형성되어 활동하고 있다. 또한 2012년 싸이의 '강남스타일'이 전세계적인 인기에 힘입어 K-Pop, 한국 음식, 패션, 문화, 한국어 등을 포함하여 한국에 대한 관심이 높아지고 있으며, UBC 대학, Alberta 대학 등을 중심으로 한국어를 배우려는 학생이 늘어나고 있다. K-Pop으로 대표되는 한류의 열풍은 현지인들이 한국어를 배우고 한식에 관심을 갖게 하는 등, 한국을 널리 알리는 데 적극적이고 긍정적인 영향을 제공하였다고 볼 수 있으며, 이러한 인기는 차츰 마니아층을 넘어서서 확대되고 있으나 향후 대중문화의 한국의 우수한 문화(진정한 한류)에 대한 사회 전체적인 관심으로 이어질지는 미지수이다.

2) 일반 정보 및 문화

캐나다는 그 영토가 넓은 만큼이나 다양한 문화와 민족이 공존하고 있다. 역사적으로 영국과 프랑스 식민지 지배를 받은 캐나다는 영국계 주민 후손들과 프랑스계 이주민 후손들이 자리를 잡아 살아가고 있으며 제1차 세계대전 당시 캐나다로 이민한 유럽인들의 후손들 역시 캐나다에서 뿌리를 내리며 살아가고 있다. 이들의 후손 중 일부분은 자신의 혈통에 대한 자부심을 느끼며 문화적 정체성을 잃지 않고 살아가는 반면, 민족적 정체성을 잃거나 거부하고 순수 '캐나다인'으로서 새로운 정체성을 개척한 이들도 없지 않다. 아울러 미국이라는 경제적 강국을 가장 큰 교역상대로 둔 결과, 문화적이나 일상적으로도 캐나다인들은 미국의 영향을 크게 받으며 살고 있다. 예를 들어 텔레비전 프로그램의 편성이 거의 같아 미국인들과 캐나다인들은 거의 동일한 문화를 즐기고 있다고 볼 수 있다.

역사적 배경으로 인해 캐나다라는 나라는 일부 이민자들에게 가족 상봉이라는 기쁨을 제공해 주었고 꾸준한 정부의 이민 정책은 여러 이민자들에게 미래에 대한 꿈과 희망을 심어 주었으며 그 결과 캐나다는 현재 연간 평균 25만 명의 이민자를 지구촌 곳곳에서 받아들이고 있다. 이런 문화적 다양성에 의해 캐나다 사회의 문화는 흔히 모자이크라고 불린다. 이민자들의 문화들이 모자이크처럼 어우러져 하나의 국가적 문화를 만든다.

토론토는 경제, 문화, 학문, 예술 등 여러 분야에 걸쳐 캐나다의 중심도시 역할을 하고 있으며, 높은 생활수준과 낮은 범죄율 및 문화적 다양성에 대한 우호적인 태도로 세계에서 가장 살기 좋은 도시 중 하나로 평가받고 있다. 퀘벡주는 프랑스인들이 정착 개발한 지역으로 캐나다 주 중 가장 큰 면적을 보유(1,337,926㎢), 두 번째로 인구(약 790만 명)가 많은 주로서 1974년 불어를 공식 언어로 지정하고, 1977년 불어헌장을 선포하여 북미에서 유일하게 불어를 공용어로 사용, 프랑스 문화 기반에 미국문화가 가미된 형태를 유지하고 있어 미국 문화와 유럽문화의 교차점을 이루어 타지역과 차별적 정체성 유지 등 불어권 문화와 정서를 유지하고 있다. 퀘벡주를 대표하는 몬트리올은 캐나다 제1의 문화 · 예술의 도시다.

메트로 밴쿠버(Metro Vancouver)는 밴쿠버시, 버나비시 등을 비롯한 22개시 행정구역으로 구성되어 있으며, 토론토, 몬트리올에 이어 캐나다 제3의 도시로 서부 캐나다 지역 경제, 교통의 중심지이다. 또한 밴쿠버는 천혜의 자연환경을 갖춘 세계적 미항의 하나로 태평양을 가로질러 아시아 대륙과 북미 대륙을 연결하는 최단 항공노선이 서울 - 밴쿠버 노선으로서, 밴쿠버는 "태평양의 관문(Gateway to Pacific)" 역할을 수행한다. 19C 후반 대륙횡단 철도 건설 당시 밴쿠버에 정착한 초기 중국계 이민자 외에도 1997년 홍콩의 중국 반환 전후 중국계 투자이민자의 증가에 따라 중국계 이민자가 전체 인구의 약 4.3%를 차지한다. 밴쿠버는 북미 대륙에서 샌프란시스코 다음으로 규모가 큰 차이나타운(구식 중국촌과 신식 중국촌이 별개로 공존하는 유일한 북미도시)을 형성하고 있다. 세계 곳곳의 인종이 모여 사는 밴쿠버는 소수민족 문화의 다양성을 인정하고 있는 다문화 복합사회를 지향하고 있다.

3) 개요

위치는 미주대륙 북부이며, 기후는 한대 및 온대 지역 기후 분포. 수도 는 오타와(Ottawa, 인구 124만 명). 인구는 3,448만 명이다. 면적은 9,970,610㎢(러시아에 이어 세계 2위, 한반도의 약 45배)로 되어있으 며, 민족구성은 영국계(21%), 불란서계(15.8%), 스코틀랜드계(15%), 아이리쉬계(13.9%), 독일계(10%), 이태리계(4.6%), 중국계(4.3%), 한 국계(0.4%) 등이다. 종교는 카톨릭(43%), 신교(29.2%), 기타(6.7%). 언어는 영어, 불어(연방 공용어)를 사용. 1인당 GDP는('13년 기준) 52,087불이며, 우리나라와의 교역은('11년, 우리기준) 총교역 115억 불(수출 49억 불, 수입 66억 불). 독립일은 1867년 7월 1일(국가 설립). 재외동포수는('12) 205,993명이다.

코스타리카 Costa Rica

1) 한류 확산

코스타리카 내 한류는 2000년대 초반 한국 드라마 방영에서 시작되어 영화와 K-Pop으로 확산되어 가고 있으며, 한국 문화에 대한 높아진 관 심을 바탕으로 2011년에는 UNA대학교에 한국어 강좌가 개설되었다. 현재 2만여 명의 자발적 한류동호회가 결성되어 있으며, 태권도 연맹, 연수생협회(200여 명), 한국어수강생(100여 명)들도 한류지지층을 형 성하고 있다.

한국어 강좌는 코스타리카에 거주하는 한국인 교사진에 의해 진행되 며, 한국어 문법, 발음, 표현 뿐만 아니라 음식문화 등 여러 다양한 한국의 문화를 소개하고 있다. 2013년 하반기에는 최대 국립대학인 코스타리카대학(UCR)에 한국학 강좌와 한국어 강좌가 개설되고, 대사관은 한국어 말하기 대회 개최, 한국어 시험(TOPIK) 시행 등 한국어 보급을 위한 활동을 전개한다. 코스타리카에는 태권도 수련생이 2만여 명에 달해 중미 최대 규모이며, 5대 대중 스포츠로 각종 국제대회에서 수상하는 등 인기가 높다.

2012년 3월 코스타리카 국제예술제에서는 K-Tigers(태권도 시범단) 공연이 열광적인 인기를 누렸다.

2) 일반 정보 및 문화

코스타리카는 아래로는 파나마, 위로는 니카라과 사이에 위치하고 있으며, 서쪽으로는 태평양, 동쪽으로는 대서양을 접하고 있다. 코스타리카는 미주대륙에서 가장 오랜 민주주의와 평화의 역사를 가지고 있으며 자연환경이 특히 아름다워 "미주대륙의 스위스"라고 불리기도 한다. 국토면적은 적지만 전세계 동·식물 종의 5%가 서식, 세계에서 가장 다양한 자연환경을 보유한 국가이다. 이러한 천혜의 생태 환경을 보호하기 위해 코스타리카 정부는 국토의 약 25%에 해당하는 지역을 보호지역, 국립공원 등으로 지정하고 있으며, 매년 2백만 명 이상의 외국 관광객들이 방문하고 있다. 코스타리카는 1949년 군대를 폐지한 평화애호국으로서, 국방에 투입될 예산을 교육 및 보건분야에 중점 투자하고 있다. 이를 통해 교육 기회가 확대 되었고, 안정적 중산층이 생겨났으며 이는 다시 정치·경제의 안정으로 이어져 오고 있다. 중미 5개국 중 국민소득이 가장 높을 뿐 아니라 생활 및 교육 수준, 민주주의, 경제와 사회 안정 등의 측면에서도 중미 최고 수준이다.

영국의 新경제재단(NEF : New Economics Foundation)이 전세계 국가들을 대상으로 조사한 국가별 행복 지수에서 2009년에 이어 2012년에도 코스타리카가 연속 1위를 차지함으로써 명실 공히 세계에서 가장 행복한 나라로 자리매김했다.

한편 유엔개발계획(UNDP)이 2011년에 발표한 인간개발지수에서도 코스타리카는 중남미 6위를 기록하였으며, 독일, 스웨덴, 필리핀과 함께 인권, 환경, 평등 간의 균형을 가장 잘 구현하는 국가로 선정되었다. 코스타리카는 스페인어와 더불어 영어가 잘 통하는 국가이며, 미국과 비슷하게 다인종 사회이기도 하다. 코스타리카는 전통을 존중하고 다양한 문화를 가지고 있다. 코스타리카는 높은 교육열로 문맹률이 2% 남짓으로 매우 낮고, 법률상으로는 중등교육이 의무제이며 대학진학률도 40%정도로 높은 편이다. 코스타리카 문화는 대중적 성격이 강하다.

3) 개요

위치는 카리브 태평양, 나카라과, 파나마와 접경 지역이며, 기후는 저지대는 온난다습, 고지대는 서늘하다. 수도는 산호세(광역 수도권 인구 250만 명). 인구는('14) 477만 명. 면적은 51,100㎢(한반도의 1/4). 민족구성은 백인 및 메스티조(83.7%), 흑인 및 물라토(7.8%), 인디오(2.4%), 중국계(0.2%)로 구성되었으며, 언어는 스페인어를 사용. 1인당 GDP는('14년 기준) 9,665불. 수출입 현황은('12년 기준) 총교역 344억 불(수출 169억 불, 수입 175억 불)이며, 독립일은 1821년 9월 15일(스페인에서)이며, 재외 동포수는('12) 461명이다.

콜롬비아 Colombia

1) 한류 확대

콜롬비아는 여타 중남미 지역에 비해 한류의 진출 및 확산이 다소 늦게 시작된 국가이다. 이는 다른 지역에 비해 상대적으로 한국의 교민 수가 적고 한국인 기업 진출이 적었던 데도 이유를 찾아볼 수 있다. 최근 3~4년 전부터 한국과의 경제, 통상, 문화적 교류가 활발해지면서 자연스럽게 한류에 대한 관심과 인기가 증가하고 있는 추세라 할 수 있다. 한류 확산에 따라 우리 음악 및 드라마를 이해하기 위한 목적에서 한국어를 공부하는 콜롬비아인들이 증가하고 있다. 보고타 세종학당에서는 9명의 교원이 약 40여명의 학생들을 대상으로 한국어 기초반 과정을 운영중에 있으며, KOICA 자원봉사단원이 보고타 국립대학 및 ESAP에 파견, 한국어 및 한국문화 강좌를 운영하고 있다. 이외 주요 대학에서 한국어 강좌를 운영하고 있는 것으로 알려져 있다.

2) 일반 정보 및 문화

중남미에서 콜롬비아는 브라질, 아르헨티나, 멕시코 및 페루에 이어 다섯번째로 큰 나라이며 남미에서 태평양과 카브리해에 함께 면해있는 지정학적인 중심지이다. 특히 보고타에만 70개의 박물관, 90개의 갤러리, 45개의 극장, 132개의 기념물이 있는 문화도시로 흔히 중남미의 아테네라 불리고 있다. 콜롬비아는 다양한 민족들이 모자이크 처럼 섞여 있으며 이는 문화, 민속, 예술, 공예품 등에 잘 반영되어 있다. 특히 콜롬비아의 음악은 카리브해의 아프리카 리듬과 살사, 그리고 스페인의 영향을 많이 받은 안데스 지방의 음악으로 구성되어 있다.

문학의 경우, 남미를 대표하는 소설가로 추앙받고 있는 가브리엘 가르시아 마르케스(Gabriel Garcia Marquez)는 그의 대표작 〈백년의 고독 (1967)〉으로 1982년 노벨 문학상을 수상하였으며, 그는 평소 신화와 꿈, 현실을 환상주의적 현실주의 스타일로 그리고 있다. 신신 삭가인 라파엘 움베르또 모레노 두란(Rafael Humberto Moreno Duran)은 1950대 이후 남미 최고의 소설가라는 명성을 보유하고 있다.

3) 개요

위치는 남미 북서부 베네수엘라, 브라질, 페루, 에콰도르, 파나마와 접경 지역이며, 기후는 열대 지방이나 고도에 따라 기후가 다양하다. 수도는 보고타시(인구 800만 명, 고도 2,640m). 인구는 4천8백만 명이다. 면적은 114만㎢(남한의 12배). 미족구성은 메스티조(58%), 백인 (20%), 흑인계(21%), 인디안(1%)로 구성되어 있으며, 종교는 카톨릭 (90%), 기타(10%)이다. 언어는 스페인어를 사용하며, 1인당 GDP는(' 13년 기준) 8,025불. 우리나라와의 교역은('12년 기준) 7,841불(수출 14.7억 불, 수입 4.1억 불). 독립일은 1810년 7월 20일이며, 재외동포 수는('12) 890명이다.

트리니다드 토바고 Trinidad & Tobago

1) 한류 확대

이 나라는 지리적 거리상으로 인해 한국문화를 쉽게 접할 수 없는 상황임에도 2011년 트리니다드 내 "대장금"의 방영으로 K-drama에 대한 일반 대중들의 관심이 높아졌고, 유튜브 등 인터넷 사이트 등을 통해 K-Pop, K-Drama에 대한 수요는 꾸준히 증가하는 추세이다. 2012년 싸이의 강남스타일의 인기로 K-Pop을 좋아하는 마니아층은 더더욱 확대된 상황이며, 이와 더불어 한국어 학습에 대한 관심도 커지고 있는 추세다.

2) 일반 정보 및 문화

이 나라는 1962년 영국으로부터 독립 후, 양당체제를 바탕으로 민주주의가 비교적 잘 확립되어 왔으며 선거를 통해 평화적으로 정권이 교체되는 등 정치적으로 안정적인 편이다. 2012년 기준 주재국의 1인당 GDP는 20,400미불로, 석유·가스 등 에너지 자원에 의존하는 경제가 특징이었으나, 근래 미국의 셰일가스 발견 등으로 향후 주재국 에너지 사업에 타격이 예상되지만, 주재국 정부는 정부 수입원을 에너지자원에 한정하지 않고 다각화하려는 노력을 강구 중이다. 이 나라는 다양한 인종과 종교가 혼합적으로 존재하나, 특별히 인종·종교적 갈등으로 인한 사회문제는 뚜렷이 나타나지 않는다.

매년 2월 경, 주재국 최대 행사인 카니발이 대표적인 문화행사로, 트리니다드 사람들이 카니발을 위해 1년을 준비한다는 말이 있을 정도로 축제 문화를 좋아하고 즐긴다. 카리브지역 특유의 레게풍의 soca음악, 랩 스타일의 전통음악인 calypso가 주재국의 대표적인 음악으로 남녀노소 모두가 좋아한다. 주말에는 밤을 새워 술과 음악을 즐길정도로 (현지어로 lime이라고 함) 음악, 춤, 유흥을 좋아하고 미래에 대비 또는 경쟁을 통한 발전 등의 정서보다는 현재의 삶에 만족하고 여유롭게 사는 낙천적인 생활을 중시하는 편이다.

3) 개요

위치는 카리브해이며, 기후는 열대성이다. 수도는 포트오브스페인. 인구는 약 130만 명(2012년)으로 인디안(40%), 아프리칸(37.5%), 혼합(20.5%), 기타(1.2%) 등. 면적은 5,128㎢ (한반도의 약 1/43). 종교는 카톨릭(26%), 개신교(25.8%), 힌두교(22.5%), 회교(5.8%). 언어는 영어(트리니다드 특유의 영어 발음이 존재). 1인당 GDP는 ('12년 기준) 21,516 미불. 독립일은 1962년 8월 21일이며, 재외동포수는 ('12) 69명이다.

파나마 Panama

1) 한류 확산

지구 반대편의 파나마에서는 2000년대 들어서며 국영방송사 sertv를 통해 한국 드라마가 방영되기 시작하여 2009년까지는 비교적 서서히 한류문화가 유입 되었다. 한국 드라마는 파나마 대중이 한국문화를 처음 접하도록 했던 주요한 한류 매개체였다고 볼 수 있다. 2009년까지 드물게 방영되었던 한국드라마는 2010년 〈내 이름은 김삼순〉이 크게 인기를 모으며 파나마인들 사이게 크게 회자되었고 유명 컬럼니스트의 한국드라마에 대한 평가서가 나오는 등 한류전파의 효자 노릇을 하게 된다. 또한 2010년 10월 파나마에서 처음으로 'K-Pop Movimiento'라는 한국 팬클럽이 창설되었고 이후로 '슈퍼쥬니어 파나마' 등 여러 동호회가 주로 SNS를 통해 탄생하게 된다. K-Pop 동호회는 젊은 계층 위주로 크게 발전해 왔으며, 이들에게 한국을 배우고자 하는 열정을 불러일으키는데 큰 기여를 하였다. 2012년에는 K-Pop 팬클럽은 물론 한국문화 배우기 동호회도 결성되며 팬클럽수가 총 40개에 달하게 되었다.

또한 각종 드라마 속의 한국음식을 접하며 한국음식에 대한 선호도가 증가하고 있고 특히 2010년부터 3년 연속 한국음식 페스티벌 행사를 통해 파나마 주요인사는 물론 일반대중에게 한국음식을 제공할 수 있는 기회가 마련되어 성황을 이루었다. 파나마에서 한국어를 배울 수 있는 곳은 파나마공대(Universidad Tecnologica de Panama : UTP)이며, 최초 KOICA 봉사 단원의 기초 한국어 강의를 시작한 것이 출발점이 되었다. 비록 대학 내 정규과정이 아니고 어학센터 개념으로 설립되었으나 최근 한류열풍과 함께 한국어를 배우려는 학생들이 지속적으로 증가하고 있으며, 현재 50명의 학생들이 자비를 지불하며 수강하고 있다.

사실 이곳에서 한국산 차량의 인기는 굳이 모터쇼를 방문하지 않아도 거리를 다니다 보면 누구나 쉽게 알 수 있다. 기아차와 현대차가 줄지어선 파나마 도로를 보노라면 여기가 한국 아닌가 하고 잠시 착각을 할 정도다. 2012년에 전 세계 32개국 514개 전시 업체가 참여하는 등 중미 최대 규모의 종합전시회로 거듭난 파나마 종합무역박람회에도 한국관이 마련되어 이목을 끌었다.

2) 일반 정보와 문화

파나마는 1999년 12월 31일 미국으로부터 파나마 운하를 반환받기 전까지 86년 동안 파나마 영토가 운하 양쪽으로 분단됐던 아픈 상처를 가지고 있다. 이런 파나마는 서북쪽으로 코스타리카, 남동쪽으로는 콜롬비아와 국경을 접하고 있으며, 지협(isthmus) 국가로서 대서양과 태평양 해안간 폭이 좁고(가장 좁은 부분은 82km에 불과하다), 바나나처럼 길쭉한(676km) 지형을 갖고 있다. 파나마 북부지역의 마야문명과 남부지역의 잉카문명이 파나마 지형을 통해 상호간 물물교환을 했던 것으로 확인되고 있으며, 양쪽 문화의 상호 교류 흔적도 발견되고 있다.

파나마가 세계무대에 알려지기 시작한 것은 19세기 중반으로 미국, 영국, 프랑스 등 강대국들이 파나마를 통해 대서양과 태평양간 육로 및 수로를 건설하기 시작하면서부터라고 볼 수 있다. 미국은 동·서부지역간의 연결로를 대체할 곳으로 파나마를 선택하여 대서양 지역의 콜론과 태평양 연안의 파나마시티를 잇는 철로를 1855년 완공하고, 1914년에는 파나마 운하를 완공한다.

철도 및 운하건설 과정에 많은 다국적 외국인들이 파나마로 이주하기 시작하며 기존의 파나마 사회와 문화에 많은 변화를 일으킨다. 현재 파나마의 문화는 파나마운하와 동시에 시작되었다고 볼 수 있다. 파나마 운하 건설과정에 따른 국제적 이해관계에 의해 1903년 콜롬비아로부터 분리 독립하는 과정에서 파나마로 많은 다국적 인종이 이전하게 되며, 이후 파나마의 중심지역이라 볼 수 있는 파나마 운하지역이 100년 가까이 미국의 지배관할에 들어갔기 때문에 미국의 문화가 중남미 어느 나라보다 깊이 침투해 들어왔다. 이것은 파나마가 외국 문화를 받아들이는데 상당히 개방적인 자세를 보이고 있기 때문이다.

3) 개요

위치는 중미와 남미의 연결지점이며, 기후는 고온다습하다. 수도는 파나마시티(Ciudad de Panamá, 인구 171만 명). 인구는 378만 명(2014 년기준). 면적은 75,517㎢(남한의 3/4). 민족구성은 메스띠조 및 물라 또(60%), 흑인(13%), 백인(11%), 인디안(10%), 중국계(5%), 기타(1%) 로 구성되어 있으며, 종교는 카톨릭교(84%), 신교(15%), 기타(1%) 등 이다. 언어는 스페인어를 사용하며, 1인당 GDP는('14년 기준) 11,824 불. 우리나라와의 교역은('11년, 우리기준) 총교역 41억 불(수출 37억 불, 수입 4억 불). 독립일은 1903년 11월 3일이며, 재외동포수는('12) 364명이다.

파라과이 Paraguay

1) 한류 확대

파라과이는 2002년 월드컵 이후 유투브 등을 통해 한국드라마 및 K-Pop을 경험한 현지인들이 한국문화에 관심을 가지기 시작하였으며, 주파라과이한국교육원에서 한국어 강좌를 실시 중으로 약 250여 명의 학생들이 수강 중이다. 현지 한류팬들은 주파라과이한국교육원을 구심체로 활동하고 있으며 자생적인 소규모 동호회 및 댄스그룹을 형성 하여 K-Pop을 즐기고 연습하고 있다. 또한 현지 방송국을 직접 섭외하 여 생방송 K-Pop 스페셜 특집에 주파라과이 한국교육원 한국어 수강 생이 30명이 출연하였으며, 방청객의 반응이 좋아서 20분에서 90분으 로 늘려 편성하기도 하였다. 2012년 5월 '아가씨를 부탁해'(KBS), 2012년 11월 '커피프린스'(MBC), 2013년 1월부터 현재까지 '궁' (MBC) 등 한국드라마가 꾸준히 상영되고 있어, 한국드라마에 대한 관심이 고조되고 있으며, 현지인들은 K-Pop 가수가 파라과이 공연을 해주기를 가장 바라고 있다. 최근 한류팬들이 자체적으로 매월 정기모임 (K-Pop 페스티벌)을 개최하고 있다.

2) 일반 정보 및 문화

파라과이는 스페인과 과라니족의 혼혈인 메스티소(Mestizo)가 전체인 구의대부분을 차지하고 있다. 그러나 여타 라틴아메리카 국가들처럼 정치, 경제 등 제반분야에서 기득권은 소수의 백인종들이 장악하고 있다. 기본 성향은 대체적으로 온순하고 매우 친화적인 편이다. 남미중앙에 위치한 지리적인 여건 때문에 연안통로가 있는 여타 남미국가들에 비해 스페인 문화의 직접적인 영향을 덜 받았다. 17개 원주민 종족들은 5개의 상이한 언어를 사용하며 오늘날 원주민 인구수는 8만 여명 이하로 급격히 감소하고 있다. 원주민들은 파라과이 전역에 소규모로 분산 거주하고 있으며, 주로 어업, 사냥, 소규모 농사로 생계를 유지하고 있다. 1992년 개헌 이전까지 파라과이의 국교는 카톨릭이었으나, 현재는 종교의 자유를 인정한다. 그러나 카톨릭 교단이 정치·사회 등 사회전반에 영향력을 행사하고 있으며 식민지 시대부터 스페인 등 유럽문화의 영향을 받아 사교문화가 발달되어 있다.

3) 개요

위치는 남미 대륙 중심부의 내륙국이며, 기후는 열대 및 아열대이다. 수도는 아순시온(상주인구 52만 명). 인구는 655만명이다. 면적은 406,752㎢(한반도의 약 1.8배, 남한의 약 4배). 민족구성은 메스띠소 (72%), 브라질계(15%), 유럽계(10%), 기타(3%). 종교는 공식국교는 없으며, 종교의 자유 인정(전 인구의 90% 카톨릭 신자)이며, 언어는 스페인어 및 과라니어. 1인당 GDP는('12년 기준) 3,829불. 우리나라와의 교역은('12년 기준) 총교역 2억 6천만 불(수출 1억 6천만 불, 수입 1억 불). 독립일은 1811년 5월 11일. 재외동포수는('12) 5,126명이다.

페루 Peru

1) 한류 확대

2002년부터 〈별은 내 가슴에〉, 〈이브의 모든 것〉, 〈천국의 계단〉 등 페루 국영방송에서 방영되기 시작한 한국드라마는 꾸준한 호응을 얻으며 페루 내의 한류 선봉장 역할을 맡고 있다. 2000년대 초·중반까지 열악했던 인터넷 환경이 고속인터넷 도입으로 개선되면서 SNS와 유투브 등의 흐름이 페루에도 청소년들 삶의 일부로 자리 잡았으며, 이 영향으로 이전에는 접할 수 없었던 전 세계의 문화 컨텐츠에 대한 접근성이 자연스럽게 높아졌다. 한류가 페루에서 주류문화로 자리 잡기에는 아직 부족한 것이 사실이다. 그러나 MTV나 할리우드의 Block-buster 영화 등을 앞세운 서구문화(보다 정확히 말하자면 미국 대중문화)가 자극적이고 청소년들의 가치관에 좋지 않은 영향을 줄 수 있다는 의견이 갈수록 높아지는 추세에 맞서, 한국의 대중문화 콘텐츠는 자기 극복, 어른 공경, 우정 중시, 가족애 등 긍정적이고 전통적인 가치를 부각시키고 추구한다는 점에서 연령대를 불문하고 좋은 반응을 얻고 있다. 우리나라와는 서로 가장 먼 대륙에 위치해 있다는 지리학적인 불리함 때문에 현재까지 양국 간에 직접적인 문화교류는 많지 않은 편이다.

그러나 2011년 MBLAQ의 방문이 페루 청소년 사이에 큰 호응을 얻고, 2012년 JYJ 그룹 공연이 매진 사례를 이루며 시장성, 호응도 등의 측면에서 결코 다른 국가들에게 뒤지지 않는다는 사실이 입증되었고, 이로 인해 2012년에는 JYJ, U-KISS, 빅뱅 공연이, 2013년에는 김현중 팬미팅, 슈퍼주니어 공연이 성황리에 개최되었다.

한국에 대한 인지도가 전무하던 불과 10여 년 전과 비교하면, 페루 내에서 한류 대중문화에 대한 관심도가 급증하며 국가 인지도가 함께 상승하고 이와 더불어 민간기업과 그 상품에 대한 관심까지 높아지고 있다. 외세의 지배로 인해 착취당했던 아픔의 역사를 아직도 가슴 한편에 두고 살아가는 페루 국민들에게 한국은 경제발전의 모델이자, 전통적인 가치관과 서구식 신문화를 조화롭게 재창출한 동경의 대상으로 자리 잡아 가고 있으며, 이런 흐름은 일반 대중을 넘어서 정·재계 등 전반에 걸쳐 한국 기업들에 대한 호감으로 이어지면서 우리에 대한 이해가 점점 증가하고 있다.

페루인들은 친근한 남녀가 만났을 때 또는 잘 아는 사람을 통해 소개를 받는 경우에 남녀 간 오른편 뺨을 살짝 맞대며 인사를 하는 관습이 있어서 이런 인사법에 익숙하지 않은 한국 사람들은 순간적으로 당황스러울 수가 있다. 하지만, 이를 따라하지 않고 친근하게 악수만 해도 무방하다. 대부분 친절하여 길을 물어보면 잘 가르쳐 주며 쉽게 대화를 나눌 수 있다. 페루의 국교는 카톨릭이지만 종교의 자유가 보장되어 있고 사람들의 사고가 개방적이다.

2) 일반 정보 및 문화

페루는 남미에서 유일하게 5천년이 넘는 문화적 유산을 간직하고 있는 나라다. 스페인의 침략이 있기 전인 15세기까지 잉카제국의 수도를 품고 현재의 에콰도르, 볼리비아, 칠레 및 아르헨티나 북부 일대에 이르기까지 광활한 영토를 지배하며 번성했던 역사를 자랑한다. 잉카제국의 문화는 건축, 금은 세공, 수리관개, 농업 등 다방면에 거쳐 발달하였으며, 그들이 거주했던 곳에서 아직도 발굴되는 당시 유물들이 과거의 영광을 잘 보여주고 있다. 특히 현지원주민 언어인 께추아어로 '늙은 봉우리'라는 의미를 지닌 마추픽추는 유네스코에 의해서 세계유산으로 지정되었으며, 남미를 여행하는 관광객들이 반드시 보아야 할 곳 중 하나로 알려지고 있다. 도시 중심이었던 마야 문명이나 부족연합의 성격이 강했던 아즈텍과는 달리 제국으로 불리기에 손색이 없었던 잉카 문명은 스페인의 통치가 시작되며 쇠락의 길을 걷게 되었다.

16세기 본격적으로 시작된 식민지 시대는 19세기 초 페루가 독립을 선언하고 1824년 이를 달성하며 마감되었지만, 사회 지배계층으로 자리를 잡은 소수의 백인들이 국가의 주요 권력을 차지하고 있는 구조는 큰 변화없이 지금까지 내려오고 있다. 피지배자의 위치에 놓였던 인디오 문화는 지방을 위주로 의복, 언어, 풍습 등에서 그 자취를 이어가고 있지만, 도시 주민을 보면 서구의 영향으로 현대 문화 및 생활방식을 취하고 있다. 잉카 원주민들은 안데스 산맥 3,000m 이상의 고지대를 위주로 생활했지만, 스페인 정복자들은 해안선을 따라 도시를 세우고 발전시켰다. 원래 잉카제국의 수도는 마추픽추에서 가까운 해발 3,400m 고지대에 자리잡은 꾸스꼬(께추아이로 '세계의 배꼽')라는 도시였으나, 현재의 수도인 리마는 남미 대륙의 서부를 총괄하는 부왕청이 있던 곳으로, 정복자의 상징과 같은 프란시스코 피사로를 위시한 스페인 인들이 식민 통치의 편의성을 생각해서 1535년에 세운 도시이다.

지금 페루에는 잉카의 옛 문명과 현대 서구 문명이 공존하고 있다. 오랜 풍습과 전통이 남아 있는 각 지방마다 매년 카톨릭 주요 절기에는 종교 행사를 대대적으로 개최하며, 이를 보기 위해 많은 관광객들이 방문한다. 도시에서는 그 풍습이 남아 있어 가정 단위로 절기마다 모임을 가지는 모습을 볼 수 있다. 페루는 중남미 국가 중에서 동양 문화의 영향이 많이 느껴지는 곳인데, 160여년의 이민역사를 지닌 중국계와 100년 이상 된 일본계가 정계, 재계 및 문화계 등 사회 요소요소에서 활약하며 지역사회에 성공적으로 동화되었으며, 동양인에 대한 호감도와 친밀도가 비교적 높은 곳이라고 할 수 있다.

3) 개요

위치는 남미 서안이며, 기후는 열대 및 아열대 기후이다. 수도는 리마(Lima, 인구 975 만 명). 인구는 3,142만 명(2014년). 면적은 1,285,215 ㎢(한반도의 약 6배). 민족구성은 인디오(원주민 45%), 메스티조(혼혈계 37%), 백인(15%), 흑인 및 동양인(3%). 종교는 카톨릭(81.3%), 기독교(12.5%), 기타(6.2%)로 구성되었으며, 언어는 서반아어 및 께추아어(Quechua, 인디오 언어, 75년 추가)를 사용한다. 1인당 GDP는 ('13년 기준) 6,797불. 우리나라와의 교역은 ('12년, 우리기준) 총교역 31.1억 불(수출 14.7억 불, 수입 16.4억 불). 독립일은 1821년 7월 28일이며, 재외동포수는 ('12) 1,337명이다.

PART 04 유럽지역의 한류변화

그리스 Hellenic Republic

1) 한류 확대

태권도는 그리스의 올림픽 메달 유망 종목이기도 한데 현재 600개 이상의 태권도 도장이 있을 정도다. 그리스는 태권도 뿐만 아니라 2004년 유로컵에서 우승한 축구강국이며, 축구를 아주 좋아해 큰 경기가 있을 때 전 국민이 TV 앞에 모여 시청하는 것이 우리나라와 같다. 그리스인들은 한국음식을 매우 좋아해 리셉션 때 준비해 놓은 한식이 현지 음식보다 먼저 동이 난다. 또한, 그리스인들은 미국인들이나 서유럽인들과는 달리 오징어와 문어를 좋아해 식품점이나 식당에서 오징어와 문어를 쉽게 만날 수 있다.

그리스인들이 한국전 참전 등을 계기로 한국에 대해 매우 우호적인 점을 감안할 때 그리스에도 한류가 확산될 가능성이 충분히 있다. 최근 그리스에서 한국 영화에 대한 관심이 확산되고, K-Pop 팬클럽이 결성되며, 한국어 수강생이 급증하는 등 한류가 확산될 조짐을 보이고 있다. 한국문화에 대한 현지인들의 관심증가와 한류확산 음직임에도 불구하고 이들이 한국문화를 접할 기회는 매우 제한되어 있는데 지리적 요건 외에도 그리스인들의 보수적 성향 때문인 것으로 풀이된다.

2) 일반 정보 및 문화

서양문명의 요람지인 그리스는 최근 경제적으로 타격을 받았으나 우리에게 서양문명의 발상지, 민주주의 종주국, 소크라테스, 플라톤, 아리스토텔레스로 이어지는 고대철학의 원조국, 신화와 올림픽의 나라로 잘 알려져 있다. 그리스는 유럽대륙에 위치한 또 하나의 한반도라고 할 수 있을 정도로 우리나라와 유사한 점이 많은데 우리나라와 그리스는 정서적으로도 잘 통한다.

한국과 그리스는 북위 38도선에 위치한 절략적 요충지라는 지정학적 유사성을 가지고 있어 오래전부터 주변열강의 각축 대상이 되어 왔다. 양국은 모두 불행했던 식민지배를 받았던 경험이 있고, 제2차 세계대전 후 유럽과 동북아 자유민주주의 수호의 보루였다. 그리스와 우리나라는 모두 동서냉전기에 공산주의와 맞서 싸우면서 자유민주주의를 지켜 오는 과정에서 미국과 긴밀한 관계를 맺어 왔다. 그리스는 냉전 당시 발칸 최후의 민주주의의 보루였으며, 미국의 경제적 군사적 지원을 받아 공산주의 세력을 물리치고 민주주의를 사수하였다.

그리스는 1946년~1949년간 공산세력과의 내전을 겪었고, 1967년~1974년간 군사정권의 통치를 받았던 경험이 있으며, 미국에 대한 애정과 미움이 혼재하는 것도 우리나라와 유사하다. 한편, 그리스는 우리나라의 자유민주주의를 수호하기 위해 한국전 당시 1만581명의 군인을 파견하였는데, 이는 그리스가 해외에 파병한 최대 규모다. 지금도 그리스 참전용사들이 많이 생존해 있으며, 참전용사들은 한국을 제2의 고향으로 생각하고 있다. 서유럽국가와는 달리 그리스에서는 대학을 졸업한 자녀가 결혼하기 전에 부모와 함께 사는 것이 일반적이며, 교육 열이 높아 부모들이 자녀교육을 위해 재산의 대부분을 투자하는 경우 가 많다. 초ㆍ중ㆍ고 학생들에게 수학, 외국어 과외를 많이 시키는 것 은 우리나라와 매우 유사하다. 또한 그리스인들은 손님대접을 극진히 한다. 음식이 남을 정도로 많이 준비해야 손님대접을 잘하는 것으로 인식하고 있다.

그리스인들은 우리나라 사람들처럼 음악을 좋아하고 음악적 재능이 풍부하다. 영화 음악의 거장인 미키스 케오도라키스, 전설적인 여가수 마리아 칼라스와 20세기의 뮤즈 나나무스쿠리는 그리스 출신이며, 2005년 유럽최대 가요제인 〈유로비전 송 콘테스트〉에서 그리스가 우 승을 했다. 그리스인들도 한국인들 처럼 영화를 좋아하고, 세계적 영화 감독을 배출하였다. 1964년 영화 〈희랍인 조르바〉로 국제적으로 평가 를 받기 시작한 그리스는 테오도르 앙겔로풀루 감독, 코스타가브리스 감독 등 세계적 영화감독을 배출해 칸느 영화제, 베를린영화제, 베니스 영화제 등 주요 영화제를 석권하였다.

3) 개요

위치는 유럽 동남부, 발칸반도 남단이며, 기후는 지중해성 기후이다. 국명은 그리스 공화국(The Hellenic Republic). 수도는 Athens(인구 : 약 450만 명, 2011). 인구는 1,076만 명(2011년 기준). 면적은 131,957 ㎢(본토 81%, 도서 19%). 종교는 그리스 정교(Greek Orthodox 98%), 이슬람(Muslim 1.3%), 기타(0.7%)이며, 언어는 그리스어를 사용한다.

1인당 GDP는('12년 기준) 17,200유로. 우리나라와의 교역은('11년기준) 수출 230억 달러, 수입 354억 달러이며, 독립일은 1830년 3월 25일이다. 재외동포수는('12) 314명이다.

네덜란드 **Kingdom of the Netherlands**

1) 한류 확대

이 나라는 한류 미성숙국가로서 현재 아리랑(현지 입양인 단체), 라이덴대학 한국학과 재학생 및 졸업생 모임, 한인학교 외국인반 학생모임 등 우리나라에 관심을 가진 그룹들이 정기 혹은 비정기적 모임을 가지고 있는 정도이다.

2) 일반 정보 및 문화

작지만 강한 나라, 풍차와 튤립, 운하와 자전거, 하멜과 히딩크 감독의 나라로 우리에게 친숙한 네덜란드왕국은 수 백년동안 물과 투쟁하면서 바닷물을 퍼내어 현재 국토의 절반을 만들 정도로 강한 투지와 근면성으로 전자, 화훼, 낙농, 석유화학 등 다양한 분야에서 세계 경쟁력을 유지하고 있는 나라이다. 지리적으로 영국, 프랑스, 독일 등 서유럽의 강대국이 교차하는 지역으로서 영국과 유럽 대륙간, 프랑스와 독일간 가장 편리하고 가까운 통로지점에 위치해 있다. 따라서 역사적으로 스페인 왕국의 지배, 프랑스의 침략을 받고 17세기 해양 진출시대에는 영국과 무력으로 충돌하는 등 열강과의 물류중심지로 발전했고, 근대법의 아버지라 불리는 휴고 그로티우스(Hugo Grotius), 세계적인 화가 램브란트(Rembrandt)와 반 고호(Van Gogh)를 탄생시켰다. 동성애 결혼, 마리화나 흡연과 매춘이 합법적일정도로 개방적이나 유럽 중 가장 칼뱅사상이 철저하게 뿌리내린 나라라 평가받을 정도로 금연, 검소한 생활과 실리주의가 오늘날의 네덜란드를 굳건히 떠받치고 있는 힘이다.

3) 개요

위치는 유럽 북서부 북해 연안, 벨기에 및 독일과 접경 지역이다. 기후는 온화 다습하며, 수도는 암스테르담(헤이그는 정부 소재지). 인구는 1,677만 명(2013년 3월 기준). 면적은 41,548㎢(내해수면 제외시 면적 37,305㎢). 민족구성은 네덜란드족(게르만족 계통)이며, 종교는 카톨릭(31%), 네덜란드 개신교(14%), 캘빈파(7%), 기타(8%), 비종교(40%) 등. 언어는 네덜란드어(영, 불, 독어 통용). 1인당 GDP는('12년 기준) 46,225불이며, 우리나라와의 교역은('12년, 우리기준, KITA) 총교역 90억 불(수출 50억 불, 수입 40억 불). 독립일은 1579년 5월 5일이며, 재외동포수는('12) 2,602명이다.

노르웨이 Kingdom of Norway

1) 한류 확대

일반 노르웨이 국민들의 경우 노르웨이에서 오랫동안 방영되었던 한국전쟁 드라마인 〈MASH〉에서 과거 빈곤했던 한국의 이미지를 갖고 있는 국민이 많다. 한류는 생소한 편이다. 노르웨이의 라디오나 TV, 신문 등에서도 한국문화를 다루는 일은 그리 많지 않다. 어쩌다가 한국 문화가 매체에서 다루어지더라도 일본 문화로 오인하는 경우도 많다고 한다. 다만 스포츠와 산업 분야에서는 한국의 브랜드 파워가 형성되어 있다고 할 수 있다. 스포츠의 경우 한국이라고 하면 스케이팅, 축구, 태권도가 알려져 있다. 특히 태권도는 웬만한 노시에는 태권도 그룹이 형성되어 있을 정도로 저변 인구도 많을 뿐만 아니라 2008년 올림픽 태권도 종목에서는 한국 입양아 출신 노르웨이 여성 선수가 은메달을 획득하였다. 현재 노르웨이 태권도는 한국 팀을 초청할 뿐 아니라 자체적으로도 시범 공연을 하곤 한다.

스마트폰의 경우 삼성 제품을 많이 사용하고 있으며, TV의 경우 삼성과 LG 두 회사 상품이 고급 제품으로 꼽힌다. 자동차의 경우 최근 출시된 현대의 I-40, I-30 모델이 호평을 받고 있으며 꾸준히 시장점유율을 높이고 있다.

2) 일반 정보 및 문화

북유럽 노르웨이의 문화는 역사와 지리적 특성과 밀접한 관계가 있다. 또한 1967년 석유가 발굴되기 전까지 역사적으로 자원 부족을 겪은 것과 척박한 기후뿐만 아니라 18세기에 발생한 낭만주의적 민족주의 운동과도 무관하지 않다. 그러나 노르웨이 문화는 문학, 예술, 음악 등에서 자신들만의 정체성을 확립하려고 노력하던 19세기에 비로소 꽃을 피웠다. 노르웨이 문화의 또 다른 중요한 키워드는 '기독교'이다. 지금도 크리스마스와 부활절이 가장 큰 명절로 지켜진다. 또한 Saint John을 기념하는 6월 24일도 기념일로 정하고 있는데, 사실 6월 24일은 해가 가장 긴 날로서 여름의 정점이 된다. 이때부터 여름휴가가 시작되며 집 앞에 모닥불을 피우는 풍습이 있다. 이날 노르웨이 북부지역에는 24시간 해가 떠 있으며 남부 지역에는 해가 17.5시간 떠 있다.

노르웨이 문화는 예술 속에서도 잘 나타나고 있다. 지금까지 1903년 Bjornstjerne Bjornson 노벨문학상 수상을 시작으로 1920년 Knut Hamsun, 1928년 Sigrid Undset 등 다수의 노벨문학상 수상자가 배출되었다. 노르웨이 문학은 1990년대 이르러 Jostein Gaarder의 소설 〈Sophie's world〉가 세계 40여개 언어로 번역되면서 다시 한번 세계의 주목을 끌게 된다. 20세기 들어서는 문화의 트렌드에 변화가 일어난다. 이는 노르웨이 예술 곳곳에 스며들어 나타나게 되는 바, 문학은 물론 현대 무용, 미술, 음악 등 공연 문화에도 광범위하게 나타난다. 오늘날 노르웨이 문화는 이러한 문화의 세계적 조류와 영향을 주고받으며 발전하게 되었다.

3) 개요

위치는 북유럽 스칸디나비아 반도 북서부에 위치하고 있으며 기후는 남서해안은 온화, 내륙은 한냉이다. 수도 오슬로는 인구가 62만명, 전체 인구는 505만 명. 면적은 386,958㎢(남한의 약 4배). 민족구성은 노르웨이인. 종교는 루터 복음교(94%). 언어는 덴마아크어의 영향을 받은 Bokmal어, 노르웨이 지방 고유어인 Nynorsk어를 사용하며, 1인당 GDP는('12년 기준) 60,058불. 우리나라와의 교역은('11년, 우리기준, KITA) 총교역 61.6억 불(수입 51억 불, 수출 10.6억 불). 독립일은 1945년 10월이며, 재외동포수는('12) 692명이다.

1) 한류 확산

독일의 젬퍼 오페라 극장은 수백 명의 소녀들이 질러대는 아우성으로 가득 찼다. 가수 레인(정지훈)이 왔기 때문이다. 젬퍼 오페라 극장 안에는 인형들이 무대로 던져지고 소녀팬들은 디지털 카메라를 찍어 댄다. 2011년 〈드레스덴 음악페스티벌〉을 계기로 첫 유럽 공연을 선보였던 비(정지훈)에 대한 독일 언론의 보도는 현재 독일의 한류 현상을 잘 보여준다. 독일 내 K-Pop 가수들의 현지 공연을 열망하는 젊은 팬들은 상당수 존재하며, 페이스북 등 SNS를 통한 동호회 활동도 활발하다. 그러나 K-Pop 위주 한류팬들은 아직은 소수의 10~20대 마니아 층에 머물고 있으며, 한국 대중문화는 여전히 낯선 편이다.

한국대중문화의 독일 진출은 영화로부터 비롯되었다고 볼 수 있다. 2004년 〈베를린 영화제〉에서 김기덕 감독이 〈사마리아〉로 감독상을, 2007년에는 박찬욱 감독이 〈사이보그지만 괜찮아〉로 알프레드 바우어상을 수상하면서 한국영화에 대한 관심이 고조되었다. 국제영화제에서 수상한 한국영화 작품 뿐 아니라 한국에서 흥행몰이에 성공한 상업영화들 역시 독일 방송을 통해 심심찮게 방영되고 있다. DVD 대여점에서도 한국영화 작품이 빠지지 않고 게시되어 있고 유튜브 등 인터넷 매체를 통해 한국대중문화를 접할 기회가 많아지면서 10대 청소년층과 20대 청소년층들이 본격적으로 한국 대중문화를 찾아 가면서 향유하기 시작했다. 2011년 JYJ 베를린 공연, 2012년 비스트 베를린 공연 등도 성공적으로 끝났다는 평가를 받았다.

2) 일반 정보 및 문화 그리고 통일

독일은 괴테와 쉴러의 문장이 아직 살아 숨 쉬는 나라, 베토벤과 바그너의 선율이 흐르는 나라, 축구와 맥주의 나라가 또한 독일이다. 우리나라는 이러한 독일과 역사적으로 두 가지 공통점이 있다. 첫째, 폐허의 잿더미 위에서 놀라운 경제 성장을 이룩한 점이다. 독일은 '라인 강의 기적'을 , 우리는 '한강의 기적'을 실현하며 두 나라 모두 놀라운 경제 성장을 이루었다. 둘째, 두 나라 모두 분단의 고통을 겪었거나 아직도 겪고 있는 점이다. 독일이 베를린 장벽 붕괴 이후 1990년에 이룩한 통일은 아직도 분단의 어려움을 겪고 있는 우리에게 주는 의미가 크다. 무엇보다도 피 한 방울 흘리지 않고 평화적으로 통일이 이뤄졌기 때문에 우리에게 시사하는 바가 크다. 우리가 생각하는 경우의 수는

첫째, 독일 통일처럼 한국의 통일도 갑자기 일어날 수 있기에 준비를 철저히 해야 한다. 동독 호네커(Erich Honecker) 서기장은 정권 수립 40주년이 된 1989년 1월, 베를린 장벽이 50~100년은 더 존속될 거라고 장담했다. 그러나 장벽은 불과 10개월 만에 무너졌고 동독은 이듬해 역사 속으로 사라졌다.

둘째, 북한을 잘 알아야 한다. 서독은 분단 기간 중 동독에 상주 대표부를 설치하고, 상호 방문 등 다양한 교류를 했기에 동독을 잘 알고 있다고 판단했다. 독일은 1990년 통일 직후 동독의 국유재산을 매각하면 약 6,000억 마르크의 이익이 날거라고 예상했으나 4년 후 결과는 약 2,500억 마르크 적자였다. 콜 총리조차 동독을 잘 몰랐다고 시인했다. 우리는 북한을 잘 알고 있다고 생각하지만 동독보다고 더 폐쇄적인 북한을 아는 데는 어려움이 따른다.

셋째, 통일에 우호적인 친구가 많아야 한다. 서독은 베를린 장벽이 무

너진 이후에도 통일에 몇 년은 더 걸릴 것으로 내다 봤다. 그러나 서독은 미국의 강력한 지지를 받아 불과 11개월 만에 통일됐다. 우리의 통일에도 주변국의 지지와 도움이 필요하다.

독일 통일에서 보듯 통일에는 많은 비용이 들고, 큰 어려움도 따른다. 독일은 통일 이후 2010년까지 20년 동안 약 2조1,000억 유로의 통일비용이 들었다. 막대한 비용이 소요되었지만 통일된 독일은 인구 8,200만 명에 세계 4위이자 EU 제1경제대국이 됐다. 특히 독일인들은 독일의 국제적 위상이 크게 높아진 점을 강조하고 있다. 우리나라는 아직 분단의 어려움을 겪고 있으나 경제력이 커졌고 국제적 위상도 높아졌다. 또한 우리나라는 2012년 선진국 클럽인 '20~50클럽(1인당 국민소득이 2만 달러 이상이며 동시에 인구가 5,000만 명 이상인 국가)'에도 진입했다. 그리고 무역액은 2011년에 이어 2012년에도 1조 달러를 넘었으며, 우리나라는 지난 해에 세계 8위의 무역국이 됐다.

우리나라의 통일에도 많은 비용이 들고 어려움이 따를 것이다. 그러나 통일이 되면 분단 고통이 해소되고 분단 유지 비용이 줄어드는 장점이 있다. 또한 통일 후 경제력도 더 커져 미국, 독일과 일본 뿐인 '30~80클럽'에도 가입할 수 있을 것이라는 전망도 나오고 있다. 통일을 위해서는 막대한 비용이 들고 어려움이 따르지만, 통일된 한국은 경제력이 더 커지고 국제적 위상도 높아질 것이다.

베를린은 세계 최고의 명성을 누리고 있는 베를린 필하모니뿐만 아니라 국립오페라좌(Staatsoper den Linden), 도이체오페라좌(Deutsche Oper), 코미쉐오페라(Komische Oper) 등 3개의 오페라 하우스를 비롯 세계적인 공연단체와 공연장을 보유하고 있다. 또한 주요 박물관과 미술관이 밀집되어 있는 '박물관섬'을 비롯, 170여개의 박물관을 보유하여 세계에서 가장 많은 박물관을 보유한 점도 베를린의 자랑거리다. 150여 개의 연극 공연장, 115개의 영화관 등 시민들이 즐길 수 있는 문화시설도 풍부한 편이며 민간에서 운영하는 갤러리도 300여 개에 이르고 그 수가 꾸준한 증가 추세에 있는 등 문화중심 도시로서의 위상을 점차 높이고 있다.

최근에는 유럽 주요 도시들에 비해 상대적으로 저렴한 물가와 임대료, 다양한 공연 기회와 베를린시 당국의 적극적 지원에 힘입어 파리, 런던, 뉴욕 등 기존의 세계 문화중심으로 급부상하고 있다. 이로써 1920~30년대 유럽문화수도로서의 위상을 되찾아나가고 있다는 평가다.

3) 개요

위치는 유럽중서부이며 기후는 온화하다. 수도는 베를린(Berlin, 인구 345만 명, 2010년 9월 현재/출처 : 연방통계청). 인구는 약 8,174만 명 (2010년 6월 기준) ㎢당 229명(출처 : 연방통계청). 면적은 357,112㎢ (한반도의 약 1.6배). 민족구성은 게르만족(91.5%), 터키계(2.4%), 이탈리아계(0.7%), 기타. 종교는 신교(30.8%), 구교(31.5%), 이슬람(4%), 무종교 또는 기타(32.5%). 언어는 독일어. 1인당 GDP는('11년 기준) 총교역 264억 불(수출 95억 불, 수입 169억 불). 독립일은 1949년 5월 23일(독일연방 공화국 수립). 재외동포수는('12) 33,774명이다.

덴마크 Kingdom of Denmark

1) 한류 확대

북유럽 덴마크에는 페이스북 동호회 'Danish K-Pop lovers'가 존재하나 정식으로 설립되어 운영 중인 한류 동호회는 없으며 한류에 대한 열기는 K-Pop, 영화 등을 중심으로 개인 또는 소규모 모임 수준에 머물러 있다. 그러나 2012년도 하반기 PSY의 "강남스타일"이 큰 인기를 얻은바 있으며, 2013년 4월 코펜하겐 영화제에 우리나라 영화가 6편이나 출품된데 이어 6월에는 덴마크 영화 연구소에서 박찬욱 감독 특별전을 개최하는 등 한류가 점차 확산되어 가고 있는 것으로 보인다. 특히 코펜하겐 대학 한국어학과 및 정치학과 학생을 중심으로 전공을 떠나 우리나라 문화 등에 대한 관심이 높아 당관 및 코펜하겐 체류 우리교환학생 등과 함께 한류 관련 각종 행사를 자발적으로 기획하고 한국행사를 개최하는 등 한류 확산에 밑거름이 되고 있다.

2) 일반 정보 및 문화

이웃의 독일, 영국 등 대국에 비해 동질적인 문화를 가지고 있으며, 이러한 동질적인 문화는 덴마크 특유의 복지국가 시스템 정착에 커다란 기여를 하였다. 덴마크 인들은 과도한 의전과 낭비를 싫어하고 모든 사람들이 평등하다는 인식이 생활 속에서 보편적으로 체화되어 있다. 그러나 왕국의 특성상 왕실 관련 행사 등에서는 깍듯하게 격식과 의전을 중시하는 특성이 있다. 체면보다는 실질적인 이익을 중시하며, 원칙과 관행을 철저히 준수하고자 하나 필요할 때는 원칙과 관행 등을 융통성 있게 해석하고 집행하는 등 유연성도 중시하는 경향이 있다.

덴마크인들은 교육 등의 영향으로 타 인종 및 타 문화에 대해 개방적이고 관대한 편으로 타문화에 대한 수용능력이 뛰어난 편이다. 실례로 덴마크인 대다수가 영어로 의사소통에 별 문제가 없을 정도로 영어 구사 능력이 뛰어나며, 국가 규모에 비해 다양한 국적의 문화를 광범위하게 즐기고 있다.

3) 개요

위치는 북유럽, 북해의 발틱해이며, 기후는 온화한 기후이다. 수도는 Copenhagen (인구 약 55만 명, 수도권 포함 약 120만 명). 인구는 (2012년 10월 1일. 기준) 560만 명. 면적은 43,098㎢(자치령 그린란드 및 페로제도 제외, 한반도의 1/5). 민족구성은 아리안계의 덴족, 고트족(전체 인구의 96%가 북게르만계). 종교는 덴마크 루터복음교 (Evangelical Lutheran Church : 국교로 인구의 약 87%), 이슬람교(이민세대의 영향으로 2위), 카톨릭, 침례교, 유대교 등. 언어는 덴마크어. 1인당 GDP는('12년 기준) 55,447불(추정치). 우리나라와의 교역은(' 12년, 우리기준, KITA) 총교역 12억 불(수출 4.4억 불, 수입 7.2억 불). 독립일은 1848년 입헌군주제. 재외동포수는('12) 538명이다.

라트비아 Republic of Latuvia

1) 한류 확산

라트비아인들은 한국과 관련하여 삼성, LG, 현대 등 기업을 연상하고, 가수 중에서는 싸이를 거론하는 정도이다. 한편 태권도는 리트비아에 널리 보급되어 20개 정도의 도장과 1,000명 이상의 수련생이 있다. 라트비아인들이 한국에 대해 잘 모르는 이유는 1991년 독립시까지 소위 '철의 장막' 속에서 외부로부터 고립되어 있었다. 최근들어 라트비아의 아시아에 대한 관심증대와 한국인 관광객의 증대로 인적교류가 승가됨에 따라, 한류에 대한 일반인들의 관심이 점차 승대될 것으로 기대된다.

2) 일반 정보 및 문화

라트비아인들은 1918년 역사상 최초로 독립을 달성할 때까지, 독일, 폴란드, 스웨덴, 러시아 등 주변 외세의 지배를 받았고, 1918년~1940년의 짧은 기간동안 자유와 독립을 맛본 후, 다시 소련의 지배를 50년간 받으면서 많은 시련을 겪었다. 1991년 독립후 라트비아 국민들은 폐허로부터 그들의 나라를 재건하고 자유와 독립을 유지 발전시켜야 했다. 라트비아는 1991년 독립 후 국가재건과 서구편입을 적극 추진하여 2004년 NATO 및 EU 가입, 2014년 유로존 가입, 2015년 상반기 EU 이사회 의장국 수임 등을 통해 EU 신규 회원국에서 EU의 성숙한 회원국으로 발돋음하고 있으며, 보다 개방적이고 자신감 있는 사회로 점차 나아가고 있다. 라트비아에는 의상, 음식, 주택양식 등에서 지역마다 매우 다른 민속 문화가 존재한다. 라트비아 중부는 독일의 지배, 쿠르제메지역(Kurzeme)은 스웨덴의 지배, 라트갈레지역(Latgale)은 폴란드와 러시아의 지배를 받았다.

마을마다 하나 이상의 합창단이 있는데 가장 우수한 합창단, 교향악단과 무용단은 전국 축제에 참가하는 데 총 참가인원은 약 4만 명을 넘어선다. 음악과 무용의 전통으로 인해 현재에도 라트비아는 세계적으로도 유명한 오페라 가수들을 많이 배출하는 등, 오페라와 연극분야에서 높은 수준을 자랑하고 있다.

3) 개요

이 나라 수도는 리가(인구 70만명)이며, 총인구는 200만 명, 면적은 64,589㎢(한국의 약 2/3배)이다. 민족구성은 라트비아인(61.4%), 러시아인(26%) 등, 종교는 루터교(24%), 카톨릭교(18%), 러시아정교(15.3%)이며, 언어는 라트비아어(공용어), 러시아어, 영어를 사용. 1인당 GDP는 15,375미불, 우리나라와의 교역은('14) 총교역 1.6억 미불(수입 0.5억 미불, 수출 1.1억 미불)이다.

러시아 Russian Federation

1) 한류 확산

러시아의 한류는 2005년 드라마로 시작하여 현재 K-Pop 위주로 불고 있다고 할 수 있다. 일본 J-Pop에 열광했던 팬들이 2000년대 후반부로 접어들면서 J-Pop보다 좀 더 대중적이고 화려한 퍼포먼스가 매력인 K-Pop으로 넘어오게 되었다. 팬들은 자발적으로 한국 아이돌 그룹별로 팬클럽을 만들고, 그들의 춤과 노래를 따라하며 종종 플래시몹을 통해 공연하기도 한다. 또한 K-Pop 스타들이 출연한 드라마나 그들이 부른 OST에 대한 관심도 덩달아 높아지고 있고 이들의 노래를 따라 부르며 한국어를 배우려는 현지인들도 점점 늘어나고 있다. 이렇듯 K-Pop으로부터 뻗어져 나가는 형태의 러시아 내 한류는 중국, 일본, 태국, 말레이시아 등 다른 아시아 국가들과 비교해 봤을 때 아직 미성숙한 것처럼 보일 것이다. 그러나 그 열기는 점점 더해가고 있는 상태이며, 팬들의 열정은 활발하게 끓어오르고 있는 상태다. 여기에 공중파 방송국을 통한 한국드라마 방영과 음반 시장 진출 등이 이루어진다면 훨씬 더 큰 파급효과가 나타날 것으로 기대된다.

2) 일반 정보 및 문화

러시아하면 제일 먼저 떠오르는 이미지는 광활한 영토와 혹한의 추위일 것이다. 세계 최대 영토 보유국이라는 이름에 걸맞게 러시아는 북쪽으로는 북극해, 동쪽으로는 태평양과 접하며 남쪽으로 북한 · 중국 · 몽골 · 카자흐스탄 · 아제르바이잔 · 조지아 등 6개국, 서쪽으로는 우크라이나 · 벨라루스 · 라트비아 · 폴란드 · 리투아니아 · 에스토니아 · 핀란드 · 노르웨이 등 8개국과 국경이 맞닿아 있다. 지리적인 환경이 이러하니 그 인종 또한 다양한 것은 당연한 일이다. 우리가 흔히 생각하는 노란 머리에 푸른 눈, 큰 코를 가진 이들만 러시아인이 아니다. 갈색머리, 까만 눈동자, 누런 피부색을 가진 이들도 러시아인이다. 서쪽에서 넘어온 스라브족, 동쪽에서 넘어온 타타르족 이외의 140여개의 소수민족들, 그리고 그들과 함께 넘어온 그들의 문화는 서로 뒤엉켜 러시아만의 독특한 문화를 형성하게 되었다. 또한 드넓은 러시아 땅에 1년 내내 겨울만 있을리가 없다. 시베리아 한복판의 겨울은 영하 40~50도를 기록하고 5월이 되어야 비로소 강물이 녹아 흐르지만, 이와 반대로 2014년 동계올림픽 개최지인 소치의 경우, 겨울에도 눈이 쉬이 쌓이지 않는 온난한 지역 중 하나다. 7월 모스크바의 붉은 광장은 땡볕으로 뜨겁게 달궈진다. 비록 봄과 가을이 짧기는 하나 러시아에도 사계절은 엄연히 존재한다.

러시아는 거대한 영토와 수많은 민족들로 구성된 여건에도 불구하고, 길고 길었던 칭기스칸의 침략과 지배에서 벗어나 유럽 그 누구에게도 뒤지지 않는 찬란한 러시아 황실의 문화를 일구어갔으며, 20세기에 접어들어서는 이상에 그쳤던 공산주의를 처음으로 현실화시키며 미국과 어깨를 나란히하며 세계를 호령하였다. 러시아를 하나로 묶을 수 있었던 가장 기본적인 요인은 오래전 왕정시절부터 시작된 중앙집권적 군주제, 전제정치라 할 수 있다.

전제정치가 러시아를 물리적으로 묶었다면, 정신적으로 묶은 것은 러시아정교다. 러시아 정교는 러시아인들에게 원시 신앙에서는 찾아볼 수 없었던 통일감과 목적의식을 부여하며 러시아인들을 하나로 묶었고, 지금까지도 민중의 삶 속에 자리를 잡고 있다. 이 외에도 러시아인들은 몽고, 타타르족을 비롯한 외세들의 끊임없는 침략에 맞서 싸워 자신의 조국과 영토를 지켜냈으며, 그렇기에 조국에 대한 애국심도 남다르다. 또한 러시아인들은 진리와 정의가 함께 공존하는 세계, 자신의 의지대로 살 수 있는 자유로운 세계를 구현하고자 하였다. 이러한 이들의 열정은 혁명을 거듭하며 세계 최초로 공산주의를 현실화하였다. 비록 90년대에 접어들며 공산주의는 막을 내렸으나, 진리와 정의, 자유에 대한 의지와 신념은 러시아인들의 핏속에 여전히 흐르고 있다.

3) 개요

위치는 북유라시아이며, 기후는 대륙성 기후이다. 수도는 모스코바(Moscow, 1,164만 명(2010년 기준)). 인구는 1억4,303만 (2012년 기준). 면적은 1,708만㎢(한반도의 78배, 미국의 1.8배). 민족구성은 러시아인(80%), 타타르인(4%), 우크라이나인(2%) 및 140여개 소수 민족(8.41%), 고려인(20만명). 종교는 러시아 정교(75%), 이슬람교(5%), 유태교, 카톨릭, 개신교 등이다. 언어는 러시아어(각 민족공화국은 고유어 상용 가능). 1인당 GDP는('10년 기준) 1만314불이며, 우리나라와의 교역은('11년, 우리기준) 총규모 211.61억 불(수출 103.06억 불, 수입 108.55억 불). 독립일은 1991년 12월 21일 소연방 해체와 러시아연방 성립. 재외동포수는('12) 215,900명이며 고려인 동포 21만명 포함한 것이다.

루마니아 Romania

1) 한류 확산

루마니아에 〈대장금〉을 효시로 우리 드라마를 소개한 국영 방송사에서 지속적으로 우리 사극을 방영하고 있고, 동 방영의 성공을 계기로 민영 방송사에서도 점차 우리 드라마 방영을 확대하고 있다. 최근 들어 사극뿐만 아니라 〈천만번 사랑해〉나 〈꽃보다 남자〉 등 현대물도 본격 방영되는 등 우리 드라마에 대한 관심과 인기가 날로 더해 가고 있는 추세이다. 또한 드라마가 주로 중장년층의 인기를 얻고 있다면 K-Pop의 경우 장르 성격상 루마니아 청년층의 인기를 구가하고 있는데, 2008년부터 한국 대중음악 아티스트 팬클럽이 서서히 형성되기 시작하여 현재 약 50개 팬클럽이 활동 중에 있다. 전체 회원규모는 약 5천명 정도로 추산되고 있다. 각 팬클럽들은 상호 정보 공유 등을 위해

2010년 연합체 성격인 '루마니아 한류팬 클럽(KFCR)'을 결성, 주루마니아대한민국대사관과 유기적 협조 아래 2010년 8월 전국 각지의 동호인 150여 명이 참여한 가운데 최초의 K-Pop 행사인 〈코리아 팬미팅〉을 성황리 개최하였다.

루마니아는 1989년 시민혁명으로 민주화를 이루었다. 이후 자유시장 경제로 이행 하면서 외국 자본을 필요로 했다. 이때 서방 선진국들은 고개를 갸우뚱했지만, 한국 기업이 루마니아에 가장 먼저 투자했다. 이 때문에 한국은 루마니아인에게 고마운 나라이자 선진 투자 국가로 인식된다. 2007년 루마니아가 EU에 가입한 뒤로는 여러 서방국의 투자가 물밀듯 들어 오기도 했다. 흑해 연안 도시 망갈리아에 있는 남유럽 최대의 조선소는 현지인 6,000여 명을 고용하고 지역 경제를 좌우할 만큼 큰 규모를 자랑한다. 이 조선소를 우리 투자업체가 경영하고 있다. 특히 한국의 능력과 저력을 잘 알고 있는 바세스쿠(Traian Basescu) 루마니아 대통령은 한국에 각별한 관심을 보이고 있다.

이러한 맥락에서 2008년 이명박 대통령과 바세스쿠 대통령은 정치, 경제, 문화 등 제반 분야에서 긴밀한 협력관계를 유지한다는 한국과 루마니아의 전략적 동반자 관계를 선언했다. 루마니아에서 이러한 수준의 협력 관계를 가진 나라는 미국과 프랑스밖에 없을 정도로 아시아에서는 우리나라가 유일하다. 예를 들어, 2009년 루마니아 수입차 시장 규모는 약 10만 대였는데 현대, 기아 차가 약 1만5,000대를 차지했다. 그 해 폭스바겐과 같은 굴지의 유럽 메이커와 일본 차를 제치고 수입차 시장 점유율 1등을 차지한 것이다. 삼성은 브랜드 자체로 이미 최고 제품의 상징으로 여겨지고 있었다. 지금 루마니아 국영 TV가 시험적으로 방영한 '대장금'이 공전의 히트를 기록하자, '선덕여왕', '광개토대왕'

같은 사극은 물론 '꽃보다 남자' 등의 드라마도 소개되고 있다.

2012년 4월 루마니아 공연을 할 때 양정웅 극단 여행자 글의 일부다.

늦은 밤 부쿠레슈티 공항에 도착하는 순간부터 우리는 한류를 체감하기 시작했다. 우리의 목적지는 크라이오바로 부쿠레슈티에서 차로 약 4시간 거리였는데 우리를 마중 나온 여자분이 대뜸 서툰 한국말로 "안녕하세요?" 인사를 건넸다. 루마니아 공항에서 루마니아 여자가 한국말로 인사를 하니 우리는 화들짝 놀랄 수밖에 없다. 우리는 크라이오바에 도착해 열광적인 반응과 호응으로 공연을 성공적으로 마쳤다. 공연이 끝난 다음 날 우리는 달콤한 휴식시간을 위해 현지 내셔널 파크를 돌아보는 일정이 있었다. 우리를 태운 차가 내셔널 파크에 도착하자 한류 동호회 회원 20여 명이 우리를 기다리고 있었다.

지구 반대편, 게다가 동구권의 끝자락 루마니아에서 이 정도의 한류라니? 가슴 한구석에서 한국과 한류가 은근 자랑스러워지는 순간이었다. 루마니아 국영방송에서 하루가 멀다하고 한국 드라마가 방영되고, 또 그 드라마까지 인기를 끌고, 아이돌 그룹의 K-Pop이 그야말로 대세라니? 심지어 〈주몽〉, 〈대조영〉 등 어려운 사극의 주인공 이름들까지 줄줄 꿰고 있는 게 아닌가. 덕분에 우리는 정말 놀랍게도 뜨거운 한류를 실감하지 않을 수 없었다. 격세지감과 함께 한류의 위상을 한껏 느끼고 드디어 우리가 떠나는 날이 되었다. 이른 아침 시간 우리를 또 놀라게 하는 사건이 일어났다. 한류드라마 동호회 멤버들이 다시 나타난 것이었다. 그들은 이른 아침 시간부터 호텔 로비를 점령하고 우리를 배웅하기 위해 기다리고 있었던 것이었다. 멤버들은 각자가 너무도 소중히 준비한 선물들을 전하고 일일이 포옹하며, 이별을 아쉬워했다. 루마니아 전통술에, 집에서 구운

과자와 빵, 정성스럽게 그린 그림과 편지, 정말 그 순간 모두 아이돌 스타가 된 느낌이었다.

그런데 우리를 놀라게 하는 마지막 이벤트가 기다리고 있었다. 레이나와 부쿠레슈티 공항에서 우리를 마중한 자원봉사자가 함께 한류의 본고장 서울을 방문한 것이었다. 이렇게 놀라운 열정으로 루마니아 크라이오바에서 서울까지 먼 여행을 이끈 힘이 한류란 말인가? 두 사람은 우리의 환대에, 맛난 음식에, 공연도 보고, 저녁식사 초대까지 경험하고 부산여행까지 한 다음 무사히 출국했다. 한류를 실감나게 체험하게 된 일이 아닐 수 없다.

2) 일반 정보 및 문화

루마니아는 부족한 인프라에도 불구하고 동유럽에서 가장 많은 IT 전문가를 배출하고 있는 국가다. 또한 문맹률이 거의 0%에 근접한다는 점도 한국과 루마니아가 얼마나 교육에 관심이 많은가를 보여주는 예이다.

우리와의 유사성은 단지 교육열뿐만 아니다. 우리의 민주화 역사가 독재 정권에 대한 국민들의 자발적인 항쟁에 의해 이루어졌듯이 루마니아의 민주화 역시 차우세스쿠 정권을 국민들의 저항으로 붕괴시킴으로써 시작되었다. 또한, 국제 스포츠계에서 여성들의 활약이 탁월한 것도 우리와 루마니아의 공통점이라고 할 수 있다. 우리나라 여성들이 세계 양궁과 골프계를 석권하고 있는 것처럼 코마네치를 필두로 루마니아 여자 체조선수들은 발군의 실력으로 루마니아의 이름을 세계인의 뇌리에 각인시켰다. 500여 년의 오스만터키 지배를 거치고도 민족의 정체성을 잃지 않은 루마니아는 이제 민족 생존의 단계를 넘어 민족

중흥을 도모하고 있다. 아직은 1인당 GDP가 불과 7,650불 정도로 높다고 할 수 없지만 우리나라처럼 고도 경제성장의 원동력인 우수한 노동력이 풍부하다는 사실은 루마니아 경제의 충분한 잠재력을 보여주고 있다.

3) 개요

위치는 유럽 동남부, 헝가리, 세르비아, 불가리아, 우크라이나, 몰도바와 인접하며, 기후는 여름 23℃, 겨울 −3℃. 수도는 부카레스트(Bucharest, 인구 168만 명). 인구는 1,904만 명이다. 면적은 238,319㎢(한반도 222,816㎢의 1.07배). 동서(720km), 남북(515km). 민족구성은 루마니아인(88.6%), 헝가리인(6.5%). 종교는 루마니아 정교(86.7%), 카톨릭(4.7%), 기타 등이다. 언어는 루마니아어를 사용하며, 1인당 GDP는('11년 기준) 약 7,650달러. 우리나라와의 교역은(2011년 기준) 총교역 8.3억 불(수출 약 4.6억 불, 수입약 3.7억불). 독립일은 1947년 12월 30일이며, 재외동포수는('12) 456명이다.

벨기에 Kindom of Belgium

1) 한류 확산

벨기에 한류는 K-Pop 또는 한국드라마가 아닌 클래식 음악, 한국영화, 한국어, 태권도 등을 통해 확산되고 있다. 클래식 한류는 2000년 이후 한국 젊은 음악인들이 〈퀸 엘리자베스 콩쿠르〉에서 괄목할 만한 성적을 거두기 시작하면서부터다. 특히 2011년 동(同) 콩쿠르 성악 부문에서 소프라노 홍혜란이 영예의 1등을 수상하면서 한국 클래식 음악의 성장 배경 및 원인 등에 대한 벨기에인들의 관심이 부쩍 높아지고 있다. 한국영화는 〈브뤼셀 국제판타스틱 영화제(BIFFF)〉에 매년 3~4편의 한국영화가 출품되면서 관심의 폭을 넓혀가고 있다. 2011년에 김지운 감독의 〈악마를 보았다〉가 대상을 수상한 바 있다.

한편, 2010년 2월 부뤼셀 세종학당을 개원하고 한국어 및 한국문화 보급에 노력하고 있다. 최근 유럽 내 K-Pop 등 한류 확산, 2011년 7월 한-EUFTA 발효 등으로 현지인들의 한국어에 대한 관심이 크게 증가하고 있다. 원조 한류라고 할 수 있는 태권도 또한 한국문화 확산에 한 몫하고 있다. 벨기에 태권도 인구는 약 1만 명(성인 3천 명, 학생 3천 명, 어린이 4천 명)으로 태권도 인구의 저변은 탄탄하다고 할 수 있다.

또한 문화체육관광부에서도 한류 확산을 위해 꾸준한 관심과 지원을 아끼지 않고 있다.

2) 일반 정보 및 문화

해양성 기후인 벨기에는 유럽에서 라틴 문화와 게르만 문화의 교차로로 15세기부터 유럽의 미술 및 문화 발전에 중요한 역할을 하며 많은 문화유산을 남겼다. 특히 15세기 이후 무역·수공업의 중심지가 된 플랑드르 지방을 중심으로 예술의 중흥기를 구가하였다. 폴랑드르 미술은 특히 생동하는 감각적 표현과 뛰어난 회화 기법으로 유명하다. 아르누보 건축은 빅토르 오르타(Victor Horta)와 헨리 반 데 벨데(Henry Clemens van de Velde)가 19세기 말에서 20세기 초에 걸쳐서 벨기에와 프랑스를 중심으로 전 유럽에 유행시킨 건축 양식으로 자연물의 형체에서 볼 수 있는 길고 굽어진 선이 특징이며, 개인의 취향을 우선하는 예술을 지향했다. 벨기에 패션은 안트워프 왕립미술학교(Antwerp Royal Academy of Fine Arts) 출신으로 안트워프 6인방으로 불리는 이 학교 출신을 통해 전 세계의 이목을 집중시킨 이후 급속한 발전을 이루고 있다.

3) 개요

위치는 북부(북해와 네덜란드), 동부(독일과 룩셈부르크), 남부(프랑스와 인접), 기후는 온화한 해양성 기후로 대부분 흐림. 수도는 브뤼셀(Brussels, 인구 약 103만 명). 인구는 약 1,060만 명(2011년 기준). 면적은 32,545㎢(경상북도 크기). 민족구성은 화란어계(56%), 불어계(41%), 기타(3%)로 되어 있으며, 종교는 구교(75%), 기타(25%). 언어는 화란어, 불어, 독어(제3국과의 대외언어는 '영어'로 통용). 1인당 GDP는('11년 기준) 42,950불(벨기에 중앙은행). 우리나라와의 교역은('11년, 한국기준, KITA) 총교역 37.05억 불(수출 22.55억 불, 수입 14.50억 불), 재외동포수는('12) 893명이다.

벨라루스 Republic of Belarus

1) 한류 확산

2010년 경부터 벨라루스의 청소년, 대학생을 중심으로 K-Pop과 드라마를 인터넷을 통해 개인적으로 시청하는 등 한국 대중문화(한류)가 소개되어 왔으나, 아직은 소수의 K-Pop 동아리를 중심으로 매니아층이 형성되고 있는 단계이다.

벨라루스국립대 국제관계학부 동양어 및 동양학과에 한국어 및 한국학전공 과정이 개설되어 현재 운영중(학생 20명, 교사 2명으로 한국인 전임강사 및 한국국제교류재단 파견 강사)이며, 민스크국립언어대 동양어학과에 한국어 제2전공 과정이 운영중(학생 37명, 교사 2명)이다. 또한 고려인협회 산하에 한글학교가 어린이반, 초급반, 중급반으로 240여명의 수강생을 대상으로 우리 유학생들이 강사로 참여하여 운영되고 있다.

2) 일반 정보 및 문화

벨라루스는 구소련 시절에 '백러시아(White Russia)'라는 이름으로 알려져 있던 나라로 러시아와 폴란드 사이에 위치하고 있다. 벨라루스가 역사 기록상 등장하는 것은 6세기경으로 풀로츠크 공국 등 여러 공국들에 이어 오늘날 러시아의 기원이 된 키에프루스의 지배를 받았으나, 키에프루스가 몽골의 침략으로 붕괴된 이후 오늘날의 벨라루스에 해당되는 공국들은 대부분 리투아니아대공국에 병합되었고, 리투아니아대공국은 1410년 폴란드와 동맹하여 동유럽 북서부의 넓은 지역을 지배하기에 이른다. 리투아니아-폴란드연방은 15세기 말 이래 우크라이나 및 벨라루스 등을 겨냥한 러시아의 집중적인 공격 대상이 되어, 3차에 걸친 폴란드 분할을 통해 러시아, 프로이센, 오스트리아에게 1795년에 최종적으로 분할되었다. 벨라루스는 이때 대부분 러시아에 편입되었다. 벨라루스는 19세기 나폴레옹의 러시아 침공과 러시아의 반격시 진격루트가 되었고, 1차대전시 독일군과 러시아군의 격전지가 되었으며, 2차대전시 독일군의 소련을 향한 진격로가 되었음은 물론이다. 벨라루스는 2차대전을 통해 3년간 200만 명 이상의 인명피해를 입었고 산업시설의 80%이상이 파괴되었으나, 2차대전 종료 후 벨라루스는 소련의 주도하에 적극적인 전후복구와 산업부흥을 통해 소련내 주요 제조업 중심으로 발전하게 된다. 동서냉전 이후 소련의 해체를 계기로 벨라루스는 1990년 공화국으로 독립하여, 대통령제 헌법을 채택하고 알렉산더 루카센코가 1994년 대통령으로 선출되었으며, 최근에는 외국인의 투자를 유치해 경제 개발에 박차를 가하고 있는 중이다. 벨라루스인들은 끊임없이 주변 강대국 간의 전쟁에 휘말려 19세기 나폴레옹 전쟁과 1~2차 세계대전을 겪어야 했고, 현대에 이르러서도 우크라이나 체르노빌 원전 폭발 사고 등 대형사고에 시달렸음에도 평화를 사랑하고 문화를 소중히 여기는 온순한 국민성을 지니고 있다. 지하자원은 부족하지만 국민들의 교육열이 높고 근면하여 과거 소련시절부터 과학기술과 산업이 발전했다. 또한 벨라루스는 훌륭한 예술인들을 배출하였고, 높은 수준의 발레와 오페라 공연이 연중 이루어지고 있는 아름다운 푸른 숲과 호수를 지닌 문화와 자연의 나라이다.

3) 개요

위치는 동유럽, 러시아, 우크라이나, 폴란드, 리투아니아, 라트비아 접경 지역이다. 기후는 온화한 대륙성 기후이며, 수도는 민스크(Minsk, 인구 186만 명). 인구는 946만 명(2012년 기준). 면적은 207,600(한반도 면적과 유사). 민족구성은 벨라루스계(81%), 러시아계(11%), 폴란드계(4%)로 되어 있으며, 종교는 러시아 정교(80%), 기타 20%(카톨릭, 개신교, 유대교, 이슬람교). 언어는 벨라루스어(공용어), 러시아어(공용어)를 사용하며, 1인당 GDP는('12년 기준) 6,660불이다. 우리나라와의 교역은('12년 기준, 우리기준) 총교역 923억 불(수출 459억 불,

수입 464억 불)이며, 독립일은 1991년 7월 27일, 재외동포수는('12) 1,381명이다.

불가리아 Republic of Bulgaria

1) 한류 확산

불가리아는 한국문화에 대해서는 알려진 바가 극히 미미했으나, 최근 수년간 전 세계적인 한류의 영향으로 청년층 사이에서는 K-Pop, 드라마 등이 점차 알려졌으며, 자발적으로 한류팬 동호회를 조직하여 활동하기 시작하는 단계이다. 이들은 한국 소개 문화 행사, K-Pop 플래쉬몹 등 자발적으로 이벤트를 수시 개최함으로써, 한류 확산에 기여하고 있다. 최근 한국에 대한 관심이 증가하면서 한국학 및 한국어 학습 수요도 함께 증가하여, 소피아대학 및 제18번 외국어학교에는 한국어 전공이 운영되고 있으며, 지방에 소재한 벨리꼬 타르노보 대학이 2012년에 한국어강좌를 새로 개설하는 등 한국어 수요가 지속적으로 확산되고 있다. 1985년 불가리아에 최초로 태권도가 소개되었으며, 1990년 공식적인 불가리아 태권도협회 WTF(Bulgarian Taekwondo Federation)가 설립 등록되었다. 1992년부터 우리 정부는 태권도 사범, 단기봉사단, 시범단 파견 등 지원을 해오고 있다. 2012년 기준 전국 31개 도장에 등록된 태권도 수련인구는 3,000여 명에 달한다. 불가리아 선수단은 2005년부터 2013년 현재까지 유럽 챔피언십 대회에서 13개의 메달을 획득했다. 2010년 한-불가리아 수교 20주년 기념 국기원 시범단 공연, 그리고 2012년에도 국기원 시범단 공연이 개최되었다.

2) 일반 정보 및 문화

이 나라는 유럽 남동부 발칸반도에서 흑해를 접하고 있고, 바다, 산, 강, 호수, 동굴, 암석지대, 평야 등 사막을 제외한 모든 자연환경을 지니고 있다는 점, 사계절이 뚜렷한 기후, 남한 면적과 거의 유사한 국토면적 등 우리와 많은 점이 닮은 국가이다. 지정학적으로 서유럽과 소아시아, 중동을 이어주는 길목에 위치하여 항상 주변국가들의 침략에 시달려왔으나, 언어, 문화 등 단일민족으로서의 정체성을 지켜왔다는 점 역시 우리와 닮았다고 할 수 있다.

9세기에 창제되어 현재까지도 러시아 및 여타 동유럽 다수국가가 사용하고 있는 키릴문자가 바로 불가리아에서 발명되었으며, 우리가 한글을 문화유산 중 으뜸으로 꼽는 것처럼 불가리아 국민들은 고유문자에 대한 자부심이 강하다. 최근에는 젊은 층을 중심으로 영어 구사자도 증가하는 추세이다. 불가리아인들은 교육을 특히 중시하는 경향이 있어, 문맹률은 1.6%에 그치고 있고, 음악에도 재능이 있어 전세계 무대에서 두각을 나타내는 음악인들을 다수 배출하였다. 음식문화도 우리와 유사한 면을 가지고 있는데, 밀과 함께 쌀 소비도 높은 비중을 차지하고 있으며, 발효식품도 일반화되어 있다. 주로 섭취하는 배추, 호박, 가지, 감자는 우리와 다를 바 없으며, 서유럽과 달리 파, 마늘 소비도 많고 매운 맛도 매우 즐기는 편이다.

3) 개요

위치는 유럽 동남부 발칸반도의 동부이며, 기후는 대륙성 기후이다. 수도는 Sofia(120 만), 인구는 7,728만 명(2012년 기준), 면적은 11만㎢ (한반도의 약 1/2), 민족구성은 불가리아인(84.8%), 터키계(8.8%), 기타(집시, 러시아인, 그리스인, 마케도니아인 등)이다. 종교는 불가리아 정교(83%), 이슬람(12%)이며, 언어는 불가리어를 쓰며, 1인당 GDP는 ('12년 기준) $14,200(구매력 기준)이다. 우리나라와의 교역은('12년, KITA) 총교역 289백만 불(수출 104백만 불, 수입 184백만 불)이며, 국가설립일은 1878년 3월 3일(독립일), 재외 동포수는('12) 166명이다.

세르비아 Republic of Serbia

1) 한류 확산

이 나라의 한류는 다른 유럽의 나라들처럼 열광적이고 뜨겁지 않지만 한국어를 수강하는 대학생을 중심으로 서서히 세르비아에 전해지고 있다. 세르비아에서 한류바람은 일본 문화를 비롯한 동양문화에 관심 있던 학생들을 시발점으로 한국 드라마, K-Pop가수들 인기를 얻어감에 따라 지지층이 두터워지기 시작했다. 클럽에서는 K-Pop Day를 정하여 한국가수들의 음악만 취급하기도 하고, 싸이의 강남스타일이 인기가 있을 때는 플랩시몹이나 패러디 영상이 나오기도 했다. 현재는 한국 영화나 드라마나 K-Pop에 고정되어 있던 한류에 대한 관심이 점차 한국어, 한국음식, 한국상품 등으로 확대되고 있으며, 2013년에는 한국식당이 개업하면서 세르비아 사람들과 주재국 외교관에게 큰 호응을 얻고 있다.

2) 일반 정보 및 문화

발칸 반도 중부에 있는 세르비아는 전통음악에서 아코디언을 많이 사용하며, 대표적인 춤으로는 콜로(Kolo)가 가장 유명하다. 콜로는 활기 넘치는 민속춤으로서 여러 사람이 무리를 지어 춤을 추는 것이 특징이다. K-Pop 아이돌 그룹의 딱딱 떨어지는 군무를 선호하는 이유도 세르비아의 전통 콜로에서 이유를 찾아볼 수 있다. 중장년층에는 오페라나 클래식 음악 애호가들이 많다면 젊은층은 빠른 비트와 화려한 무대를 선호하는 경향이 뚜렷하다.

3) 개요

위치는 동남 유럽 발칸반도 중부이며, 기후는 대륙성 기후이다. 수도는 베오그라드(Beograd : White=beo City=grad), 인구는 약 750만 명, 면적은 77,474㎢(코소보 제외)이다. 민족구성은 세르비아인(83%), 헝가리인(4%), 보스니아인(2%), 몬테네그로인(1%), 유고 슬라비아인(1%), 집시(1.5%) 등. 종교는 정교(85%), 이슬람교(3%), 카톨릭(6%), 기독교 (1%) 등이며, 언어는 세르비아어(88%), 헝가리어(4%), 보스니아어(2%) 등이다. 1인당 GDP는('11 년기준) 약 6,268불이며, 국가설립일은 2006년 5월(몬테네그로 국가 연합계승), 재외동포수는('12) 89명이다.

스웨덴 Kingdom of Sweden

1) 한류 확산

북유럽에 위치한 스웨덴인들은 학교 역사 시간에 일본, 중국, 인도 등에 대해서만 간단히 배우므로 한국의 역사나 문화를 학교에서 접할 기회는 적은 편이다. 스웨덴에서 한류 문화는 최초에는 태권도가 유일하였으나 차츰 입소문(word of mouth)을 통해 K-Pop, 한국 영화, 한국 음식을 좋아하는 팬들을 중심으로 급속히 확산되고 있는데 여기에는 Facebook과 Youtube와 같은 온라인을 통한 문화 확산이 큰 기여를 하고 있다. 스웨덴은 우리나라처럼 유구한 역사를 바탕으로 북유럽의 맹주 국가로서 높은 경제 성장과 사회보장제도를 발달시켜 왔으며 문화적 자긍심도 매우 높은 편이다.

다음은 최광식 장관의 글에서 요약한 것이다.

스웨덴의 수도 스톡홀름에 동아시아 박물관이 있다. 동아시아 박물관은 뛰어난 동아시아 유물을 많이 보유하고 있는 것으로 유명하다. 한국 유물도 300여 점 전시하고 있는데 2012년 2월 11일 한국국제교류 재단의 지원으로 한옥을 모티브로 한 이 박물관에 한국실을 개관하게 되었다. 한국관의 설치는 한국과 스웨덴이 수교 50주년이었던 지난 2009년부터 양국 관계당국끼리 협약을 맺으며 본격적으로 추진된 의미있는 행사였다. 그런데 이날 칼 구스타프 16세 스웨덴 국왕부부가 직접 방문했다. 칼 구스타프 16세 스웨덴 국왕은 1968년 스웨덴 웁살라대학 경제학과를 나와 27세인 1973년에 국왕에 즉위하였는데, 특별히 한국 문화에 관심을 보인 이례적인 행보였다. 국왕 내외가 2012년 한국을 방문했을 때도 중앙박물관을 방문하여 우리 문화에 높은 관심을 보였다. 그는 K-Pop 공연을 관람하는 등 젊은 세대의 문화와 한국의 발전상을 확인 할 수 있는 일정을 희망하여 스웨덴과의 다각적인 문화 교류에 교두보가 될 것으로 보인다.

2) 일반정보 및 문화

19세기 초반 나폴레옹 군대와의 전쟁 이후 스웨덴은 200여년간 전쟁을 직접 겪지 않았는데 특히 두 차례의 세계대전 모두 거국내각을 통해 중립을 지킴으로써 스웨덴 국민들이 전쟁의 참화에서 비켜나갈 수 있었다. 이러한 전통은 스웨덴인들로 하여금 매사에 신중하고 중립적인 성향을 가지도록 하였으며 자신의 생각을 쉽게 말하지 않고 감정 노출을 꺼리는 측면이 있다. 또한 스웨덴의 대표적인 특징으로 라곰(Lagom)과 트뤼겟(Trygget)을 들 수 있는데, 라곰은 '적당히', 트뤼겟은 '안전 또는 안정'을 각각 의미하며, 이들 단어는 중도를 지향한 정책과 복지제도의 근본 철학을 가장 정확히 반영하고 있다.

생활태도는 매우 적극적이고 합리적이며 고도의 준법정신을 지니고 있어 불법 · 부정과는 타협하지 아니한다. 또한 자주정신이 강하여 사회와 국가의 공동체 이익에 대해서는 단결하고 협력하나, 개인 생활에 있어서는 타인을 간섭하거나 타인으로부터 간섭받는 것을 싫어하고 내성적인 성격이다. 그동안 스웨덴 정부는 복지국가 추구를 목표로 하여 사회보장 제도 마련과 함께 높은 수준의 문화적 환경 조성에 주력해 왔다.

스웨덴 문학의 뿌리는 중세까지 거슬러 올라가지만 19세기 말과 20세기 초에 스웨덴 문학사에서 가장 영향력 있는 작가로 노벨상이 제정된 이후 노벨문학상을 수상한 스웨덴 최초의 노벨문학상 수상은 Selma Lagerlof(1909년, '닐스의 모험'으로 유명)에게 돌아갔는데 그녀의 고향인 Vämland에서의 생활을 그린 소설로 알려져 있다. 스웨덴 미술 · 건축과 관련하여 대표적인 조각가로는 20세기 초반에 활동한 Carl Mille가 있으며, 대표적인 화가로는 Carl Larsson, Anders Zorn 등이 있으며, 스톡홀름 시청을 설계한 Ragner Ostberg가 이후 스칸디 나비아의 현대 건축양식에 지대한 영향을 미쳤다. 전국에 300여개의 박물관과 지방 문화센터가 있으며 이 중 45개는 중앙정부가 직접 운영하며, 국립박물관으로 역사박물관, 자연사박물관, 동아시아박물관 등이 있다. 정부의 언론에 대한 간섭은 배제되어 언론의 자유를 철저히 보장하고, 언론인은 윤리강령에 따라 외부의 향응이나 협찬을 받지 못하도록 하고 있다. 특히, 스웨덴이 1766년 헌법의 일부로 언론의 자유를 명문화한 세계 최초의 국가라는 점에 주목할 필요가 있다.

3) 개요

위치는 북유럽 스칸디나비아 반도 동부이며, 기후는 겨울은 한냉, 여름은 온화하다. 수도는 Stockholm(인구 : 199만 명), 인구는 960만 명(2012년 기준), 면적은 450,000㎢ (서유럽에서 3번째로 크며, 한반도의 2배)이며, 민족구성은 스웨덴인(게르만족 - 94.3%), 북구계(1.8%)로 구성되어 있으며, 종교는 루터교 전통이 강함(2000년까지 국교). 언어는 스웨덴어를 사용하며, 1인당 GDP는('12년 기준) 55,158 미불이다. 우리나라와의 교역은('12년, 우리기준, KITA) 총교역 22.5억 불(2012)(수출 7.9억 불, 수입 14.6억 불)이며, 국가 성립일는 1809년 입헌군주제를 채택했다. 재외동포수는('12) 2,510명이다.

1) 한류 확산

스위스의 한류는 아직 발아기 정도의 수준으로 일부 젊은층을 중심으로 한 K-Pop에 대한 관심이 한류의 주요 부분을 차지하고 있다. 2012년 10월에는 '강남스타일'이 히트퍼레 이드 주간차트 1위를 차지하였고, 2013년 4월에는 '젠틀맨'이 아이튠즈 차트 1위를 기록하였다.

2) 일반 정보 및 문화

중립국인 스위스는 유럽대륙의 중앙에 위치한 지정학적 이유로 주변의 외국문화가 끊임없이 유입되고, 3대 문화권(프랑스, 독일, 오스트리아, 이탈리아)의 언어를 사용하고 있어 다채로운 문화가 형성되었다. 또한, 스위스는 종교개혁, 프랑스 혁명, 나폴레옹 전쟁, 세계 대전 등과 같은 동란의 시기에 자유와 양식의 도피처 역할을 하였다.

에라스무스(D. Erasmus)는 바젤에 거주하였고, 릴케(R.M. Rilke)는 스위스 남부에 살았으며, 나치에 쫓긴 아인슈타인(A. Einstein)은 취리히 연방공대에 적을 두었고, 토마스 만(Thomas Mann)도 만년에는 취리히에 정착하였다. 이러한 배경으로 스위스는 유명한 예술가, 사상가, 과학자를 무수히 배출하였으며, 노벨상 수상자가 27명에 이르는 문화강국으로 자리 매김하였다. 제1회 노벨평화상 수상자 앙리 뒤낭(Henri Dunant), 3대에 걸쳐 8명의 수학자를 배출한 베르누이(Bernoulli) 집안, 광학·기계학·항해술의 오일 리(L. Euler), 국제법 형성에 중요한 역할을 한 바텔(E. Vattel), 교육의 이념을 직접 실천한 스위스의 정신적인 지주 페스탈로치(Pestalozzi), '이탈리아 르네상스의 문화', '그리스 문화사' 등의 저작으로 유명한 '부크하르트(J. Burckhardt)', '녹색의 하인리히'의 저자 켈러(G. Keller), '올림푸스의 봄' 등 서사시를 쓴 스피틀러(C. Spitteler), '알프스 소녀 하이디'로 한국에도 널리 알려진 여류작가 쉬피리(J. Spyri) 등이 유명하다. 음악, 미술분야에서는 고전음악 작곡가인 호네커(A. Honegger)와 쇼에크(D. Schoeck), 지휘자인 앙제르밋(E. Ansermet), 뒤토와(C. Dutoit), 바메르트(M. Bamert), 화가로서는 스위스의 국민 화가 호들러(F. Hodler), 팅겔리(J. Tinguely), 쟈코메타(A. Giacometti), 스위스 50프랑 지폐에 그려져 있는 쇼피 아르프(Sohie Arp), 근대 유럽미술의 아이콘이라고 불리게 된 파울 클레(Paul Klee) 등이 있다. 또한, 스위스에는 이러한 예술가들을 기리고 관련작품을 전시하는 박물관, 미술관 등 문화시설이 전국에 산재해 있으며, 대표적으로는 파울 클레(Paul Klee) 센터, 팅겔리(Tinguely) 미술관, 바이엘러(Beyelr) 컬렉션, 국제적십자 박물관, 올림픽 박물관, 스위스 미니어처 등이 있다.

3) 개요

위치는 유럽 중부 내륙, 북으로 독일, 서로는 프랑스 남으로는 이탈리아, 동으로 오스트리아 등 접경지역에 있으며, 기후는 해양성 북유럽성, 지중해성, 대륙성 등 4개 기후가 교차한다. 수도는 베른(Bern, 13.8만 명)이며, 인구는 803만 명, 면적은 41,285㎢ (한반도의 약1/5)이다. 민족구성은 독일계(65%), 프랑스계(18%), 이탈리아계(10%), 로망슈계(1%), 기타(6%)로 구성되었으며, 종교는 카톨릭(41.8%), 개신교(35.3%), 이슬람교(4.3%), 기타 종교(3.2%), 언어는 독일어(63.7%), 불어(20.4%), 이태리어(6.5%), 로망슈어(0.5%), 기타(8.9%) 등이다. 1인당 GDP는('11년 말 기준) 77,325불이다. 우리나라와의 교역은('12년, KITA) 총교역 36.9억 불(수출 11.3억 불, 수입 25.6억 불)이며, 독립일은 1648년 8월 1일, 재외동포수는('12) 2,295명이다.

스페인 Spain

1) 한류 확산

스페인 사람들에게 '한국'이라고 하면 2000년대 중반까지도, 태권도의 나라, 중국 옆에 있는 나라, 특히 남과 북으로 나누어진 나라 정도였으나 최근에는 '한국'하면 K-Pop, 영화, 드라마 등 다양한 문화를 연상하게 되었다. 특히, 젊은 층에서 K-Pop 팬들이 확산되고 있어 현지 언론에서도 관심을 가져주며 K-Pop이 무엇인지 뉴스에 가끔씩 보도되기도 한다. 특히 2011년에는 아이돌 그룹 비스트와 JYJ의 스페인 공연으로 K-Pop팬들이 꽤 늘어난 것으로 보이지만 아직은 한국드라마가 방영된 적이 없고 프랑스나 영국에 비해서는 한류팬이 많지 않은 편이나 꾸준히 한류팬 층이 늘어나고 있다.

스페인 방송에서 싸이 노래는 여름 퍼레이드할 때 쓰기 좋은 음악으로 소개됐다. 음악 전문 케이블 프로그램에서 소녀시대 뮤직비디오가 나온 적이 있지만 전반적인 흐름으로 보기에는 어려운 실정이다.

2) 일반 정보 및 문화

스페인은 서쪽으로 포르투갈과 접해 있고 남쪽으로는 지부롤터 해협을 사이에 두고 북아프리카와 마주보고 있다. 한편 피레네 산맥과 안

도라 공국이 프랑스와 국경을 이룬다. 스페인은 유럽에서 역사가 가장 긴 나라 가운데 하나이자 가장 강성했던 나라로, 16~19세기에 걸쳐 대 제국을 건설한 바 있다. 지정학적으로 아프리카와 유럽의 교차점이며, 지중해와 대서양을 잇는 관문으로서 유럽, 아프리카, 지중해, 대서양의 문화유산을 골고루 간직하고 있다. 라틴계 스페인이 주를 이루며, 원주 민인 이베리아인, 로마인, 게르만인, 아랍인 등 다양한 종족이 혼혈된 민족 구성은 스페인의 문화적 다양성 및 독창성의 근원이다. 플라멩고 를 비롯한 많은 민속무용이 발달했으며 프랑스, 이탈리아, 아랍풍의 다 양한 양식의 건축술이 발달했고 아우디와 같은 세계적인 건축가도 배 출했다. 스페인은 과거 역사에서 로마, 아랍지배 등을 거치면서 다양한 문화를 융합·발전하는 독특한 문화전통을 가지고 있다. 특히 수백년 간(기원 후 711~1492년) 아랍의 지배를 받은 영향으로 이슬람 문화의 흔적이 잔존한다.

3) 개요

위치는 유럽 대륙 서남부 이베리아 반도상에 있으며, 기후는 여름에는 덥고, 겨울이 약간 추운 온대성 기후이다. 수도는 마드리드(MADRID, 인구가 649만 명)이며, 인구는 4617만 명(2012년 기준)이다. 면적은 504,788㎢(한반도의 2.3배). 민족구성은 라틴족(포르투갈, 이탈리아, 프랑스, 루마니아와 함께 유럽의 3대 민족인 게르만족, 라틴족, 슬라브 족 중 라틴족으로 구성). 종교는 카톨릭(국교는 아니나 인구 74%가 카 톨릭 신자)이며, 언어는 스페인어(까스띠야 지방어(89%)가 표준어, 기 타 까딸루냐어(9%), 바스크어(1%), 갈리시아어(5%) 등이 해당지역에 서 공용어로 사용)이며, 1인당 GDP는('12년기준) 30,412불, 우리나라와의 교역은('12년기준) 총교역 29.6억 불(수출 16.7억 불, 수입 12.9억 불)이다. 국가성립일은 1975년 11월 20일, 재외동포수는('12) 3,787명이다.

슬로바키아 Slovak Republic

1) 한류 확산

유럽 중동부에 위치한 슬로바키아내에서의 한류는 주로 K-Pop이 차지하는 비중이 크다. 싸이의 '강남스타일'이 전 세계적으로 크게 히트하면서 K-Pop에 대한 관심이 더욱 커지고 있다. 그러나 아시아의 대부분의 나라에서 느껴지는 드라마, K-Pop, 영화들에 걸친 전반적인 한류열풍과는 다르게, 주재국내에서는 한국 드라마에 대해서 아는 이는 거의 없다. 한류에 관심이 많은 동호회의 회원들이 한국 드라마나 영화 등에 대해 조금 알고 있을 뿐이다. 주기적으로 시청하거나 하는 경우는 드물다. 주재국 내 수도 브라티슬라바에 위치한 코멘스키 대학 아시아학부에는 지난 2012년 9월 학위과정 한국학과가 정식 개설되었으며, 이는 학생들이 구체적으로 한국에 대해 배우는 기반이 되고 있으며, 적극적으로 서로의 정보를 교환하는 주기적인 모임이 이루어지고 있어 주재국내의 한류 확산에 긍정적인 영향을 미치고 있다. 당관에서 개최하는 〈한국어 말하기 대회〉, 〈한식요리 경연대회〉, 〈퀴즈 온 코리아〉, 〈한국 사진전〉 등으로 한국문화의 관심도를 지속적으로 확장해 가는 단계이다.

K-Pop 가수 중에는 슈퍼쥬니어, 2PM, 소녀시대, 빅뱅, 2NE1, 씨스타,

원더걸스, 비스트 등의 아이돌 가수들이 인기가 많으며, 이들의 음반을 구하기 위해 대사관으로 구입처를 묻는 경우도 있다.

2) 일반 정보 및 문화

이 나라는 유럽대륙과 아시아대륙을 잇는 중부유럽에 속한 나라이다. 지리적으로 유럽과 아시아의 관문이 되는 연유로 프랑스나 영국 등의 서유럽이나, 노르웨이 등의 북유럽, 스페인과 같은 남부유럽과는 다른 독특한 문화권이 형성되어 있다. 종교적으로는 서유럽의 카톨릭을 비방하는 개신교회들의 종교개혁이 일찍이 일어났으며, 카톨릭의 인구가 과반수를 차지하지만, 여타 서유럽의 다른 나라와 같이 일요일에도 상점들이 문을 열고 식당들도 장사를 한다. 슬로바키아의 민족주의적 문화특성은 체코와 폴란드 등과 같은 동유럽의 민족주의적 형태와 같이 자신들의 집단에 대한 귀속성을 중시하는 것, 즉 '우리'와 '그들'을 서로 나눠 자신들 집단의 결속력을 강화하는 것으로 드러난다. 슬로바키아의 동부에 위치한 코시체, 남부의 니트라와 코마르노와 같은 도시는 헝가리와 가까운 위치에 있으며 그만큼 헝가리 민족이 많이 살고 있다. 민족 집단의 탄압에 대응하기 위해 슬로바키아에는 '헝가리 민족당'이라는 정당이 존재하고 있으며, 어느 정도의 영향력을 구사하고 있다.

그러나 슬로바키아는 현재 전형적인 동유럽, 과거 공산주의 정권이 지배하던 문화적 색깔에서 벗어나려하고 있다. 1989년 공산주의정권에서 탈피한 이래, 1993년 체코와 분리되면서 더 진보한 국가로 탈바꿈하려는 노력을 꾸준히 하고 있다. 슬로바키아 민족은 예로 부터 음악적인 성향이 강했다. 서양음악의 중심지인 오스트리아의 빈과 가까운 것이 슬로바키아 민족이 전통음악과 더불어 서양악을 항상 생활 속에서 접하는 계기가 된 것이다. 슬로바키아의 가장 대표적인 오케스트라인 '슬로바키아 필하모니'는 서유럽적인 특성을 가지고 있지만 화려한 프라하의 체코필이나, 오스트리아의 빈필 보다는 소박한 느낌을 주는 독특한 성향을 가지고 있다. 슬로바키아국민들은 음악뿐만 아니라 스포츠에도 열광한다. 대표적인 인기 스포츠는 아이스하키가 최고의 인기를 누리고 있고, 축구, 테니스, 스키 등 다양한 스포츠를 즐긴다.

3) 개요

위치는 유럽 중동부 체코, 폴란드, 오스트리아, 헝가리, 우크라이나 접경지역. 기후는 대륙성. 수도는 브라티슬라바(Bratislava, 인구 43.2만명). 인구는 544만 명. 면적은 49,035㎢(한반도의 1/4). 민족구성은 슬로바키아인(81%), 헝가리인(9%), 집시(2%), 체코인(1%), 기타(7%). 종교는 카톨릭(62%), 개신교(6%), 그리스정교(4%), 무교 또는 기타(28%). 언어는 슬로바키아어. 1인당 GDP는 약 24,284불('12년 기준). 우리나라와의 교역은 총교역 42.9억 불(수출 41.2억 불, 수입 1.7억 불 - '12년 기준, KITAP). 독립일은 1993년 1월 1일. 재외동포수는('12) 1,537명이다.

아일랜드 Ireland

1) 한류 확산

한류는 아일랜드 최고 명문 대학인 Trinity 대학내의 학생들이 자발적으로 결성한 한국 동호회가 있다. 회원은 120여 명으로 다양한 국적 학생들로 형성되었다. K-Pop, 한국영화, 한국드라마 등 한국 대중문화에 관심과 열정이 높고 한복, 한국 음식 등 전반적인 한국문화가 확장되고 있다.

2) 일반 정보 및 문화

BC 4세기 경에 나라가 이루어졌으며, 1921년 영국으로부터 독립하였다. 그러나 32개군 중에서 26개 군만이 아일랜드 영토가 되었으며 북아일랜드는 아직도 영국령으로 남아있다. 아일랜드는 사회복지 제도가 서구 선진국과 비슷하지만 소득 수준 등은 스페인과 비슷한 중상 수준에 달해 있다. 실업률이 낮아 범죄율도 낮으며 수려한 자연경관과 중세 고성(古城) 등이 잘 보존되어 있어 매년 900만 명이 넘는 관광객이 아일랜드를 방문하고 있다.

3) 개요

아일랜드는 유럽 북서부에 위치하고 있으며, 기후는 온대해양성 기후로서, 면적은 70,882㎢(한반도의 약 1/3)이다. 인구는 356만 명이며, 수도는 더블린(Dublin, 102만)이다. 주요 도시로는 코오크, 주요민족은 아일랜드인, 주요언어는 영어, 아일랜드어를 사용하며, 종교는 카톨릭(94%), 신교(6%)이며, 독립일은 1921년 12월 6일이다. 재외동포수는('12) 1,182명이다.

1) 한류 확산

카스피해 연안에 있는 아제르바이잔의 여대생 중심으로 자생조직을 통해 젊은층 중심으로 한류가 확산되고 있다. 일부 대학생들은 터키 인터넷 사이트에서 한류드라마, 음악, K-Pop 등을 접하였으며 이를 통해 한류에 매력을 느낀 학생들을 중심으로 최초의 한류 동호회인 KFA(Korea-Fans Azerbaijan)이 조직되었다. 주요회원 150여 명 이외에도 KFA 페이스북 접속 등을 통하여 한류에 관심을 보이는 인원은 아제르바이잔 전역에 약 500여 명 정도 되는 것으로 추산된다. 2012년 6월 한－아제르바이잔 수교 20주년 문화행사가 아제르바이잔의 수도 바쿠의 최대 극장인 헤이다르 알리예프 사라이에서 개최되어 한사모를 중심으로 한 젊은층들은 우리의 퓨전국악과 비보이, 비트박스를 직접 감상할 수 있는 기회가 있었고, 동 공연은 아제르 젊은층들의 전폭적인 성원을 받았다. 다만, 아제르바이잔의 자국문화(이슬람 문화권)에 대한 자긍심 및 해외문화의 자국문화내로의 전파에 대한 보수적 인식 등을 감안시 우리의 K-Pop, 드라마 등 한류 스타에 대한 관심을 중심으로한 한류가 급속도로 확산될 가능성은 높지 않은 것으로 보인다. 2012년 12월 22일 자국 문화유산 보호 및 자국 국민의 정신적, 윤리적 가치 보호를 위해 금년 5월 1일부터 아제르바이잔 전역에 방송되는 해외드라마의 상영을 금지한다는 취지의 결의안을 채택하고 현재 시행 중이다.

2) 일반 정보 및 문화

압쉐론 반도와 주변에 원유와 가스가 많이 매장되어 있어 천연가스가 분출되고 있다. 수도인 바쿠는 바람의 도시로 알려질 정도로 강한 바람이 자주 부는 곳이다. 준 사막 지역으로 사람이 살기에 적합한 곳은 아니나 19세기 중반 이후 석유시대가 개막되면서 매년 빠른 속도로 인구가 증가하면서 상업 활동의 중심지가 되었다. 아제르바이잔은 다민족국가다. 현재 중심을 이루고 있는 터키계 인종이 90% 이상을 차지하나 러시아인, 다게스탄인, 페르시아인, 아르메니아인, 유대인 및 기타 코카서스계 소수민족들이 인구를 구성하고 있으며 각 지방별로 흩어져 살고 있다. 아제르바이잔의 전통 중 자랑할 만한 것 하나는 민족, 인종 또는 종교로 탄압과 차별이 없었다는 점이다. 몇 천 년을 각종 인종과 민족이 얽혀 살아왔음에도 불구하고 서로 큰 충돌 없이 살아왔다는 것은 경이로운 일이다.

아제르바이잔이 특히 이슬람국가로서 이러한 관용적 전통을 가지고 있는 것은 매우 특이한 일이다. 아제르바이잔은 제정러시아 90여 년, 소비에트러시아 70여 년 도합 160년 이상 러시아의 지배를 받아온 파란만장한 역사를 갖고 있다. 아제르바이잔인들은 철저한 세속 이슬람으로서 이슬람 계율을 거의 지키지 않고 살아가고 있다. 그러나 최근에는 젊은 층과 사회 기득권층 일부에서 이슬람 신앙이 확산되는 경향이 있으며 매년 하지 순례를 떠나는 사람들도 점차 늘고 있다. 손님을 깍듯이 대접하는 풍습이 있어 음식을 풍성하게 차려 놓고 술을 권하며 계속해서 건배를 제의하기도 한다. 그리고 위계질서를 중시하고 계급을 존중하며 연장자를 존중하는 전통이 있다. 또한 결혼식도 호화롭게 차려놓고 하루 종일 치르는 풍습이 있다. 집안 살림에서는 부인이 전권을 행사하나 부인은 남편을 공경하고 애들을 기르며 남편은 바깥일에만 신경을 쓰는 것이 통례다. 고부가 함께 거주하는 가정에서는 며느리가 시어머니 뜻을 따르는 것이 일반적이다. 이렇듯 아제르인들은 여러 민족과 혼합되어 살아가는 가운데 겉모습은 서양 사람을 닮았으나 속마음과 정서는 동양을 닮은 점이 많이 있다.

3) 개요

위치는 카스피해 연안 러시아, 이란, 터키, 아르메니아, 조지아와 접경지역으로 기후는 건조 아열대성 대륙성이며, 수도는 바쿠(Baku, 인구 300만 명), 인구는 9,100,000명(2011년 기준, 전년대비 1.1% 성장), 면적은 86,600㎢(한반도의 40%)이며, 민족구성은 아제르바이잔인(90.6%), 다게스탄인(2.2%), 러시아인(1.8%), 아르메니아인(1.5%), 기타(3.9%)로 구성되어 있다. 종교는 회교 95.2%(시아파 75%, 수니파 25%), 러시아 정교(2.5%), 아르메니아 정교(2.3%)이며, 언어는 아제르바이잔어(공용어), 러시아어를 쓰며, 1인당 GDP는 1,3130불이다. 우리나라와의 교역은('11년 기준) 총교역 2.4269만 불(수출 2.2억 불, 수입 26.9만 불). 국가성립은 1991년 8월 30일이며, 재외동포수는('12) 230명이다.

영국 United Kingdom of Great Britain and Northerit Ireland

1) 한류 확산

2000년대 초반 한국영화가 영국에 소개되면서 영국내 한류가 시작되었다. 현재까지의 최고 흥행작은 박찬욱 감독의 〈올드보이〉다. 참고로 영국관객은 감독주의 성향이 깊어 배우보다는 감독을 보고 관람하는 경향이 있으며, 임권택, 박찬욱, 김기덕, 봉준호, 김지운 감독 등이 알려져 있다. K-Pop의 경우 온라인상에서의 동호회를 중심으로 알려지다가 2011년 샤이니 공연, 유나이트드큐브 공연(비스트, 지나, 포미닛), 영국 최대 음반판매회사 HMV의 K-Pop CD 판매 등 오프라인으로 확장되고 있다. 한국 애니메이션 〈뽀로로와 친구들〉이 영국에 수출, 공중파 방송에서 상영되어 영국 어린아이들 사이에 상당한 인기를 끌었다.

영국은 뚜렷한 전통음식이 없어 모든 나라의 음식이 각축을 벌이고 있는 상황이다. 최근 한식당도 대형화, 전문화, 다양화되어가는 추세이다. 또한 소아스대, 킹스컬리지 등 대여섯 기관에서 한국어강좌가 초급, 중급, 고급반으로 나뉘어 운영되고 있으며, 수요가 점점 증가하고 있는 추세다.

영국의 한 관계자는 싸이의 노래 '강남스타일'을 아는 정도다. 싸이 말고는 〈한국 문화〉에 대해 거의 모른다며 "극소수의 한류 마니아가 있을 수 있지만 영국 내에서 한류 열풍은 없는 것 같다"고 말해 한류 확산에 아직 갈 길이 먼 것으로 느껴진다.

아래 글은 최광식 장관의 글에서 발췌했다.

2012년 런던 올림픽 기간 동안 경기장에서 스포츠만 한게 아니라 '오색찬란'이라는 주제로 한국 문화 축제를 했다. 전 세계 이목이 집중된 런던에서 열린 다채로운 이 행사는 우리 한국의 문화역량을 유감없이 보여준 것으로 현지 언론의 집중 조명을 받았다. 특히 런던올림픽조직 위원회가 '체육올림픽+문화올림픽'을 표방한 데 부응해 우리나라도 다양한 공연, 전시 등의 문화행사를 열어 문화와 체육이 어우러지는 융복합 콘텐츠를 세계에 선보인 좋은 계기가 되었다는 호평을 받았다고 자부한다. 이 런던 올림픽에서 우리나라는 금메달 13개, 은메달 8개, 농메달 7개 등을 따서 미국, 중국, 영국, 러시아에 이어 우리가 5위를 차지하는 쾌거를 이룩했다.

2) 일반 정보 및 문화

해양성기후인 유럽 서부에 위치한 영국은 오랜 역사와 전통을 가진 나라이지만 음식에 있어서만큼은 유독 유럽의 다른 나라들에 비해 맛없다는 평을 들으며, 대표 음식이라 할 만한 것이 적다. 이에 대해서는 여러 가지 설이 있다. 첫째는 영국의 기후가 일조량이 적고 기온도 낮아 농작물이나 각종 음식 재료들을 키우기 힘들기 때문이라는 점이고, 둘째는 18세기의 산업 혁명으로 도시 노동자들이 늘어나 시간이 오래 걸리는 전통 음식을 만들 시간이 부족해져 전통적인 조리 방법이 많이 사라졌으며, 두 차례 세계 대전을 겪으며 요리가 더욱 간소화되었기 때문이라는 것이다. 그렇지만 영국의 음식이 볼품없다고 할 수 없는 이유는 바로 아침 식사 때문이다. 영국을 말하는 데 있어 차는 절대 빠질 수 없는 존재이다. 17세기 초 중국에서 유럽으로 유입된 차는 1750년대에는 온 국민이 마실 정도로 큰 인기를 끌었다. 영국의 3대 일간지로는 〈타임스〉, 〈가디언〉, 〈데일리 텔레그래프〉를 들 수 있다. 이 신문들은 수준 높은 편집과 객관성 있는 보도로 세계적인 명성을 얻고 있다.

영국방송의 약자인 BBC는 이윤 추구가 목적이 아니라, 공공의 이익을 위해 방송하는 공영 방송이다. 수신료를 바탕으로 운영되기 때문에 상업 광고로 수익을 내기 위해 시청률에 매달리는 타 방송과는 달리 교육이나 문화, 예술 분야에서 뛰어난 프로그램을 많이 제작하여 세계적인 명성을 얻었다. 영국에는 대영 박물관을 비롯한 주요 국립박물관들과 600여 곳의 독립 박물관을 비롯해, 등록된 박물관과 미술관만 1,800곳에 이른다. 뛰어난 음악성과 대중성으로 세계적인 인기를 얻은 비틀스는 영국뿐만 아니라 1960년 이후 전 세계 대중음악의 역사를 바꿔 놓았다는 평을 받는 영국의 4인조 록 그룹이다.

3) 개요

위치는 유럽 서부이며, 기후는 온대 해양성 기후이다. 수도는 런던(London, 인구 817만 명, 북아일랜드 181만 명)이며, 인구는 6,318만 명(2011년 인구조사 기준), 잉글랜드(5,301만 명), 스코틀랜드(530만 명), 웨일스(306만 명), 북아일랜드(181만 명)이다. 면적은 244,820㎢(한반도의 1.1배), 인종구성은 앵글로색슨족(Anglo-Saxons), 켈트족(Celts), 종교는 기독교(59.3%), 이슬람교(4.8%), 힌두교(1.5%), 무교(25.1%), 기타종교(2.1%), 무응답(7.2%), 국가성립일은 1928년 현 국호 채택, 재외동포수는('12) 44,749명이다.

오스트리아 Rebublic of Austria

1) 한류 확산

이 나라의 한류는 아직 발아기 정도의 수준으로 일부 젊은 층을 중심으로 한 K-Pop에 대한 관심이 한류의 주요 부분을 차지하고 있다. 공중파의 한국드라마 상영은 없었으며 한국영화도 몇 차례 소개되었으나 큰 반향을 불러일으키지는 못하였다. 한국어에 대한 관심은 우리의 경제적 성장과 중국, 일본 등의 동아시아 지역 전반에 대한 관심 증대에 따라 한류의 상륙 이전부터 학문적, 어학적 차원에서 접근되어 왔으며 비엔나대학에는 한국학과가 설치되어 있다. K-Pop 동호회원들 사이에서는 한글 가사를 따라 부르려는 노력 등을 통해 한글이 보다 친숙해졌고 한글 학습 동기가 상승되는 효과가 있다.

2) 일반정보 및 문화

유럽 중부에 위치한 오스트리아는 하이든, 모차르트, 베토벤, 슈베르트, 브람스, 부루크너, 리스트 등 유수한 세계적 음악가들의 출생지 및 활동 무대로 유명하며, 고전 음악에 있어서는 세계적 메카라 불릴 만큼 찬란한 유산 및 전통을 지니고 있다. 매년 6월의 비인 음악제, 7~8월의 잘츠부르크와 브레겐츠 음악제, 9월의 린츠, 부루크너 음악제 등 전국 각지에서 연중 음악제가 개최된다. 오페라는 Staatsoper, Volksoper, Burgtheater를 중심으로 한 비인 음악의 상징이라 할 수 있으며, Saatsoper는 Franz Josef 1세에 의해 1869년 개관된 유럽 3대 오페라 극장 중 하나로 좌석 2,500여석, 연중 300여 작품이 공연되며 종사 인원도 5천여 명에 이른다. 빈 필하모닉 오케스트라가 오페라 연주를 담당하는 것으로도 유명하다. 빈 필하모닉 오케스트라는 구스타프 말러, 리하르트 슈트라우스, 헤르베르트 폰 카라얀으로 이어지면서 세계적인 오케스트라로 자리 잡았다. 이 밖에도 세계 제일의 미성을 자랑하는 합창단으로 1498년 Maximilian 1세에 의해 조직된 빈 소년 합창단이 있다. 한편 회화 및 건축 분야에서는 클림트, 쉴레, 코코슈카와 같은 화가와 오토 바그너, 아돌프 루스, 훈더르트바서가 유명하며, 세기말 분리주의 운동의 중심지로서 유명한 작품과 건물들이 산재해 있어 현대 미술과 건축 예술 분야에도 큰 영감을 주고 있다.

3) 개요

위치는 유럽과 중부 내륙국이며, 기후는 연 평균 7~9℃ 이다. 수도는 비엔나(Vienna/Wien, 인구 167만 명), 총 인구수는 약 827만 명으로 면적은 83,872㎢ (한반도의 약 2/5)이다. 민족구성은 오스트리아계 (91%), 터키계(1.6%), 독일계(1%), 구유고연방 출신(2.7%)으로 되어 있으며, 종교는 카톨릭(74%), 개신교(4.6%), 이슬람교(4.3%), 무교 (12%), 기타(5%)이며, 언어는 독일어(95.5%)를 사용, 1인당 GDP는(' 12년 기준) 42,926불이다. 우리나라와의 교역은('12년 우리 기준) 총교 역21억 불(수출 8억 불, 수입 13억 불), 독립일은 1955년 5월 15일, 재 외동포수는('12) 2374명이다.

우즈베키스탄 Republic of Uzbekistan

1) 한류 확산

중앙 아시아에 위치한 우즈베키스탄에는 과거 스탈린시대에 극동지역 에서 강제 이주된 고려인 동포 약 17만 명이 살고 있다. 척박한 땅에서 근면하게 삶을 가꾸고 교육에 남다른 열성을 보여 우수한 민족으로 인 정을 받아 우즈벡에서 한민족문화가 낯설지만은 않으나 현재의 한국

문화와는 상당히 다르며 고려인동포들은 한국을 그리워하고 있다.

우즈벡에서는 1998년 드라마 〈별은 내 가슴에〉를 통해 한국문화가 널리 퍼지기 시작하였으며 〈겨울연가〉가 시청률 60%를 기록하면서 최고 기록을 경신한 바 있다. 또한 〈이브의 모든 것〉, 〈주몽〉, 〈대장금〉 등이 상당한 인기를 얻었으며 일일 평균 7편의 한국드라마가 TV를 통해 방영되는 등 우즈벡 국민들의 한국드라마 선호도가 높다. 아울러 우즈벡 국영 TV는 한국의 발전상 및 문화관광지 등에 대해 수차례 방영하여 청년들에게 코리안 드림의 열기를 높였다. 다만 한국드라마가 내용이 유사하여 식상하다는 평가도 있으나, 일반적으로는 가족 중심의 생활, 부모에 대한 공경, 가부장적 사회 등 한국과 우즈벡의 문화적 유사성으로 한국 드라마에 대해 친근감을 느끼고 있다.

2011년 8월 현재 타쉬켄트시 57개교, 타쉬켄트주 34개교, 기타 지방도시 31개교 총 122개 초중고교에서 12,000여 명의 학생들이 한국어를 배우고 있다. 또한 한국교육원 및 동방 대학, 니자미 사범대, 사마르칸트외대, 세계경제외교대, 세계언어대, 세종학당 등에서 한국어를 가르치고 있다.

2) 일반 정보 및 문화

지난날 소련의 지배하에 있었던 우즈베키스탄은 기존 이슬람문화 위에 유럽식 러시아 문화가 융합된 독특한 생활양식 및 분위기를 느낄 수 있다. 1991년 구소련으로 부터 독립이후 전통 회교문화가 복원되고 터키, 이란 등 외부 이슬람세계와의 교류확대로 현대 중앙아시아 회교문화의 중심지로 부상하고 있다. 우즈베키스탄은 12개의 주와 1개의 자치공화국으로 이루어져 있다. 북쪽으로는 키질 쿰 사막을 경계로 카자흐스탄과 접해 있고, 남서쪽으로는 투르크메니스탄, 남쪽으로는 아프가니스탄, 남동쪽으로는 타지키스탄, 동쪽으로는 키르기즈 스탄과 접경한다. 국토의 전 지역이 육지로 바다와 접하는 지역은 없어 해산물이 귀하다. 중앙 아시아의 다른 국가들에 비해 풍부한 수자원과 다수의 오아시스가 존재하는 지리적 특성으로 인해 과거에는 실크로드의 중심지였으며, 현대에는 중앙아시아의 교통의 중심지이자 역사, 문화, 정치적으로 중요한 위치를 차지하고 있다.

고대에 조로아스터교와 불교의 영향을 받았고, 8~9C 아랍의 침략 이후 이슬람화 되었다. 독립 이후 이슬람 부흥운동이 일어나 타쉬켄트, 사마르칸트, 부하라 등지에서 자발적 이슬람 교육과 여성들의 베일 착용이 늘어났다. 현재 우즈벡 정부는 인접 타지키스탄·아프간으로부터 과격 시아파 원리주의 확산을 경계한다. 헌법상 종교의 자유가 명시되어 있으나, 우즈벡 국민에 대한 타 종교의 선교활동은 법으로 금지되어 있다. 우즈벡 민요와 전통춤인 페르가나 춤과 호레즘 춤이 국민들의 사랑을 받는 주요 가무이다. 봄 축제, 튤립축제, 면화 추수감사 축제, 종교적 명절 등을 기념하며, 명절에는 "차반"이라 불리는 전통의상을 입고 노래와 춤을 향유한다. 인사법은 악수를 하거나 가까운 남자끼리는 뺨을 우 - 좌 - 우 순서로 3번 살짝 대고, 악수를 할 수 없는 상황에서는 오른손을 왼쪽 가슴에 대는 자세를 취해 인사한다. 단, 문지방 등 경계선 위에서 악수하는 것은 결례이다. 남녀 내외풍습의 잔재로, 여성과의 인사는 가볍게 하고, 베일을 쓴 여성과의 신체접촉은 삼가(악수는 무방)해야 한다.

회교도는 돼지고기를 먹지 않는 대신 양고기 요리가 많으며, 대표적 음식인 쁠롭(볶음밥의 일종)은 주인이 직접 손님에게 만들어 접대한다.

이슬람의 보편적 요리인 '샤쉴릭', '카뵵(케밥)'), '라그만(고기국수)' 도 즐겨먹는 음식이다. 결혼식은 더위를 피해 주로 밤에 성대하게 치러지며 음식과 음악을 겸한 피로연을 개최한다. 또한 '마할라(마을을 뜻함)'라 불리는 단위 조직을 형성하여 정보교류 및 의사소통을 통해 유대 관계를 강화한다. '마할라'의 장은 각 마을에서 손경받는 인물을 추대함으로써 마할라의 통솔 및 결속력을 강화하며, 유목민들의 '유르트' 문화와 흡사하다. 집에 손님이 가득한 것을 축복으로 여겨 가난한 사람도 여행객들에게 음식과 생필품을 후히 제공한다. 손님이 오면 온 가족이 손님접대에 집중하며, 낮은 테이블(혹은 메트위의 천)에 음식을 가득 차려내고 3~4시간 동안 담소하면서 식사한다.

3) 개요

위치는 중앙아시아이며 기후는 대륙성 기후로 수도는 타쉬켄트(Tashent, 인구 250 만 명)이며, 인구는 3,007만 명(2013년 기준)이다. 면적은 447,400㎢(한반도의 약 2배)이며 민족구성은 우즈벡인(80%), 러시아인(5.5%), 타지크인(5%), 카자흐인(5%), 고려인(0.9%, 약 17만 5천명), 유태인(0.3%) 등 125개 다민족으로 구성되어 있으며, 종교는 이슬람교 88%(수니파 70%), 러시아 정교(9%)이며, 언어는 우즈벡어(공용), 러시아어(통용) 이다. 1인당 GDP는('12년 기준) 1,703불이며, 우리나라와의 교역은('12년, 우리기준) 총교역 18억8백만 불(수출 17억6천6백만 불, 수입 4천2백만 불). 국가성립일은 1991년 12월 21일, 해외동포수는('12) 173,832명으로 고려인은 약 17만 명이다.

1) 한류 확산

지금까지 우리나라와 우크라이나는 국제무대에서 어떠한 갈등요소 없이 긴밀히 협력 해왔으며, 최근에는 정치 · 경제 등 다방면 분야에서 협력을 증대하고 있다. 특히 삼성전자, 현대 자동차 등 우리 기업이 각 분야에서 선두기업의 자리를 유지하고 있어, 우크라이나 사람들은 기본적으로 한국과 한국 국민에 대해 매우 우호적인 이미지와 감정을 보유하고 있는 상황이다.

또한 대사관이 중심이 되어 개최하고 있는 각종 문화행사(음악회 · 영화제 등)와 2010년 이후 자생적으로 발생한 K-Pop의 지속적인 인기 상승 등으로 우크라이나 내 한류는 양적 · 질적으로 팽창하고 있다고 할 수 있다. 우크라이나 내 쉐브첸코 국립대 및 키예프 외대 내(內) 한국어학과가 존재하며, 최근 한국어의 인기 증대로 한국어학과 신입생을 2배 늘여 뽑기도 했다. 또한 우크라이나 남부 니콜라예프에 세종학당이 2012년 9월에 개설되고, 주재국 유력 사립대인 '우크라이나' 인재개발대학에 한국어 강좌가 2012년 10월에 개설되는 등 우크라이나 內 한국어의 위상이 점점 높아지는 추세이다.

2) 일반 정보 및 문화

옛날 실크로드의 서쪽 끝에 위치하고 동슬라브족이 유래한 우크라이나는 지난 1960년대 초 율 브리너가 열연했던 추억의 영화 '대장 불리바'에서 용맹한 코자크 전사의 나라로 우리에게 소개된 바가 있다. 영화에서는 변발을 한 코자크 전사역을 맡은 율 브리너가 외국유학을 마치고 돌아온 두 아들을 위해 코자크식 환영식을 개최하는 장면이 나오는데, 이는 우크라이나의 문호 고골의 고향인 소르친스키의 민속축제를 재현한 것이다. 소르친스키 민속 축전의 백미는 단연 전통적인 손님맞이 행사로 우크라이나를 방문하는 외지인들은 정성이 담긴 손님맞이에 깊은 감명을 받았다. 국토 대부분이 비옥한 흑토 지대인 우크라이나는 한때 '유럽의 빵 바구니' 또는 '소련의 빵 바구니'로 불렸는바, 이처럼 천혜의 풍요로움이 있기에 그 어느 민족보다 손님을 융숭하게 대접하고 있다.

전통적인 손님맞이 행사는 우크라이나는 물론, 러시아 등 다른 동슬라브 지역으로 널리 퍼져 있으며, 공식 환영식이나 전통 혼례식에서 귀한 손님이나 행사의 주인공을 맞이하기 위해 빵과 소금 그리고 지역에 따라서는 전통술(보드카)을 준비하고, 대문 앞이나 현관에서 의례를 치른다. 손님은 전통 의상을 정성껏 차려 입은 여인들이 주는 빵과 소금을 먹고 술을 마시는데, 빵과 소금 그리고 술은 여러 가지로 해석되지만, 농경사회의 필수품으로서 손님을 환대한다는 의미로 통용된다. 우크라이나의 전통 가옥이나 시골집에 가보면 대부분 흰색 벽이며, 남녀노소가 즐겨 입는 전통의상은 흰색바탕에 자수가 놓여 있는 흰옷을 입고 음주와 가무를 즐기기에 중유럽의 백의민족이라고 불린다. 동방의 백의민족인 우리 한민족과 여러 모로 닮은 곳이 많은 민족이다. 지정학적으로 여러 문명의 길목에 있기에 외세의 침입을 무수히 받았으면서도, 평화를 애호하고 고유의 문화와 언어를 계승·발전시켜 왔다.

2012년은 우리 두 나라가 수교한 지 20주년이 되는 해로서 쌍방향의 다채로운 기념행사가 개최되었는바, 우리의 고속전동차와 IT 연구센터는 우크라이나에서 확산되고 있는 K-Pop 열기와 더불어 한류의 상징이 되었다. 올해도 벌써 4회에 이르는 한-우크라이나 친선 음악회를 비롯, 작년에 조성된 한국정원의 식수 문화행사, K-Pop World Festival 지역예선, 국기원 태권도 시범단 공연, 고려인문화축제 '꼬레야다' 개최 등을 통해 문화적으로 더욱 가까워지는 한해가 될 것이다.

3) 개요

위치는 동유럽, 흑해 폴란드, 루마니아 몰도바, 러시아와 접경지역이며, 기후는 대륙성 기후이다. 수도는 키예프(284만 명), 인구는 4,551만명(2013년 기준 추정치). 면적은 603,500㎢(한반도의 약 3.5배)이다. 민족구성은 우크라이나계(77.8%), 러시아계(17.3%), 기타(4.9% - 벨라루스계, 몰도바계 등)로 되어 있으며, 종교는 우크라이나 정교(모스크바 관구 및 키예프 관구), 카톨릭 등이다. 언어는 우크라이나어(공용어), 러시아어(통용)을 쓰며, 1인당 GDP는('12년 기준) 3,695미불(PPP기준 7,404미불). 우리나라와의 교역은('12년, 우리기준) 총교역 19억 불(수출 11.4억 불, 수입 7.6억 불). 국가성립일은 1991년 8월 24일(구소련에서 독립). 재외동포수는('12) 13,083명이다.

이탈리아 Italian Republic

1) 한류 확산

이탈리아인이 가장 좋아하는 스포츠인 축구, 그것도 월드컵(2002년)에서 한국이 이탈리아를 격파하면서 한국의 이름이 이탈리아인의 뇌리에 깊이 새겨지게 되었다. 2002년 이창동 감독의 베니스영화제 특별감독상, 2004년 김기덕 감독의 베니스영화제 감독상 수상과 2002년부터 시작된 피렌체 한국영화제 등을 통해 한국 영화가 소개되기 시작하였다. 이후 우디네극동영화제, 로마영화제 등을 통해 한국영화가 꾸준히 소개되기 시작하면서 한국에 대한 관심이 늘어나기 시작했다. 2012년에는 최초로 한국애니메이션 영화 '마당을 나온 암탉'이 이탈리아 극장에 개봉하기도 했다.

영화로 시작된 한국에 대한 관심은 문학작품으로 이어져 다수의 한국작품이 이탈리아어로 번역 출간되었다 2005년 이문열의 '사람의 아들' 등 4편, 2006년 황석영 '손님들' 등 4편, 2007년 3편 등 2011년 신경숙의 '엄마를 부탁해'까지 총 21편의 한국문학작품이 이탈리아어로 번역 소개되었다. 2009년에는 볼로냐 국제아동도서전에 한국이 주빈국으로 초청되어 문학관련 한류를 형성하는데 기여하였다.

이후 나폴리 동양학 대학, 로마 사피엔차 대학, 베니스 카 포스카리 대학 동양학부 등 한국어 및 한국학 전공이 있는 대학을 중심으로 K-Pop이 알려지기 시작하였으며 로마대학 학생들은 자발적으로 동호회 '소녀시대'를 구성, 일반대중이나 학생들을 상대로 공연을 하고 있으며 SNS 등을 통해 나폴리, 베네치아 등지의 학생들과 정보를 공유하고 활발히 활동하고 있다. 이러한 K-Pop의 인기를 바탕으로 2012년 5월에는 이탈리아 MTV Award에서 빅뱅이 베스트팬부문 최고상을 수상하기도 하였다. 전세계적으로 몰아친 싸이의 열풍은 이탈리아도 예외는 아니어서 2012년 11월에는 로마 포폴로 광장에서 3만여 명이 참가한 대규모 강남스타일 플래시몹 행사가 열렸으며 현지에서 큰 화제가 되었다.

2) 일반 정보 및 문화

남부 유럽 이탈리아 반도에 위치한 이탈리아는 이전부터 아름다운 나라(Bel paese)라 불려왔다. 이탈리아인들은 인위적인 것을 싫어하며 자연미와 실용성을 중시하고 세계 최고의 예술성과 장인정신, 염색기술, 첨단기술들을 보유하고 있으며 조상들로부터 물려받은 유산에 대한 자부심이 대단하다. 이는 이탈리아가 패션 예술, 디자인, 정밀산업, 관광, 음식 등의 분야에서 높은 명성을 누리는 바탕이 되고 있다. 이탈리아는 서방선진 G7 그룹의 일원으로서 상당한 경제력, 외교력을 지니며, 국가브랜드(Anholt 지수, 2008년)는 문화·유산 분야 세계 1위, 관광분야 세계 2위에 오를 정도로 역사·문화적인 전통과 아름답고 매력적인 자연·관광자원을 자랑하는 국가이다.

이탈리아는 세계에서 가장 풍부한 문화유산을 가지고 있는 나라로 르네상스를 통해 단테, 복카치오, 레오나르도다빈치, 미켈란젤로 등을 배출, 18세기까지 서양문명의 주류를 형성하였다. 오늘날에도 문학, 철학, 건축, 미술, 조각, 음악, 패션 등 문화·예술 분야에서 세계문화 주류의 한 축을 형성하고 있다. 현대 이탈리아 문화의 구조적 특성은 다원주의로 로마, 피렌체, 베네치아, 나폴리 등이 각기 문화적 분권의 중심을 형성하고 있으며 이탈리아 정치, 경제, 사회도 공통된 역사의 소산이다. 이탈리아 문화는 자유스러운 표현방식 때문에 진보적 색채가 강하나 한편 그 저변에는 카톨릭 종주국으로서의 강한 보수성이 잠재되어 1939년 문화재보존관리법 제정, 문화유산을 체계적으로 관리하고 있다.

이탈리아는 예술의 본고장, 세계문화의 수도, 열린 박물관 등 역사와 문화가 전국 곳곳에 아로새겨져 문자 그대로 '전 국토가 문화재'라고 해도 과언이 아닌 나라이다. 유네스코 문화유산으로 47개가 등재되어 있어 총 유적지의 14%를 보유하고 있으며, 이는 세계 문화유산의 6%를 차지하는 방대한 양의 문화유산으로 세계 1위이다. 전 세계에서 드물게 국가의 문화유산 보호 의무를 헌법(제9조)에 명시하고 있으며 특히, 베네치아, 피렌체, 페라라, 아씨시, 티볼리의 빌라 데스테, 시에나 같은 곳은 도시 자체가 문화유산으로 등재되어 있고, 2002년에는 시칠리아섬 남·동쪽에 소재하는 후기 바로크 시대의 도시들이 유네스코 문화유산으로 등재되었다.

이탈리아에서 인기 있는 스포츠는 축구·스키·수영·사이클·자동차 경주이며, 축구는 이탈리아인들에게 영원한 사랑의 대상으로 지역적 충성심의 표출을 넘어 국민적 열정으로까지 승화된다. 빗장 수비로 유명한 이탈리아는 2006년 독일 월드컵을 포함, 통산 4번의 월드컵 우승을 차지한 전통의 축구 강국이다. 이탈리아 축구 클럽은 2만 여개, 등록 선수도 14만여 명에 이르며, 클럽간 평준화가 잘 이루어져 있는 것이 특징이다. 여름철에는 수영·요트 등 수상 스포츠와 사이클이 있으며 겨울철에는 알프스 주변에서 즐기는 스키가 국민 스포츠로 인기 있다.

3) 개요

위치는 남부 유럽 이탈리아 반도이며, 기후는 지중해성 기후이다. 수도는 로마(Roma, 인구 272만 명), 인구는 6,126만 명(세계 23위), 면적은 301,336㎢(한반도의 1.3배)이다. 민족구성은 이탈리아인(북부에 프랑스계, 오스트리아계, 슬라브계, 남부에 알바니아계, 그리스계 등 소수 거주), 종교는 카톨릭(87.8%) 등이며, 언어는 이탈리아어를 사용한다.

1인당 GDP는 ('11년 기준) 33,898불이며, 우리나라와의 교역은 ('11년, 우리기준, KITA)은 총교역 72억 불(수출 35억 불, 수입 37억 불)이다. 국가성립은 1861년 6월 2일. 재외동포수는 ('12) 4,054명이다.

체코 Czech Republic

1) 한류 확산

체코에서 한류의 시작은 2005년 12월 〈제1회 아시아영화제〉에서 우리나라 영화 22편이 소개된 이래로 체코인들 사이에서 한국영화는 예술성이 뛰어나다는 인식이 확산되었다. 현재 체코에서 가장 인기 있는 한류로는 K-Pop과 한국영화, 태권도, 한국어가 있다. K-Pop, 한국영화 등 한류가 체코인들에게 소개되면서 더불어 한국어에 대한 관심도 증가하고 있는 추세이다. 한국어를 가르치는 어학학원도 생기는 등 한국어에 대한 관심이 늘고 있다.

2) 일반 정보 및 문화

체코에서 '체코인이면 음악인이다'라는 체코속담처럼 체코인들은 음악을 사랑하는 민족이다. 세계적인 음악가 스메타나, 드보르작, 야나체크 등을 배출한 체코는 '유럽의 음악학원'으로 불리며 음악이 끊이지 않는 나라이다. 매년 체코의 수도 프라하에서는 체코 민족음악의 창시자로 꼽히는 스메타나의 기일인 5월 12일에 맞춰 '프라하의 봄 국제음악축제(Prague Spring International Music Festival)'가 그 화려한 막을 연다. 체코 문학은 슬라브 문학 가운데 가장 오래된 문학이다. 대표적인 작가로는 〈로숨의 유니버셜 로봇〉이라는 작품을 통해 '로봇'이라는 단어를 탄생시킨 카렐 차페크가 있으며, 야로슬라프 사이페르트는 1984년 노벨 문학상을 수상하였다. 또한 〈참을 수 없는 존재의 가벼움〉, 〈농담〉, 〈불멸〉 등의 작품으로 전 세계적으로 유명한 밀란 쿤데라도 체코 출신의 작가이다.

체코는 전 세계에서 1인당 맥주 소비량이 가장 많은 나라로 2010년 1인당 맥주 소비량이 145리터이었다. 예술을 사랑하는 체코인들에게는 맥주가 "흐르는 빵"으로 불린다. 체코는 유네스코 세계문화유산 목록에 12곳이 등재된 나라로 '유네스코 초강대국'임을 자부한다. 특히 수도인 프라하는 도시 전체가 유네스코 문화유산이며, 조각가 로댕이 "북쪽의 작은 로마"라고 칭송하였고, "건축의 박물관", "백탑의 도시" 등의 별칭을 가지고 있으며, 많은 할리우드 영화들의 촬영지로서 각광을 받고 있다.

3) 개요

위치는 독일, 폴란드, 오스트리아, 슬로바키아에 둘러싸인 중부 유럽의 내륙국이며, 기후는 대륙성기후와 해양성 기후의 중간지대이다. 수도는 프라하(Praha, 인구 127만 명), 인구는 1,051만 명(2012년 기준), 면적은 78,864㎢(한반도의 1/3). 민족구성은 체코인(95%), 슬로바키아인(3%), 베트남인(0.6%), 기타(1.4%)로 되어있으며, 종교는 무교(59%), 카톨릭(26.9%), 프로테스탄트(5.1%), 기타(9%)이다. 언어는 체코어를 사용하며, 1인당 GDP는('12년 기준) 26,112미불, 우리나라와의 교역은('12년, KITA) 총교역 23.6억 불(수출 17.9억 불, 수입 5.7억 불)이며, 독립일은 1918년 10월 28일(오스트리아 헝가리제국에서 독립), 재외동포수는('12) 1,449명이다.

카자흐스탄 Republic of Kazakhstan

1) 한류 확산

과거 소련 연방하에 있었던 카자흐스탄 및 중앙아시아 국가들은 체제
전환 이후 민족문화 정립을 위해 노력하면서도 외국문화에 대해 배타
적이지 않다. 한국과 카자흐스탄 양 민족 간에는 외모상 크게 구별되
지 않아 친근감이 있고, 경로사상을 존중하는 문화적 유사성이 있다.
1998년 이후 우리 TV 드라마와 영화가 꾸준히 소개되어 왔고, 인터넷
의 발전에 힘입어 젊은 층을 중심으로 K-Pop의 인기가 확산되고 있다.
우리 드라마의 인기는 공중파 TV에서 동시에 4~5편이 동시 방영될 정
도이다. 카자흐인들은 우리 드라마를 재미있어 할 뿐만 아니라 그 속
에 녹아 있는 어른 공경사상, 가족애 등을 높이 평가한다.

한류가 확산되고 카자흐에 진출한 한국 제품의 우수성과 한국의 발전
상이 널리 알려지고 있다. 양국은 정상간 합의를 통해 2010년과 2011
년을 양국 교류의 해로 지정하여 한국과 카자흐스탄에서 다양한 문화
교류행사를 추진하였다. 2010년에는 중앙아시아 지역에서는 유일하게
카자흐스탄에 한국문화원을 개설하여 문화 · 관광 · 스포츠 분야 등에
서의 교류 협력을 지원하고 있다.

우리나라와의 교류협력 증진, 한류 확산에 따라 한국어를 배우는 카자
흐스탄인 이 점차 늘어가고 있는 추세이다. 5개 대학에 개설된 한국어
과 학생들은 약 500여 명이다. 그 밖에도 초 · 중 · 고등학교에서 약

1,500여명의 학생들이 한국어를 배우고 있다. 알마티에 위치한 한국교육원은 연간 1,000명 이상의 고려인, 카자흐인 등에게 한국어를 가르치고 있으며 카자흐스탄의 수도 아스타나에서도 한국어 학습을 희망하는 사람들이 꾸준히 늘고 있다. 또한 중앙아시아 최초 한국문화원이 개원하여 한류의 교두보가 될 것으로 기대한다.

2) 일반 정보 및 문화

과거 소련 연방이었던 카자흐스탄은 실크로드의 북쪽 루트인 카자흐스탄 서북쪽의 우랄스크는 아시아와 유럽을 잇는 교통의 요충지이다. 카자흐스탄은 130여개의 민족이 살고 있는 다민족 국가로 많은 카자흐인들은 스스로를 무슬림으로 생각하지만 이슬람에 대한 지식과 실천은 미약한 편이며, 종교적 기능보다는 생활 규범이자 전통문화로서의 의미가 크다. 지역적, 민족적 특성상 카자흐스탄 문화에는 유럽과 동양적 요소가 결합되어 다양한 종교가 공존하고 있으며, 기독 명절과 이슬람 명절 등 각종 종교명절도 공존하고 있다.

카자흐스탄은 경제적 발전과 국제적 위상 강화를 발판으로 중앙아시아 연합 구성을 주창하며 중앙아시아의 안정과 발전에 있어서 구심적 역할을 자처하고 있다. 카자흐스탄은 세계 종교, 문명 간의 갈등 해소와 이해 진작을 위해 주도한 "세계전통 종교지도자회의"를 2003년부터 매 3년마다 개최하고 있다.

역사적으로 유명한 문필가로는 철학 · 과학 · 수학에 관한 수많은 저술을 남긴 작가 아부 나스르 알 파라비(1세기)와 카자흐어가 문어로 발전하는 데 큰 역할을 한 아바이 이브라김 쿠난바예프(1845~1904)가 있다. 아바이는 권위주의적이고 전제주의적 권력자들을 비판했고, 힘으로 약소민족을 정복하려는 러시아의 제국주의에 반발했다. 아바이는 러시아의 푸쉬킨, 레르몬토프 등의 작품뿐만 아니라 이슬람과 페르시아 문학 작품을 카자흐어로 번역했고 서양철학에도 조예가 깊었다. 인본주의적 가치를 담은 그의 시 작품과 에세이 형식의 잠언집은 지금도 카자흐인의 정신적 양식이 되고 있으며, 아바이는 카자흐에서 민족시인으로 추앙받고 있다. 현대 작가로는 시인 잠불 자바예프와 극작가 무흐타르 아우에조프를 꼽을 수 있다. 서사적인 민요시와 서정시를 낭송하는 전통이 여전히 남아 있고 많은 예술·연극 학교가 있으며 알마타에는 국립 미술관이 있다.

3) 개요

위치는 중앙아시아, 남시베리아, 알타이에 있으며, 기후는 대륙성 기후이다. 수도는 아스타나(인구 69만 명), 인구는 1,667만 명(2011년 12월 기준)이며, 민족구성은 카자흐인(63%), 러시아인(23.6%), 우즈벡인(2.9%), 우크라이나인(2.0%), 독일인(1.1%) ※ 고려인은 약 10만 명(약1.1%). 면적은 272만㎢(한반도의 약 12배), 종교는 이슬람교(70%), 러시아정교(23%), 개신교(2%), 기타(5%)이다. 언어는 카자흐어(공용어), 러시아어(통용)를 사용하며, 1인당 GDP는('12년 기준) 11,499불이며, 우리나라와의 교역은('12년 기준) 총교역 12억 불(수출 8.9억 불 / 수입 3.1억 불), 국가성립일은 1991년 12월 21일. 재외동포수는('12) 105,483명, 고려인 동포 약 10만 명이다.

1) 한류 확산

유럽과 지중해 남동유럽을 연결하는 지점에 위치한 크로아티아의 한류는 10대 청소년 위주로 K-Pop이 알려지며 2011년 12월 첫 모임을 자그레브에서 가진 후, 수시로 모임을 갖고 있다. 그 전까지 일부 팬들을 중심으로 산발적으로 관심을 보였으나 K-Pop 동호회가 결성되면서부터 보다 체계적으로 모임을 갖고 있으며, 상호 간 정보교환은 페이스북을 통해 하고 있다. 또한 한국에 대한 인지도 및 국가 이미지도 좋아 앞으로의 문화교류에 도움이 될 것이라 여겨진다.

2) 일반 정보 및 문화

크로아타아는 유럽과 지중해, 남동유럽을 연결하는 중요한 지점에 위치하고 있으며 주변 국가로의 육로 및 해상 이동이 용이하다. 또한 크로아티아는 정치, 경제, 문화의 중심지인 수도 자그레브를 중심으로 동서로 길게, 아드리아 해안을 따라 남동쪽으로 길게 뻗어 있다.

이러한 지정학적, 문학적 특수성 때문에 자연스럽게 서유럽 문화와 남동유럽, 지중해 문화의 특성을 다양하게 보유하고 있다. 크로아티아의 전통문화는민속 풍습 및 의식들이 카톨릭 성일 등과 밀접한 양상을 보이고 있다. 고대 일리리아, 그리스, 로마제국 및 주변 강대국의 지배를 받으며 비잔틴, 로마네스크, 고딕, 르네상스, 바로크 등 다양한 시대별 유물들이 혼재한다. 지역별로는 내륙지역은 주로 중유럽의 영향, 해안지역은 이태리와 그리스 영향을 받았으며 이는 건축, 미술, 음악, 식생활 문화 등에 깊숙이 자리하고 있다. 오랜 역사를 통한 주변 강대국들의 압력에도 국가와 민족의 정체성을 유지해 왔으며, 아울러 독창적인 문화와 예술의 가치를 창조해 오고 있다(3명의 노벨수상자를 비롯하여 수많은 발명가 및 예술가들이 배출됨).

초·중·고등학생들은 상급학교에 진학하기 위해서는 필수적으로 음악 또는 체육교육을 받아야 하며 오페라, 뮤지컬 등 다양한 공연이 수시로 있어 문화생활을 할 기회가 많아 국민들의 문화수준이 매우 높다. 또한 크로아티아 나이브 아트 미술관은 그림을 배우지 않은 평범한 농민화가들이 주인공이다. 박물관에서는 크로아티아의 시골생활은 물론 그들의 예술에 대한 열정까지 감상할 수 있다.

3) 개요

기후는 지중해성 기후(북동부는 대륙성 기후)이다. 수도는 자그레브 (Zagreb, 약 80만 명), 인구는 429만 명(2011년 인구조사 기준). 면적은 56,542㎢(한반도의 $\frac{1}{4}$). 민족구성은 크로아티아인(89.6%), 세르비아인(4.5%), 기타(6.5%). 언어는 크로아티아어(공용어, 슬라브계 언어로 라틴문자 사용), 1인당 GDP는('12년 기준) 13,149불. 우리나라와의 교역은('12년, 크로아티아 통계청) 총교역 1억4,400만 불(수출 1억 3,700만 불, 수입 730만 불), 국가성립일은 1991년 6월 25일(유고슬라비아 사회주의연방에서 독립)이며, 재외 동포수는('12) 57명이다.

1) 한류 확산

터키 내 한류 시작은 2005년 국영방송 TRT TV에서 드라마 〈해신〉의 방영에서 부터다. 이후로도 TRT에서 〈대장금〉, 〈주몽〉, 〈이산〉, 〈선덕여왕〉, 〈상도〉 등 사극을 지속적으로 방영하고 있으며 2012년 6월부터는 청소년 드라마 〈드림하이〉와 〈동이〉를 방영 중이다. 한국드라마에 대한 관심이 젊은 세대를 중심으로 인터넷 검색을 통해 확산되었다. TV에서 방영된 한국 사극을 넘어서 인터넷 검색을 통해 TV에 방영되지 않은 〈꽃보다 남자〉, 〈시크릿 가든〉 등의 현대극으로도 관심이 확산되었다. 한국드라마로 시작된 한국문화에 대한 관심은 K-Pop으로도 확대되었고 한국어 학습, 한국음식, 한국유학 등 전반적인 관심으로 확대되었다. 2007년 이후 인터넷을 기반으로 활동하는 한류동호회들이 생겨나기 시작하였다. 문화체육관광부 산하 해외문화홍보원에 의하면 2016년에 K-Pop 아카데미를 위해 예산을 1억원씩 이 나라는 받기로 지정되었다. 이로인해 한류 확장에 큰 공헌이 될 것이다.

2) 일반 정보 및 문화

터키 민족의 조상은 중국 고전에 나오는 "훈족"(혹은 "돌궐")으로, 기원전 220년에 수립된 테오만 야그부 왕국을 중국 사람들은 "흉노"라고 불렀다. 터키 민족은 중앙아시아 동남부에서 서서히 서쪽으로 이동하여 아나톨리아 반도에 정착했다. 터키 민족은 서쪽으로 이동하는 과정에서 대부분이 이슬람교로 개종하고, 아랍문자를 도입하여 사용하였으나 조상전래의 자연숭배 사상과 풍습은 아직도 지속되고 있어, 우리나라의 풍습과 근본적으로 비슷한 면이 적지 않다. 터키어는 한국어와 같은 알타이어계에 속하여 문장구조순서, 모음조화, 어미활용 등에 있어서 같은 원칙을 따르고 있다.

제1차 세계대전 이후 유발된 오스만제국의 분열로 인해 터키의 정치권력은 국민당 당수 케말파샤가 이끄는 민족독립운동에 귀속하게 되었다. 케말파샤는 1920년 4월 임시정부를 수립하고 1920~1922년간 그리스와 해방전쟁으로 그리스군을 이즈밀과 트레이스반도에서 축출한 후 1923년 10월 29일 터키공화국을 선포하였다. 케말파샤는 공화국 선포 후 초대 대통령으로 추대되어 해방전쟁에 참가한 2개의 항쟁조직을 결합하여 공화인민당을 창설하고 공화제, 민주주의, 다원주의 등 종래의 이슬람 전통을 크게 탈피한 서구식 근대화 개혁을 수행하였다. 또한 국가의 세속화, 이슬람식 종교 재판 및 종교 교육 폐지, 정교분리, 여성해방, 일부다처제 금지와 서양력 채택, 라틴 철자법 도입, 산업개발 등 서구제도를 도입하였다.

동양과 서양을 연결하는 지정학적 특성으로 인해 터키인들은 수세기에 걸쳐 유럽과 아시아의 영향을 동시에 받아왔으며 동서양의 특징을 그들의 사고방식이나 생활양식에 적용해 왔다. 터키인들은 민족의식이 매우 강하며 위계질서를 중요시하고 개인이나 국가의 명예를 중시하며 무사기질을 존중한다고 볼 수 있다.

3) 개요

위치는 아시아 대륙 서부 흑해 및 지중해 연안이며, 기후는 해안지방은 지중해성 및 해양성 기후, 내륙지방은 대륙성 기후이다. 수도는 앙카라(인구-약400만 명)이며, 인구는(2010년 기준) 7,372만 명이다. 면적은

779,452㎢(한반도의 3.5배), 민족구성은 터키인, 쿠르드인(약 1,200~1,400만 명으로 추정), 아랍인(50만 명), 아르메니아인(5만 명), 그리스인, 유태인 등이며, 종교는 전국민의 99%가 이슬람교(수니파 다수, 시아파 소수), 기독교, 유태교, 그리스정교 등(헌법상 정치와 종교 분리)이다. 언어는 터키어를 사용하며, 1인당 GDP는('11년 기준) 14,364불(구매력평가(ppp)기준), 우리나라와의 교역은('11년 우리기준) 총교역 58.89억 불(수출 50.85억 불, 수입 8.04억 불), 독립일은 1923년 10월 29일, 재외동포수는 3,093명(이스탄불에 2,608명 거주)이다.

포르투갈 Portugal

1) 한류 확산

남유럽 이베리아 반도 대서양 연안에 위치한 포르투갈의 한류팬들은 K-Pop 동호회를 중심으로 댄스 따라하기, 가사 외우기 등의 활동을 하는 정도에 불과하나, 한국드라마 방영과 같은 특별한 계기없이 자생적으로 형성되기 시작하였다는 것에 큰 의미가 있다. 또한 K-Pop에서 시작된 동호회의 관심이 점차 한국어, 한식, 한국문화에 대한 관심으로까지 확산되는 경향을 보이고 있어 앞으로 성장잠재력이 크다고 본다.

2) 일반 정보 및 문화

포르투갈이 최고 전성기를 구가했던 15~16세기 지리상의 발견시대에 동양, 아프리카, 남미 국가들과의 교류를 통해 여러 문명의 문화가 건축·민속·음악·예술·문학·음식 등 다방면에 걸쳐 유입되어 오늘날까지 이러한 영향이 지속되고 있다. 이 같은 타 문화에 대한 관용적인 수용은 오늘날 포르투갈을 찾는 이민자, 외국인 또는 관광객들에 대한 포르투갈 국민들의 우호적인 태도에서도 여실히 나타난다. 포르투갈의 건축은 유럽의 일반적인 건축양식 외에 15세기 동서양의 영향을 받은 독창적이면서 웅장한 건축양식인 마누엘(Manuel) 양식을 가지고 있다. 마누엘 양식은 후기 고딕양식에서 르네상스 양식으로 전환하는 과정에서 생겨난 것으로 신대륙 발견에서 영감을 얻어 해양을 주제로 한 장식 모티브가 특징이며 리스본시의 벨렝탑, 제로니무스 수도원을 비롯하여 전국에 걸친 유명 문화재에서 확인할 수 있다. 또한 아랍 건축양식에서 영향을 받은 타일(아줄레주, Azulejo)은 많은 성당 건물의 내외부와 주요 유적지들을 장식하고 있는 대표적인 국가 문화자산 중의 하나이다.

파두는 '운명'을 뜻하는 라틴어 'fatum'에 어원을 두었으며, 검은 의상을 입은 가수가 포르투갈 고유의 기타(guitarra) 반주에 맞춰 부르는 전통가요이다. 신세대 대표적인 파두가수 마리자(Mariza) 등이 세계무대를 누비며 Fado를 전파하고 있다(파두는 2011년 11월 유네스코에 의해 인류무형문화재로 지정되었다).

포르투갈 음식은 지중해와 대서양의 영향을 받아 빵, 올리브유, 포도주, 야채와 생선을 주로 많이 소비한다. 지리상의 발견시대를 거치면서 향료와 이국적인 요리재료들을 많이 사용하기 시작했으며, 동양, 아프리카, 남미 요리들이 포르투갈 요리에 영향을 끼쳐서 매운 음식도 많고, 마늘과 쌀을 다른 유럽 국가들에 비해 상대적으로 많이 소비하는 것으로 알려져 있다.

3) 개요

위치는 남유럽 이베리아 반도 대서양 연안이며, 기후는 해양성 기후이다. 수도는 리스본(시내 50만 명, 수도권내 210만 명), 인구는 1,060만명, 면적은 92,141.5㎢ (한반도의 약 2/5), 민족구성은 이베리아족, 켈트족, 라틴족, 게르만족, 무어족 등이 혼혈되어 있으며, 종교는 카톨릭(90% 이상), 언어는 포르투갈어를 사용하며, 1인당 GDP는('12년, 우리기준) 15,650유로, 우리나라와의 교역은('12년, 우리기준, KITA) 총교역 4.32억 불(수출 2.76억 불, 수입 1.56억 불), 국가성립일은 1910년 10월 5일, 재외동포수는('12) 190명이다.

폴란드 Republic of Poland

1) 한류 확산

폴란드에서 한류 콘텐츠 중의 하나인 영화가 2004년 〈폴란드 국제영화제〉에서 소개되면서 홍콩, 일본 영화의 아류작으로 취급되었던 한국영화가 중·동부 유럽영화 강국 비평가와 관객들의 높은 평가를 받게 되었다. 이후 지속적으로 한국영화에 대한 관심은 꾸준히 유지되어 왔다. 2004년 국제 영화제를 통해 얻은 한국영화에 대한 명성이 한류의 첫 시발점이라 할 수 있겠다. 그 후 2010년, 2011년 두 차례에 걸쳐 폴란드 케이블 방송사에서 한국드라마가 방영이 되었고, 현재 폴란드 유아 채널 미니미니에서는 〈뽀로로〉가 방영되고 있다. 한국문학을 전문으로 취급하는 출판사가 생겨나 매년 꾸준히 한국문학 및 한국 관련 정보책자가 발간되고 있다. 이처럼 다양한 영역에서 한류는 폴란드에 자리하고 있다. 물론, 동남아시아에 비해 중·동부 유럽, 폴란드에서의 한류는 미비한 수준일지 모른다. 하지만 지난 2011년 바르샤바에서 개최된 〈K-Pop 콘테스트〉와 K-Pop 팬들이 자체적으로 주최한 한국가수 성공기원 플래시몹, 폴란드 유력 주간지의 한류 특집 기사등을 통해 폴란드에도 분명한 한류가 존재하고 있고, 미디어 또한 이를 인지하고 있음을 알 수가 있다. 다른 문화(예, 중국, 일본 등)를 좋아하는 팬들에 비해 한류팬들은 굉장히 적극적인 활동을 보인다는 것이 매우 고무적이다. 겨울이 길고, 엔터테인먼트적 놀이 문화요소가 적은 환경에서 미국과 영국의 락 음악이 대부분을 차지하고 있는 폴란드 음반 시장과 다소 호흡이 길고 느린 폴란드 드라마에 지친 젊은 층의 욕구에 한류는 신선하고 빠른 전개로 새바람을 불러일으키고 있는 것이다.

한국 기업의 현지 투자가 매우 높아 한국어에 대한 수요는 지속적으로 급증하고 있는 추세이다. 한국문화원 세종학당에서 2010년부터 2011년까지 수강한 학생들은 약 3,000으로 집계되었으며, 2012년 상반기 강좌에는 7개 반이 개설되어 총 150여명 가량의 학생이 수강하였다. 2012년 2월에는 사설 한국어 학원(가나다 학원)이 개원하여 점차 높아져가고 있는 한국어 수요를 보여준다. 더불어 바르샤바대학교, 포즈난 대학교, 크라쿠프 대학교에는 한국학과가 개설되어 매년 50~80명 가량의 학생이 학과 입학을 하고 있다.

2006년 윤미나씨의 글에 의하면 폴란드에서는 아시아 문화는 곧 일본 문화였고, 한국이라는 나라는 분단 문제를 안고 있는 나라일 뿐이었다. 현지 신문에서도 한국에 대한 기사는 북한과의 관계가 대부분이었고, 문화 관련 기사나 긍정적인 내용의 기사는 전혀 찾아 볼 수 없었다. 그러나 마제나 씨와 에디타 씨가 자비를 털어 폴란드에 한국 문학 전문

출판사를 설립 했다. 한국 문학을 번역하며 주경야독으로 노력해 현재 총 19권의 책을 번역 출판했다. 2011년에 출간된 신경숙 작가의 〈엄마를 부탁해〉가 폴란드 대형 서점 베스트셀러 10위권에 올랐다. 황선미 작가의 〈마당을 나온 암탉〉은 문학 전문 온라인 커뮤니티 그라니차 (Granice.pl)가 주관하는 2012년 봄 최고의 도서로 선정되기도 하여 우리 문화와 국가 이미지 제고(提高)에 한몫하고 있다.

K-Pop에서는 폴란드는 자국 문화에 대한 자부심이 높고, 보수 정통 카톨릭 국가이자 음반시장이 활성화되지 않은 곳이라 K-Pop의 수요에 대해 회의적이었다. 그런데 예상과 달리 현지에서는 2008년부터 이미 다양한 가수들의 팬클럽이 생겨 활동하고 있었다. 폴란드 전국에 퍼진 팬들은 주로 온라인 모임으로 K-Pop을 즐겼고, 지역별로 크고 작은 오프라인 모임도 있었으며 더불어 한국 문화와 관련된 정보도 공유하고 있다.

2011년 7월 30일, 소규모로 활동하던 그들이 한 곳에 모여 K-Pop에 대한 관심을 적극적으로 표현하기에 이른다. 첫째는 K-Pop 가수의 폴란드 공연 기원이었고, 둘째는 폴란드에도 K-Pop 팬들이 많다는 것을 한국에 알리는 것이었다. 전국 각 지방에서 기차를 타고온 K-Pop 팬들이 모였고, SNS를 통해 서로 교환한 시나리오대로 일사분란하게 움직였다. 그들은 하나같이 입을 모아 말했다. "K-Pop과 한국 문화는 그냥 우리의 생활입니다." 2011년 7월 플래시몹 이후로 폴란드에도 분명 한류가 있음을 체감할 수 있었다.

그들에게 '한국' 하면 떠오르는 키워드는 김치, 불고기, 막걸리, 그리고 K-Pop이었다. 2012년 바르샤바 올드타운에서 열렸던 연말 콘서트에서는 싸이의 '강남스타일'의 노래에 맞춰 폴란드 유명 연예인이 패러디 공연을 펼치는 진풍경이 연출되기도 했다. 그뿐만이 아니다. 폴란드 대형 서점의 음반 코너에는 싸이의 싱글 음반이 판매되고 있다. 유럽에서 싸이의 '강남스타일' 뮤직비디오를 가장 많이 조회한 국가로 영국, 프랑스, 이탈리아에 이어 폴란드가 4위에 오르며 높은 관심을 드러냈다.

2) 일반 정보 및 문화

폴란드는 966년 체코로부터 문화적 독립성을 유지하는 데 크게 공헌하였다. 예를 들어, 폴란드는 1241년 몽골제국의 서진을 저지하였으며, 1683년 오스만 투르크제국의 비엔나 침략, 1920년 소련 붉은 군대의 서유럽 침공을 막아 내는 등 서유럽 문화의 유지 발전에 기여하였다. 독일과 러시아 강대국 사이에 위치한 폴란드는 슬라브 고유의 문화와 서유럽 문화를 적절히 융합하여 높은 문화수준을 유지하고 있으며, 19세기 약 123년간 독립을 상실하였을 당시 민족문화를 성대히 발전시킨 저력을 보유하고 있다. 음악분야에서는 낭만파의 대가 쇼팽을 위시하여 시마노프스키, 비에니아프 스키, 루토스와프스키, 구레츠키, 펜데레츠키 등 19세기, 20세기 유수의 작곡가를 대거 배출 하였을 뿐 아니라, 피아니스트 크리스티안 짐머만, 바이올리니스트 콘스탄티 쿨카 등 유명 연주가들이 활발히 활동하고 있다. 문학분야에서는 쿼바디스의 작가 시엔키에비츠, 농민들의 작가 레이몬트, 시인 미오슈 및 쉼보르카 등 4명의 노벨문학상 수상자를 배출하였다.

3) 개요

위치는 유럽 중동부, 벨라루스, 우크라이나, 리투아니아, 러시아, 체코,

슬로바키아, 독일과 접경지역이며, 기후는 대륙성 기후(동부), 해양성 기후(서부)이다. 수도는 바르샤바(Warszawa, 인구 169만 명)이며, 인구는 3,816만 명, 면적은 312,683㎢(한반도의 1.5배), 민족구성은 폴란드인(98.7%), 독일, 벨라루스, 우크라이나, 유태인 등으로 구성, 종교는 카톨릭(95%), 언어는 폴란드어, 1인당 GDP는('11년 기준) 13,721불, 우리나라와의 교역은('11년 우리 기준) 총교역 44.8억 불(수출 41.0억 불, 수입 3.8억 불)이며, 국가 성립일은 1918년 독립, 공산정권수립은 1944년, 민주정권수립은 1989년, 재외동포수는('12) 1,413명이다.

프랑스 French Republic

1) 한류 확산

1993년 프랑스의 퐁피두센터에서 개최된 초대형 한국영화 특별전을 계기로 일기 시작한 프랑스 내 한류는 2000년대를 지나며 서서히 정착되었으며, 이후 한국 영화 개봉작 수가 늘어나기 시작하였고, 2000년대 후반에 들어 영화 뿐 아니라 드라마, 가요 등으로 그 장르가 확대되었다. K-Pop의 경우 2011년 SM 콘서트를 시작으로 프랑스뿐 아니라 유럽 전 역에 잠재되어 있던 팬들의 수요(최고 1만 4,000명 예상)가 드러나기 시작했고, 이후 K-Pop에 대하여 현지 언론에서 보도되는 등 한국 대중문화를 효과적으로 알릴 수 있는 기회가 만들어 지게 되었으며, 특히 2012년 말 싸이(PSY)의 트로카데로광장 이벤트에 2만 여명의 군중이 운집했다. 프랑스에 한류 팬의 규모는 대략 10만 명에 달했고 저변이 계속 확대되고 있다.

이와는 별개로 2011년 11월 파리에서도 K-Pop 콘서트를 여는 기획을 주불 한국 문화원과 공동으로 진행했다. 먼저 프랑스 한류 팬클럽과 함께 청원 운동을 전개하여 2011년 6월 10일 파리에서 K-Pop 콘서트를 열기로 최종 결정하기에 이르렀다. 동방신기, 슈퍼쥬니어, 소녀시대, 샤이니, 에프엑스 등의 가수들은 유럽에서도 K-Pop 열풍을 일으키는 주역이고, 파리에서 열리는 최초의 K-Pop 공연이라는 점에서 유럽 팬들의 이목을 집중시켰다.

콘서트 티켓 예매는 치열한 경쟁이었다. 2011년 4월 26일 예매를 시작한 표는 15분 만에 동이 났고, 표를 구하지 못해 크게 실망한 팬들은 루브르 박물관 입구 등 유럽 주요 도시 명소에서 일제히 공연 연장을 요구하는 유쾌한 시위까지 벌였다. 이들의 시위에 굴복한(?) SM엔터테인먼트에서는 당초 1회로 예정된 공연 일정을 2회로 연장하는 결정을 전격적으로 해주어 팬들의 성원에 보답했다. 파리에서의 케이팝 공연은 한국 대중가요를 중심으로 하는 신한류가 아시아, 중남미를 넘어 유럽 지역까지 한층 광범위하게 전파되는 커다란 전환점이 되었다. 바야흐로 한류가 아시아를 뛰어넘어 전 세계로 확장되고 있다.

한국 영화 또한 프랑스에서 인기를 구가하고 있다고 설명됐다. 홍상수 감독의 '자유의 언덕(2014)'과 이선균 주연의 '끝까지 간다(2015)'는 현지 비평가들로부터 극찬을 받았으며 지난해 전도연 주연이 '무뢰한(2015)'이 칸국제영화제데 초청돼 관심을 끌었다고 했다.

2011년 최초로 시작된 한류 팬의 한국 방문은 이후 규모가 더욱 커졌다. 2012년에는 연간 약 600명의 프랑스 한류 팬이 한국을 방문하는 성과로 이어졌으니, 유럽에서도 이제 한류 관광 시대가 열린 것이다. 한류의 효과는 비단 관광 분야에만 그치지 않는다. K-Pop 열기를 타고 최근 우리 제품에 대한 관심과 브랜드 인지도도 큰 폭으로 상승하고 있다. 이미 민간기업은 한류를 활용한 브랜드 마케팅 활동을 개시했다. 이들은 '문화 한류'에서 시작된 K-Pop 열풍이 '관광 한류'를 넘어서 '경제 한류'까지 이어지기를 내심 기대하고 있다.

2) 일반 정보와 문화

프랑스는 다수의 유네스코 등재 문화유산을 갖고 있으며, 각종 박물관 등이 소재하여 세계 최대의 문화산업을 보유하고 있으며, 2011년 세계 관광기구가 집계한(방문객기준) 세계 제1위 방문국으로 8천만 명이 프랑스를 방문했다. 프랑스는 오래전부터 문화정책을 중시해 왔다.

파리를 중심으로 세계적인 미술관이 있으며, 다양한 축제가 프랑스 전역에서 연중으로 개최되는 바, 프랑스인들은 어렸을때부터 다양한 문화예술분야를 접해와서 문화예술수준이 비교적 높고 이에 대한 수요가 큰 편이라고 볼 수 있다. 지중해, 대서양에 접한 지정학적 위치, 과거 해외식민지 경영 등으로 오래전부터 외국문물이 활발히 수입되어, 외국 문화와 문물에 대한 수용성이 높은 편이다. 프랑스의 문화정책상 중요 가치는 "문화다양성"인 바, 이는 영화 등 오락 시장에서의 영미권의 독점에 저항하고자 하는 측면도 있으며, 이민자들이 국민의 1/6에 해당하는 프랑스 사회가 갖고 있는 근본적인 성격을 감안할 때, 사회의 안녕과도 직결되는 문제이다. 프랑스는 유네스코 문화다양성 협약을 주도하고, WTO 내 문화예외관련 규정을 주장해오고 있는바, 국내적으로도 방송심위등에서 TV 프로그램에 다양성 기준을 정하고 모니터링을 실시하고 있다.

3) 개요

위치는 서구 중앙부이며, 기후는 대륙성 기후(북부), 지중해성 기후(남부), 수도는 파리(Paris, 인구1,170만 명)다. 인구는 6,535만 명이며, 면적은 543,965㎢(한반도의 2.5배), 종교는 카톨릭(69%), 개신교, 유대교, 이슬람교 등, 언어는 불어를 사용, 1인당 GDP는('12년 기준) 41,141불, 우리나라와의 교역은('12년, 우리기준) 총교역 75억 불(수출 26억 불, 수입 49억 불)이며, 국가성립일은 1958년 7월 14일 제5공화국 성립, 재외 동포수는('12) 14,000명이다.

핀란드 Republic of Finland

1) 한류 확산

북유럽 스칸디나비아 반도에 위치한 핀란드에서 한류의 인기는 아직 그리 높지 않다. 하지만 2008년 한국과의 핀에어 직항로 운항이 시작된 이후, 공연단의 상호방문 등 문화적 교류가 증가하고 있으며 핀란드의 IT 환경이 좋아 인터넷을 통해 한국문화에 대한 인지도가 높아지고 있는 추세이다.

2) 일반 정보 및 문화

핀란드는 수 백년간 스웨덴과 러시아의 지배를 받아왔음에도 불구하고 민족의 언어를 잃지 않았고, 프랑스 대혁명 등의 영향에 힘입어 19세기말부터 민족 자각운동과 민족의식이 고조되어 1917년 10월에 러시아 혁명을 계기로 1917.12.6. 마침내 독립국가로 탄생하였다. 그 후

1918-19년간 내전을 치루고 공화제 및 이원집정부제의 국가를 설립해 나갔으나 1939-1944년간 러시아와의 2차례에 걸친 전쟁을 치르면서 많은 영토를 상실하고 전쟁보상금을 내야만 했다.

그리고 1945년부터 러시아에게 전쟁보상금을 치르기 위해 방직, 기계 등 산업을 발전시킨 것이 결국 핀란드를 산업선진국으로 거듭나게 한 원동력이 되기도 하였다. 핀란드가 오랜 피지배 생활 속에서도 언어와 문화를 잃지 않고, 독립 후에도 스웨덴과 러시아 사이에서 안정적인 국가의 틀을 마련하였다. 핀란드는 나무 외에는 천연자원이 거의 없는 열악한 자연환경과 강대국 사이에 끼여 있는 지리적 약점을 갖고 있다. 흡사 우리나라와 비슷한 여건이라고 할 수 있다. 하지만 핀란드인들은 이러한 환경을 성실한 국민성으로 딛고 일어섰다.

핀란드인 대부분은 매우 성실하고 근면하다. 타인과의 약속시간을 무척 잘 지킬 뿐아니라 업무 중에 별도 중식과 쉬는 시간이 없을 정도로 업무 집중력이 높다. 따라서 근로자의 평균 업무시간이 길지 않음에도 불구하고 핀란드의 생산성과 경쟁력은 항상 상위권을 차지한다. 또한 핀란드인은 인내심이 강하다. 추운 환경에서 성장하면서 강인한 체력을 키우려는 노력을 게을리하지 않는다. 추운 날씨에 아이가 적응하도록 겨울에 아이를 베란다에서 재우고, 어릴 때부터 사우나에 데리고 들어가는 것이 전통이기도 하다.

핀란드 북쪽지역인 라플란드(Lapland)에 로바니에미(Rovaniemi)라는 마을이 있는데 이곳에 산타마을이 있다. 이곳이 바로 산타클로스의 전설이 시작된 곳이다. 이곳에는 크리스 마스 시즌이 아니어도 산타할아버지를 만날 수 있고 전 세계에서 산타클로스에게 보낸 편지와 엽서가 모이는 산타우체국이 있다. 핀란드는 이 산타를 관광 상품으로 꾸준하게 발전시켜 왔다.

3) 개요

위치는 북유럽, 스칸디나비아 반도 스웨덴과 러시아 사이에 있으며, 기후는 북극 온대성 기후이며, 수도는 헬싱키(Helsinki,인구 59.6만 명)이다. 인구는 540만 명, 면적은 338,145㎢(한반도의 1.5배), 민족구성은 핀란드인(93%), 스웨덴(6%) 등, 종교는 루터복음교, 그리스 정교, 언어는 핀란드어(93%), 스웨덴어(6%)이며, 1인당 GDP는 ('11년 기준) 38,104불, 우리나라와의 교역은('11년, 우리기준, KITA) 총교역 17.01억 불(수출 7.66억 불, 수입 9.35억 불), 독립일은 1917년 12월 6일(러시아에서 독립), 재외동포수는('12) 373명이다.

헝가리 Republic of Hungary

1) 한류 확산

유럽 중동부에 위치한 헝가리는 한국드라마 〈대장금〉, 〈선덕여왕〉, 〈동이〉와 매년 정례적으로 개최하는 〈한국영화주간〉 행사 등을 통해 한류문화가 헝가리에 빠르게 확산됨에 따라 헝가리 현지인들을 중심으로 한국어에 대한 자발적인 스터디 그룹과 한국문화동호회가 조직·운영되고 있으며 K-Pop 팬클럽이 전국적으로 확대되고 있다. 헝가리에서 한류는 젊은 층을 중심으로 콘텐츠를 단순히 보고 즐기는 수준에서 한국문화를 체험하는 수준으로 발전했다. 헝가리에서도 아시아문화에 대한 유행이 트렌드로 자리 잡으면서 한국문화 에 대한 수요가 날로 증가하고 있다. 특히 2012년 헝가리 내 한국문화원 개원을 계기로 우리 문화에 대한 관심이 지속적으로 확산되고 있다.

문화체육관광부 산하 해외문화홍보원에 의하면 2016년에 K-Pop 아카데미를 위해 이 나라는 1억원 씩 받기로 지정되었다. 이로 인해 한류 확장에 큰 공헌이 될 것이다.

2) 일반 정보 및 문화

유럽 중동부 오스트리아 등과 접경하고 있는 헝가리는 천재 예술가 및 세계 정상급의 문화 인프라에 대한 자부심으로, 헝가리와 부다페스트는 중유럽의 문화 중심지로서의 위상을 유지하고 있다. 전통 민속과 서방 기독교 문화를 양대 기저로 한 헝가리의 문화 · 예술 활동은 여타 서방 세계에 뒤지지 않으며, 리스트, 바르톡, 코다이 등 세계적인 음악가와 문카치, 톤토발리 등 세계적 미술가를 배출했으며, 높은 수준의 집시 음악도 쉽게 접할 수 있다.

국립 오페라하우스(1,200석) 등 세계 정상급 수준의 공연장과 유럽에서도 드문 발레 전용 공연장도 30여 개 보유하고 있다. 도서관은 전국적으로 10,000여 개에 이르며, 1802년 개관한 국립도서관의 경우 750만 권, 1826년 설립된 학술원 도서관은 112만 권의 장서를 소장하고 있으며, 1802년 국립박물관이 개관된 이래 전국적으로 800여개 박물관이 있다. 헝가리 문화외교는 국제사회에 헝가리의 이미지를 구현시킬 수 있는 필수적인 체계적 수단으로 간주하여 문화외교를 통해 국제적으로 헝가리 문화 수준을 향상시킴과 동시에, 역으로 전국 수준으로 부터 지역, 지방으로까지 문화진흥을 확대시키는 전략을 수립하여 추진하고 있다.

중부유럽의 중심에 위치한 헝가리는 천년의 역사를 통해 주변 국가들과의 관계에서 야기되었던 많은 어려움을 극복하고 찬란한 문화적 전통을 유지해 오고 있는 국가이다. 한국과는 동구권 국가 중 최초로 외교관계를 수립함으로써, 우리의 북방외교 수행에 전환점을 제공한 국가이기도 하다. 또한 헝가리는 정신세계와 문화면에서 우리나라와 유사성이 있는 아시아계 유럽국가로서 수교 이래 양국은 다방면에 걸쳐 그 관계를 심화 발전시켜 왔다. 한국과 헝가리는 문화적인 측면에서 여러가지 유사점을 발견할 수 있다. 헝가리의 민족적 기원이 중앙아시아며, 언어적으로는 헝가리어(머져르어)가 우랄알타이어 계통으로 한국어와 어순이 비슷한 것을 알 수 있다. 헝가리에서도 한국처럼 성-이름으로 표기하며, 연 - 월 - 일 순으로 날짜를 표기하는 예에서 알 수 있다. 전통음악에 있어서도 헝가리가 5음계를 사용하듯이 우리나라도 5음계를 사용하고 있다. 특히 헝가리는 음악성이 뛰어난 인물들을 많이 배출하였고 민족음악이 크게 발전한 점 등도 한국과 유사하다고 볼 수 있다.

또한 두 민족이 고추와 마늘을 재료로 한 매운 음식을 즐기는 것을 들 수 있는데 헝가리의 대표음식인 구야쉬를 먹어본 한국인들은 한국의 육개장과 비슷한 맛이라고 평할 정도로 음식의 유사성도 가지고 있다. 이와 같이 역사와 문화, 국민정서가 서로 친밀감을 가지고 있으므로 앞으로 양국 간의 문화적인 측면에서의 교류 협력이 더욱 활발해질 것으로 전망할 수 있다.

3) 개요
위치는 유럽 중동부 오스트리아 슬로베니아, 글로바키아, 세르바아, 루마니아, 크로아티아와 접경지역이며, 기후는 대륙성 기후이다. 수도는 부다페스트(Budapest, 인구는 약 170만 명)이며, 인구는 998만 명, 면적은 93.03㎢(한반도 223,170㎢의 42%), 민족구성은 헝가리인(Magyar, 92.3%), 집시(1.9%), 기타(5.8%)로 되어 있으며, 종교는 로마카톨릭 (54.5%), 개신교(19.5%), 그리스 정교 등, 언어는 헝가리어를 사용하며, 1인당 GDP는('11년 기준) 18,743불이다. 우리나라와의 교역은('11년, KITA) 총교역 19.4억 불(수출 14.7억 불, 수입 4.7억 불), 국가성립일은 1918년, 독립일은 1945년 4월 4일이며, 재외동포수는('12) 1,252명이다.

PART 05 중동지역의 한류변화

레바논 Republic of Lebanon

1) 한류 확산

시리아, 이스라엘 접경 지대에 위치한 레바논에는 아직은 한류동호회를 결성하여 활동하는 단체는 없지만, 한국에 유학하거나 동명부대(유엔 평화유지군) 방한 프로그램에 의해 한국문화를 경험한 학생이나 예술인, 언론인들 위주로 한류에 관심을 나타내고 있다. 2005년 이후 교환 학생 프로그램에 의해서 한국을 다녀온 학생들이 페이스북을 통해 서로 한류에 대해 의견을 나누고 있다. 일부 대학교(USEK : Holy Spirity University of Kaslik)의 학생들 중에서 한류에 관심이 많아 학교에서 개최하는 〈국제 문화의 날〉 행사에 한국을 소개하기도 했다. 레바논 남부에 주둔하는 동명부대의 매년 2차례(2월, 8월) 방한 프로그램을 운영하여 참가하는 학생, 언론인 등을 통해 한류를 알리고 있다. 그러나 일반적 레바논 사람들은 한국 문화를 접하는 기회가 적은 점이 아쉽다.

2) 일반 정보 및 문화

중동지역에 위치한 레바논은 역사적으로 7세기 후반부터 시리아의 종파 갈등으로 인한 소수민족 피난처로서의 기능을 갖고 성장하였다. 각 피난 집단은 수세기동안 정치적, 사회적, 종교적으로 상호분리, 고립되어 독자적인 사회와 독특한 문화를 형성하여 왔다. 레바논은 1920년 불란서의 위임통치 기간 중에 마로나이트 카톨릭의 우위를 기초로 한 서구지향의 독립 국가를 구상하면서 각 지역별로 다수종파의 이해를 반영하고 공존을 보장해 줄 종파별 안배주의(Confessionalism)를 채택하였다. 베이루트 시내에 가면 모스크(Al Omari Mosque)와 성당(St. Georges's Cathedral)이 한데 어우러져 있는 종파간의 공존을 보여주는 모습을 자연스럽게 볼 수 있다. 레바논 사회는 종교와 혈연, 지배 가문에 충성을 강조하는 경향이 강하다. 대체로 생활관습은 종파간 종교관습을 제외하고는 유사하나 기독교 계통은 일반적으로 개방적이고 이슬람 및 드루즈(일종의 이슬람) 계통은 보수적 성향을 띠고 있다. 이란 및 중동의 22개국 아랍연맹 국가 중에서는 레바논이 종교 및 언론의 자유가 가장 잘 보장되어 있다고 볼 수 있다.

3) 개요

위치는 중동지역 시리아, 이스라엘 접경지역이며, 기후는 지중해성 기후이다. 수도는 베이루트(약 1백50만 명)이며, 인구는 410만 명(2008년 기준), 면적은 10,425㎢(경기도 크기), 민족구성은 인구의 절반을 약간 넘는 이슬람교도들의 경우 대부분 아랍족이며 기독교도는 유럽 등 혼혈계인종으로 구성되어 있다. 종교는 기독교(마로나이트 카톨릭, 아르메니아 정교, 그리스 정교 등), 이슬람(수니, 시아), 드루즈(시아의 분파) 등 17개 종파이며, 언어는 아랍어(공용어), 불어, 영어의 3개 언어가 통용, 1인당 GDP는('12년 기준) 14,203불, 우리나라와의 교역은 ('12년 기준) 총교역 약 3억6천4백 불(수출 3억7백만 불, 수입 5천7백만불), 독립일은 1943년 11월 22일(프랑스로부터), 재외동포수는('12) 98명이다.

리비아 Great Socialist People's Lbyan Arab Jamahiriya

1) 한류 확산

지리적으로 리비아는 한국과 문화적으로 거리가 떨어져 있었고 카다피에 의한 장기간 독재를 거치는 동안 외국인과 외국문화에 대한 배타적 정책을 취해왔었기 때문에 리비아인들이 한국 문화를 접할 기회가 절대적으로 부족해 사실상 한류의 불모지나 다름이 없는 상황이다. 그러나 최근 정보통신 및 디지털 기술의 발달로 리비아의 젊은이들 사이에 K-Pop이나 한국 드라마 매니아들이 자생적으로 형성되고 있으며, 주리비아대사관에서 개설한 페이스북과 공관 아랍어 홈페이지를 통해 한국과 한류에 대한 정보를 서로 교환, 습득하고 있다.

2) 일반 정보 및 문화

지리적으로 리비아는 아프리카에 속해있지만 언어, 종교, 문화 등의 측면에서 보면 중동적 색채가 강한 나라이다. 리비아 지역의 원주민은 베르베르인이었지만, 오늘날 리비아인의 절대 다수인 63% 정도는 7세기부터 10세기에 걸쳐 아라비아, 이집트 등에서 이주해 온 아랍계 인종이거나 그들과 원주민들간 혼혈인들이다. 리비아인들의 생활과 의식구조는 모두 이슬람 교리에서 비롯되고 있으며, 그들은 '신의 존재를 의식하고 신에 대한 의무를 이행하는 마음의 상태'를 말하는 타구와(Taqwa)가 삶에 있어 인간적 가치를 부여하는 것이라 생각하고 있다. 따라서 리비아인들은 우주만물을 창조한 유일신으로서 전지전능한 알라신과 늘 공존한다고 굳게 믿고 있으며, 여기서 의식하고 행동하는 생활의 원동력이 생긴다고 본다. 리비아인들의 의식주 생활, 결혼 등 생활풍속은 아랍적 특색을 강하게 가지고 있다.

국토의 북단은 지중해와 면한 1,820km의 긴 해안선으로, 내륙은 광대한 사하라사막으로 구성되어 있으며, 동쪽으로는 이집트와 수단, 남쪽으로는 차드와 니제르, 서쪽으로는 알제리와 튀니지와 국경을 접하고 있다. 리비아는 북아프리카의 중앙, 해안과 내륙의 교차 등 지정학적, 문화적 특수성 때문에 고대부터 지중해 중개무역의 거점으로 다양한 문화와 인종이 유입되었으며, 페니키아, 그리스, 로마, 스페인, 오스만투르크, 이태리 등 계속되는 외세의 침략으로 오랜 식민지 역사를 경험하였다.

1551년부터 제1차 세계대전까지는 오스만 투르크 제국의 지배를 받았으며, 1911년 지중해 건너편의 이태리가 리비아를 침공해 제2차 세계대전 발발 전까지 식민지로 지배하였다. 이태리의 리비아 점령은 19세기 후반 급격한 인구증가에 따른 농업문제의 돌파구 마련을 위해 추진되었으며, 리비아 서부지역에 9만, 동부지역에 5만 등 약 14만 명의 농민들이 리비아에 이주하였으나 1969년 군사 쿠테타가 일어났을 때 거의 귀국했다. 리비아는 현재 주류 민족인 아랍족을 제외하고도 페니키아, 그리스, 로마, 반달, 비잔틴, 오스만 투르크, 이태리 등 다양한 민족과 문화가 교차한 역사적 경험과 문화유산을 보유하고 있다.

3) 개요

위치는 북아프리카 중앙부 지중해 연안이며, 기후는 지중해성 기후(북부), 사막성기후(남부), 수도는 트리폴리(Tripoli, 인구 150만 명)이다. 인구는 600만 명(2011), 면적은 1,759,540㎢(한반도의 8배), 민족구성은 아랍족(약 48%), 베르베르족(약 20%), 투아레그족(약 12%), 아프리카계 흑인(약 15%), 유럽계 혼혈인(약 5%)로 구성되어 있으며, 종교는 이슬람(리비아인의 97%가 수니파), 언어는 아랍어를 사용하며, 1인당 GDP는('12년기준) 12,878불이며, 수출입 현황은('12년, 우리기준) 총교역 720억 불(수출 521억 불, 수입 181억 불)이다. 독립일은 1951년 12월 24일이며, 재외동포수는('13년 11월) 529명이다.

모로코 Kingdom of Morocco

1) 한류 확산

모로코에서 한류의 시발은 2006년 한국 드라마〈슬픈연가〉가 모로코 2M TV에 방영되면서 일반인에게 알려지게 되었다. 2009년〈제9회 마라케쉬 국제영화제〉에 한국이 주빈국으로 초청되어 총 42편의 한국 영화가 상영되면서, 한국 사회 및 문화 전반에 관심이 더욱 높아졌다. 최근 들어서는 K-Pop이 젊은층(10대 후반~20대 초반)을 중심으로 인기를 끌고 있으며, 자생적으로 조직된 팬클럽들이 활발한 활동을 벌이고 있는 등 새로운 도약을 준비하고 있다.

2011년 한국 학술진흥재단 지원 하에 모하메드 5세 대학에서 첫 한국어 강의가 개설된 이후 수강생들이 꾸준히 증가하여, 현재 하산 2세 대학, 이븐 토파일 대학, 리바트 국제대학 등 4개 대학에서 한국어 강의가 진행되고 있다.

2) 일반 정보 및 문화

모로코는 지브랄타 해협을 사이에 두고 유럽과 지근거리에 위치함으로 인해 이 지역에는 BC 1100년경부터 페니키아, 카르타고, 로마, 반달, 비잔틴 등 다양한 민족과 국가가 진출하여 토착민인 베르베르인들과 공존하여 왔다. 이러한 지리적 위치로 인하여 오늘날의 모로코 영토에 해당하는 지역에서는 오래전부터 다양한 문화가 복합적으로 혼재되는 경향이 나타났다. 8세기경 아라비아 반도에서 출발한 이슬람 세력이 북아프리카를 점령한 이후에는 베르베르와 아랍 문화가 양대 축을 형성하였으며, 이슬람 세력이 이베리아 반도에 진출했다가 기독교 세력의 반격으로 복귀한 것을 계기로 이베리아 반도 남부 안달루시아 지역의 문화도 다층적으로 유입되었다. 20세기 초반에는 프랑스 보호령 시대를 거치면서 아랍/아프리카 지역에 유럽 문명이 본격적으로 전파되는 교두보 역할도 담당하였다.

모로코의 국교는 이슬람교이며 국왕이 종교수반을 겸하고 있지만, 다양한 문명의 교차로 역할을 수행해온 역사적 전통을 반영해 타 종교권의 문화에 대해 비교적 관대한 자세를 유지하고 있다. 외국인들을 위해 카톨릭성당 10개, 기독교회 5개, 유대교회 10개가 존재한다(단, 자국민에 대한 선교활동은 금지). 언어적 측면에서는 1994년 국왕 칙령으로 베르베르어(아미지그어)를 아랍어와 함께 공용어로 인정하였으며

(2011년 개정 헌법에 따라 아미지그어가 공용어로서의 헌법적 지위 인정), 정부나 기업 및 학술기관에서는 불어를 사용하는 경우가 많다.

3) 개요

위치는 아프리카 북서단과 지중해 남서단에 위치하고 있으며, 기후는 북부와 중부는 지중해성, 남부는 사막성이다. 수도는 리바트(Rabat, 인구 75만 명, 위성도시 Sale 포함시 188만 명)이며, 인구는 3,280만 명, 면적은 710,850㎢(한반도의 3.2배), 민족구성은 아랍인(60%), 베르베르인(36%), 기타(4%), 종교는 이슬람교(수니파 98.7%), 기독교(1.1%)이며, 언어는 아랍어, 베르베르(아마지그), 불어(상용), 1인당 GDP는 ('12년 기준)는 3,085불이다. 대한 교역은('12년 기준) 총교역 7.26억 불(수출 5.08억 불, 수입 2.18억 불), 독립일은 1956년 3월 2일(프랑스 보호령에서)이며, 재외동포수는 ('12) 400명이다.

바레인 State of Bahrain

1) 한류 확산

바레인 사람들은 태국이나 말레이시아 등 동남아를 극동, Far East라고 부른다. 그 너머에 있는 한국, 일본, 중국들은 비교적 덜 알려져 있다는 뜻이기도 하다. 근년에 한류가 중동 지역에도 소개되면서 바레인에서도 한국 문화와 드라마, K-Pop 등에 대한 관심이 생겨나고 있다고 한다. 바레인 사람들도 외국 손님들에게 친절하고 오래된 인간관계를 중시하며 가족을 소중하게 여기는 점에서 우리와 닮은 점이 많다. 심성이 닮았다는 것은 그만큼 상호간 이해와 문화교류의 잠재력이 크다는 뜻이고, 바레인은 우리 문화계로서는 미개척지라고 할 만하다.

한류는 아직 바레인에서 주목할 만한 흐름을 형성하지 못하고 있다. 바레인에도 국영 바레인 TV사가 있지만, 시청률이 높지 않고 대부분은 케이블이나 위성을 통해서 외국에서 제공되는 프로그램을 시청하는데 그런 경로로 한국 드라마를 접하고 있다. 지난 12년간 바레인에 우리나라 상주 대사관이 없어서 우리나라 문화가 본격적으로 소개되기 어려웠던 점도 고려되어야 하겠다. 간간히 태권도 시범단이 다녀가기는 하였고, 2011년 상주 대사관 복귀 이후 우리나라 전통무용, 한복 패션쇼, 사물놀이, 비보이 등으로 구성된 한-아랍 우호친선 카라반 공연팀이 바레인을 방문하여 우리나라 문화를 소개하기도 하였다.

2) 일반 정보 및 문화

섬나라 바레인은 오만에서 쿠웨이트에 이르는 1,000km 길이 걸프해의 한가운데, 카타르와 사우디 사이에 자리 잡고 있다. 국토면적은 765㎢로서 서울보다 약간 넓으며 동서 15km, 남북 50km에 지나지 않는다. 사우디와는 25km 길이의 교량으로 연결되어 있으며 2022년 카타르 월드컵을 앞두고 카타르와의 교량 건설도 추진되고 있다. 카타르와의 교량은 40km로서 완성될 경우 세계 최장 교량이 될 것이라고 한다. 바레인은 예로부터 진주 잡이가 유명하여 오만, 페르시아 등 인근 세력들의 쟁탈 대상이 되어왔으며 17세기 초에는 포르투갈인들이 진출하여 바레인산 진주가 포르투갈 왕실에 진상되기도 하였다고 한다.

바레인은 걸프지역에서 가장 개방적이고 자유로운 나라이다. 바레인에서는 이슬람뿐만 아니라 기독교, 카톨릭, 유대교까지 다양한 종교와 민족이 공존하고 있는 코스모폴리탄적인 분위기를 느낄 수 있다. 여느 걸프지역 소국들과 마찬가지로 외국인 거주자들이 인구의 상당부분을 차지하고 있는데, 거리에 나가보면 많은 수의 인도인, 필리핀인들을 볼 수 있고, 옷차림도 눈만 내놓는 부르카, 얼굴은 볼 수 있는 아바야, 머리만 가리는 히잡 등 각종 이슬람식 옷차림에서부터 인도의 사리, 청바지나 미니스커트까지 다양한 모습의 여성들을 볼 수 있다. 다만 기본적으로 이슬람 국가이다보니 공식행사에서는 반드시 우리나라 국민의례와 같이 '틸라와'라고 하여 코란을 낭독하는 순서가 있고 기도시간이 되면 미나레에서 아잔이 울려퍼진다. 보수적인 종교지도자들도 있어서 외국 공연단들이 노출이 심하거나 선정적인 내용의 공연을 하면 논란이 벌어지기도 한다. 그러나 일반적으로 종교적 규율을 엄격하게 지키는 분위기는 아니고 기도시간이 되어도 보통 하던 일은 계속하는 편이다. 주변 지역에 비해 바레인은 외국인과 서구 문물에 대해서도 관용적인 편이다.

3) 개요

위치는 사우디 동부 및 카타르 북부 걸프만 중앙의 섬나라이다. 기후는 아열대 해양성 사막기후이며, 수도는 마나마(인구 20만 명)이다. 인구는 123.4만 명(2012년 기준), 면적은 765.3㎢이며, 민족구성은 아랍계, 외국인의 대부분은 아시아계(84%)로 인도인(약 29만 명), 필리핀, 스리랑카, 파키스탄인, 태국인 등으로 되어 있으며, 종교는 이슬람교 83%(시아파 70%, 수니파 30%), 기독교(9%), 힌두교 등이다. 언어는 아랍어(공용어), 영어가 널리 통용됨, 1인당 GDP는('12년 기준) 24,149불, 우리나라와의 교역은('12년 기준) 총교역 11.29억 불(수출

3.28억 불, 수입 8.01억 불), 독립일은 1971년 8월 15일, 재외동포수는 ('13년 8월) 220명이다.

사우디아라비아 Kingdom of Saudi Arabla

1) 한류 확산

아라비아 반도에 자리 잡고 있는 나라로 2008년 이후 〈대장금〉, 〈식객〉 등 한국 드라마가 사우디 공중파 TV채널에서 방영됨에 따라 한류에 대한 관심이 조금씩 증가하고 있다. 최근에는 K-Pop 등에 대해서도 젊은 층에서는 좋은 반응을 얻기 시작했다. 그러나 사우디 사회가 타 문화에 대해서는 배타적 인식을 갖고 있어, 한류가 광범위하게 확산되지는 못하고 있다. 프린스 술탄 대학교 여자 캠퍼스에서 2012년 11월부터 한국어 과정을 개설하여 가르치고 있는데 한국어 수업 중 우리문화, K-Pop, 드라마를 수업교재로 활용함으로서 자연스럽게 한류확산을 도모하고 있다.

2) 일반 정보 및 문화

사우디 아라비아는 이슬람교 국가다. AD 570년 메카에서 출생한 무함마드(Muhammad)는 40세인 610년 9월 메카 근교 히라산에서 명상하던중, 가브리엘 천사를 통하여 알라신의 계시를 받고, 이슬람을 창시하였다. 무함마드는 현지 쿠라이쉬 부족의 박해를 피해, 622년 당시 Yathrib로 불리던 메디니로 이주(Hijra)하였으며, 메디나에서 두 차례의 전투와 라마단의 유래가 된 1개월간의 칸다크(참호) 전투 등 치열한 전투를 거쳐 630년 메카에 재입성하는데 성공하였다. 무함마드는 메카와 메디나를 중심으로 이슬람 교세를 확장하던 중 632년 메디나에서 사망하였다. 이후 무함마드 후계자들에 의해 이슬람 제국은 동으로는 인도, 서로는 북아프리카를 넘어 이베리아 반도까지 확장되었으며, 메카와 메디나는 이슬람의 성지로 확고히 자리 잡게 되었다. 이슬람이 없는 사우디아라비아는 상상할 수 없다. 전 세계의 이슬람 신자들이 매일 다섯 번 씩 이슬람 성지 메카(카바신전)를 향해 기도하고 매년 7~8백만 명의 순례객들이 메카와 메디나를 방문하고 있다.

1992년 채택된 사우디아라비아 기본법 제1조는 코란(Quran)과 순나(Sunnah)가 사우디아라비아의 헌법임을 명시하고 있으며, 제23조 및 제24조 등에서도 이슬람 신조의 보호, 이슬람의 율법인 샤리야(Sharia) 적용을 언급하고, 2개의 성스러운 사원을 유지하고 이에 봉사하도록 규정하고 있다. 사우디 왕국의 국기에는 이슬람 신앙 고백문(Shahada) '알라' 이외에는 신이 없고, 무함마드는 '예언자다'가 새겨져 있으며 사우디 국왕은 "성스러운 2개의 모스크 수호자"로 불리고 있다. 사우디아라비아는 이슬람 율법을 가장 엄격하게 지키고, 이슬람 이외의 다른 종교는 허용되지 않는다. 기도시간(살라) 매회 20~30분에는 모든 상점과 음식점이 문을 닫는다. 영화관, 극장이 없으며, 여성의 운전이 금지되고, 외국여성을 포함한 모든 여성은 외출시 아바야(검은옷)을 입어야 한다. 이르바 무띠와(Mutawa)로 불리는 종교경찰이 이슬람 관습을 위배하는지 감독하고 위배하는 경우 연행하기도 하며, 살인, 강간 등 흉악 범죄자나 배교자에 대해서는 신체 일부 절단이나 참수형이 집행되기도 한다. 이와 같이 사우디아라비아는 독특한 문화와 전통을 아직도 고수하고 있다.

이슬람은 전 세계 58개국 약 15억 신도가 믿고 있는 종교이다. 본래 이슬람은 언어적으로 "평화"를 뜻하며, 종교학적으로 "유일신에 대한 복종"의 의미를 갖는다. 이슬람 신도를 의미하는 "무슬림"은 유일신 사상으로 "알라"를 믿고, 우상숭배와 무신론을 배격한다. 무슬림은 최후의 예언자인 무함마드 이외 아담, 노아, 아브라함, 모세, 예수 등 코란에 언급된 예언자의 존재를 믿고, 코란이외에도 알라가 예언자들에게 계시했다는 모세 오경, 다윗의 시편, 4복음서를 신뢰한다. 또한 내세와 최후심판, 부활, 천사(알라의 조력자)의 존재를 믿는다.

무슬림은 유일신 알라에 대한 신앙 고백(샤하다), 기도(살라), 자선(자카트), 라마단 단식, 메카 성지순례(하지) 등 5가지 의무를 수행하여야 한다. 그중 라마단은 매년 히즈라력 9월 한 달간은 해가 뜬 후부터 해가 지기 전까지는 물, 음료 등 일체의 음식물을 먹지 않고, 일몰 이후에만 식사를 하며, 대부분 야간에 활동하는 것을 말한다. 무슬림은 무함마드가 9월 27일 밤 가브리엘 천사를 통하여 코란을 최초로 계시 받은 것을 기념하여, 9월 한달 간을 고행과 수도의 달로 보낸다. 하지(Hajj)는 이슬람력 12월 10일 전후로 약 1주일간 메카 성지를 방문하는 순례 행사이다. 무슬림은 평생 한번은 메카를 순례하여야 한다. 매년 전 세계에서 약 300만 명의 무슬림이 하지 기간 중 메카를 방문, 이슬람에서 가장 성스러운 신전인 카바 신전(기도의 방향을 정하는 직사각형의 검은 돌을 모시는 신전)을 7번 돌며 입맞춤을 하는 등 무함마드가 행하였던 순례의식을 따라 한다.

3) 개요

위치는 아라비아 반도에 있으며, 기후는 고온 건조성 대륙성 기후이다. 수도는 리야드(Riyadh, 인구 583만 명), 인구는 약 2,713만 명, 면적은 약 215만㎢(한반도의 약 10배), 민족구성은 아랍족(베두윈족 27%, 기타 아랍정착민 73%), 종교는 이슬람교(수니파 90%, 시아파 10%)이다. 언어는 아랍어(영어 통용)이며, 1인당 GDP는('12년 기준) 24,859불, 우리나라와의 교역은('12년기준) 총교역 488.4억 불(수출 91.2억 불, 수입 397.2억 불), 독립일은 1927년 5월 20일이며, 재외동포수는('13) 8,450명이다.

아랍에미리트 United Arab Emirates

1) 한류 확산

아랍에미리트는 걸프 연안에 자리잡고 있다. 2004년 이후 이집트를 거쳐서 한류 드라마 '가을동화', '겨울연가', '대장금' 등이 중동지역에 전파되어 한류드라마가 인기를 끌었다. 이와 함께 K-Pop 음악이 인터넷을 통하여 중동지역의 젊은 층을 중심으로 빠르게 확산되면서 UAE에도 고정적인 한류팬들이 나타나기 시작하였다. 중동지역의 젊은이들은 점차 중동지역의 보수적인 문화와는 다른 어느정도 자유롭고 역동적인 문화를 찾는 경향을 보이고 있다. 그렇지만 지나치게 개인주의적이고 자본주의적이며 노골적인 성(性)적 노출이 많은 성격을 가지고 있는 서구문화에 대하여 거부감을 가지고 있었다.

이러한 상황에서 알려지기 시작한 한국 드라마는 지나치게 성(性)적이지 않으면서 가족들을 중시하고 연장자와 여성을 세심하게 배려하는 내용들을 담고 있어서 중동지역의 보수적인 문화와 조화되는 측면을 가지고 있었고 거기에 스토리의 흥미진진함이 더해져서 인기를 끌게 되었던 것이다. 한류드라마의 인기에 더하여 K-Pop의 흡인력 있는 음악과 멋진 댄스 등이 UAE 젊은이들을 K-Pop에 빠지게 하였다. 또한 일찍부터 중동에 진출한 건설사 등 한국기업에 대한 좋은 이미지가 한국 대중 문화 선호로 이어지고 있다. 아랍에미리트의 경우 이슬람 국가 특성상 자본주의적이고 자극적인 문화에 대한 거부감이 있다. 그러나 점차 K-Pop, 한국드라마를 비롯한 한국 문화에 대한 긍정적인 이미지가 심어지고 있다. 한류클럽 학생들을 중심으로 한국어 학습 열기가 급속도로 증가하고 있다. ZAYED 대학에서는 한국어교육기관인 세종학당을 운영하고 있고, UAE대학에서는 2012년 2월부터 한국어 과목을 정규학점 과정으로 개설하였다. 다른 대학들은 학생과외 활동(Activity)으로 한국어 과목을 인정하는 등 점층적인 문화 교류가 이뤄지고 있다.

3) 개요

위치는 걸프 연안과 사우디, 카타르, 오만과 접경지역이며, 수도는 아부다비(Abu Dhabi, 인구는 197만 명). 인구는 826만 명(외국인 88.5%)이며, 면적은 83,600㎢(한반도의 1/3), 민족구성은 아랍족, 외국인(아시아계, 이란계)으로 구성되어 있으며, 종교는 이슬람교(수니파 84%, 시아파 16%), 언어는 아랍어(영어도 통용)를 사용하며, 1인당 GDP는 ('11년 기준) 67,008불이다. 수출입 현황은 ('12년) 총교역 219.7억 불(수출 68.6억 불, 수입 151.1억 불), 독립일은 1971년 12월 2일, 재외동포수는('12) 10,500명이다.

알제리 Democratic People's Republic of Algeria

1) 한류 확산

알제리는 북아프리카 지중해 연안에 위치한 나라다. 소수의 알제리 청년층에서 K-Pop 및 한국어에 대한 온라인 한류 동호회가 조직되어 2012년 6월, 회원수가 231명으로 증가하였다. 2012년 세종학당의 개설로 한국어 수업이 알제2대학의 외국어센터 내에서 진행 중이다.

2) 일반 정보 및 문화

1830년부터 1870년은 프랑스의 알제리 침략기로, 1848년 프랑스는 알제리를 공식적으로 자국 영토에 편입하고 3개 도(道)를 설치하였고 1870년 프랑스는 보불전쟁에서 패한 이후 알제리 식민지 경영을 가속화하였다. 1954년 11월 1일, 튀니스에 본부를 둔 민족해방 전선(FLN)이 대불항쟁을 선언하였다. 오늘날에도 11월 1일은 알제리 국경일로 지정되어 있다. 1954년부터 1962년까지 민족해방전선(FLN)주도의 독립 전쟁 결과, 알제리는 1962년 7월 5일 독립을 쟁취하였다.

1962년 독립 이후 민족해방전선 1당제 사회주의 체제가 유지되어 오다 1986년 유가 하락으로 인한 경기침체를 배경으로 1988년 민주화 시위가 폭발하고 1989년 다당제 및 자본주의 경제를 도입하였다. 그러나 1989년 결성된 이슬람 근본주의 정당인 이슬람구국전선(FIS)이 1991년 하원선거에서 1차 선거에서 승리하자 군부쿠데타로 선거를 무효화

하였으며, 이후 이슬람근본주의자의 대응으로 내전이 발생하여 약 10여년 간 테러가 지속되었다. 1995년 다당제 헌법 하에 당선된 제루알 대통령이 1998년 사임하고 1999년 부테플리카 현 대통령이 당선된 이후 국민화합, 대서방 관계개선, 경제발전을 추진하며 안정을 회복하고 꾸준한 경제성장이 지속되고 있다. 부테플리카 대통령은 2009년 3선 되었으며 2011년 8월 국가비상사태를 해제하고 정치개혁을 추진하고 있다.

BC 500년경부터 알제리에 자리잡은 베르베르민족의 베두인(Bedouins : 사막유목인) 문화에 이슬람 문화와 프랑스문화가 이식되어 복합적인 문화전통을 형성하였다. 베르베르인은 현재 알제리 동부(Kabylie) 및 동남부 사막지역 등 알제리 전체인구의 약 20%를 점유하고 있는 마그레브지역의 토착 원주민이다. 베르베르인은 가혹한 자연환경 속에서 장구한 세월동안 변화 없는 생활을 하면서 철저한 가족주의, 씨족주의를 중심으로 철저한 가부장제도의 특성을 지닌다. 이슬람 문화의 전통에서는 장기 계획을 세우는 것 자체가 신에 대한 불신을 의미한다고 믿기 때문에 이러한 철저한 종교적 예정설이 현실에서는 숙명론적 자세와 기획능력의 부족으로 나타난다. 알제리 국민은 이슬람을 신봉하나 형식적인 계율의 엄격성은 약화되었다. 예를 들어 히잡을 쓰는 것은 여성개인의 자유이다.

프랑스 문화요소는 132년(1830~1962)간의 프랑스 식민통치 기간 중 프랑스 문화가 사회제도에 뿌리 깊은 족적을 남겼다. 독립 후에도 알제리는 프랑스어의 영향에서 벗어나지 못하고 현재까지 불어는 상용어로 널리 통용되고 있다. 베르베르 문화는 알제리 문화의 근저를 이루며 가족주의 및 씨족주의로, 이슬람 문화는 정신 세계를 지배하며 예정설의 신봉으로, 프랑스 문화는 교육제도, 행정시스템, 법질서 등 다수 사회제도의 원형 형태로 발현되고 있다. 그 외에도 알제리 문화에는 역사적으로 이 지역을 지배한 페니키아, 누미디아, 로마, 반달, 비잔틴, 오스만 투르크 등 다양한 민족의 다양한 문화가 융합·발전된 형태로 존재한다.

3) 개요

위치는 북아프리카 지중해 연안이며, 기후는 지중해성 기후(북부), 사막기후(남부), 수도는 알제리(Alger, 인구 약 333만 명)이다. 인구는 3,710만 명(2012년 기준), 면적은 2,381,741㎢(아프리카 최대), 민족구성은 아랍인(80%), 베르베르인(20%)로 되어 있으며, 종교는 이슬람(수니파 99%), 기타(1%), 언어는 아랍어(공용어), 베르베르어(공용), 불어(상용)를 쓰며, 1인당 GDP는('11년 기준) 5,245불(구매력 평가 기준 8,570불), 우리나라와의 교역은('11년, 우리기준) 총교역 12억 불(수출 11.22억 불, 수입 1.3억 불), 독립일은 1962년 7월 5일이며, 해외동포수는('12) 1,060명이다.

예멘 Yemen

1) 한류 확산

2008년 이후 〈겨울연가〉, 〈꽃보다 남자〉 등 한국드라마가 예멘 TV채널에 방영되기 시작하면서 한류에 대한 관심이 크게 증가 하였다. 많은 이들이 한국드라마를 찾아 시청하고 등장하는 배우들에 대해서도 큰 관심을 갖고 있다. 최근에는 드라마 외에도 유명한 걸그룹이나 가수 싸이 등을 통해 K-Pop도 조금씩 알려지고 있다. 주예멘대사관은 한류 붐 확산 및 한류조직화를 위해 노력하고 있다. 수도 사나에 위치한 한국인이 운영하는 '오하나 센터'라는 영어학원에서 한국어 수업을 개설하여 한국어와 한국 문화에 대해서 가르치고 있다.

2) 일반 정보와 문화

예멘은 과거와 현재가 공존하는 아랍 전통국가로 국민의 대부분이 이슬람교도로 구성되어 있기 때문에, 생활양식도 이슬람의 영향을 크게 받았다. 그러나 이슬람의 가르침보다 부족 내의 규칙을 우선 하는 경우도 있다. 일반적인 성인남성은 허리띠에 '잠비아'라고 불리는 반달 모양의 단검을 차고 다니는데 무기로 사용되기 보다는 남자들의 지위를 상징한다. 여성은 종교적인 관습에 따라서 머리와 얼굴을 가리기 위한 스카프와 몸을 가리는 천을 착용하고 있으나, 사우디아라비아처럼 전체를 감추도록 의무적으로 요구되지는 않는다. 이것은 개인과 그 가족의 신앙의 깊이에 의해서 판단되므로, 신앙이 깊어지면 그만큼 피부를 숨기는 면적도 많아지게 되는 것이다. 여성의 사회 진출은 주로 도시 지역에서 조금씩 진행되고 있다. 이슬람교에서 금지된 술 대신, '카트(Khat)'라고 불리는 마약성 작물의 잎을 씹는 관습이 있다. 예멘은 한반도와 같이 남북이 분열되어 내전이 발생했다가 통일 된 나라다. 1839년에 남예멘은 영국의 식민지가 되고 1918년에는 북예멘이 회교 군주국이 된다. 1967년에는 남예멘 인민공화국이 되고 1972년에 남북 예멘간 내전이 발생 곧 통일되었다가 1979년 다시분열, 1990년에 통일 예멘공화국이 수립된다.

3) 개요

수도는 사나(Sana'a, 인구는 193만 명)이며, 인구는 약 2,600만 명, 면적은 52만8천㎢(한반도의 약 2.5배)이다. 민족구성은 아랍인(98%), 기타(9%, 에티오피아계 및 유태계 소수 혼재), 종교는 이슬람교(수니파53%, 시아파 47%)이며, 언어는 아랍어를 사용, 1인당 GDP는(ʼ13년 기준) 1,763불(175위), 우리나라와의 교역은(ʼ13년 기준) 총교역 167억불(수출 67억 불, 수입 100억 불)이다.

오만 Sultanate of Oman

1) 한류 확산

오만에서는 아직 한류 붐을 형성할 정도는 아니나, 최근 한국 드라마, K-Pop을 좋아하는 젊은 층이 증가하고 있으며, 특히 여학생들 사이에서 한류가 부분적으로 감지되고 있다. 이들은 주로 위성방송 및 인터넷을 통해 한국드라마를 시청하며, KBS World, Arirang TV 등을 통해 한국 드라마 및 한국 뉴스 등 정보를 얻고 있다. 한국드라마와 K-Pop의 영향으로 '안녕하세요', '감사합니다' 등 기초 한국어를 구사하는 한류 애호가들이 많다. 매주 1회 한국어 수업을 실시하는 무스카트 한글학교에서 한글을 배우는 오만인들도 상당수 있다.

또한 국기원 태권도 시범단이 2009년에 이어 수도 무스카트에서 태권도 시범 행사를 개최하였다. 태권도 종주국인 우리나라의 태권도 기술 수준을 소개하고, 태권도를 올림픽 경기종목으로 유지할 수 있는 대중적 기반을 닦는 기회가 되었다.

2) 일반 정보 및 문화

오만은 걸프해에서 인도양으로 이어지는 관문인 호르무즈 해협에 접해 있는 아라비아의 전략적 요충지의 나라로 서쪽으로 사우디아라비아, 남서쪽으로 예멘, 북서쪽으로 UAE에 접해있고, 바다를 사이에 두고 이란, 파키스탄, 인도에 면해 있다. 19세기 들어 동아프리카 지역(몸바사, 잔지바르)까지 지배하는 등 해상제국으로 도약하는 등 전성기를 맞았으나, 19세기 말에는 사실상 영국의 피보호국이 되고, 이후 쇄국정책으로 고립되었으나, 현 카부스 국왕이 경제 발전 및 개방정책을 적극 추진하여 현 국왕의 치세를 '르네상스'라 부르고 있다.

오만 북부 바티나 지방에 위치한 오만 제3의 도시소하르는 중세시대 오만 해상무역의 중심지로 아프리카, 인도, 아시아 지역으로 향하는 상선들이 출발하는 항구였으며, 아랍지역에서 가장 큰 규모였다고 한다. 오만 국토의 82%는 사막이나, 아라비아 반도에서는 드물게 산악지대가 국토의 15%를 차지한다. 오만 남부의 도파르 지방은 6~7월 사이에 안개비가 내리는 몬순기후로 식생이 가능하여, 대추야자, 바나나, 망고 등이 재배되며 주변국과 유럽인들의 휴양지로서도 각광받고 있다. 무엇보다도 도파르 지방은 유향(frankincense)의 주요 재배지역으로서도 유명하다. 예수가 태어났을 때 동방박사들이 황금, 몰약과 함께 예수에게 선물했을 정도로 귀중했던 유향은 고대 종교행사의 필수품이었으며, 현재까지도 주요 행사 및 일반 가정에서 유향을 피우는 문화가 있다.

이슬람 국가인 오만은 주요 국사시책도 이슬람 정신에 근거하여 수립하며, 이슬람 율법(샤리아)체계가 국내법의 근간을 이루고 있다. 현재 오만에 이슬람 원리주의 세력은 매우 미미하며, 외교적으로 친서방 온

건노선을 표방하고, 타종교에 대해 예배를 허용하는 등 비교적 관대한 편이나 선교는 법으로 금지된다. 다른 이슬람 국가와 마찬가지로 대부분 이슬람교도인 오만인들은 라마단(금식월) 기간에는 해가 뜰 때부터 질 때까지 금식을 하며, 외국인들도 이 기간에는 공공장소에서의 취식이 금지된다.

3) 개요

위치는 아라비아반도 동남부에 있으며, 기후는 사막성기후(5~10월), 고온건조(최고 49℃) 하다. 수도는 무스카트(Muscat)이며, 인구는 277만 명(외국인 포함, 2010년 기준), 면적은 309,500㎢(한반도의 약 1.4배), 민족구성은 아랍족으로 구성되어 있다. 종교는 이슬람교(혈통에 의한 종교지도자의 세습을 배격하는 이바디파가 주류), 언어는 아랍어(영어 광범위하게 통용)를 사용, 1인당 GDP는(’12년 기준) 28,109불이며, 우리나라와의 교역은(’12년 기준) 총교역 62.3억 불(수출 9.24억 불, 수입 53,06억 불), 국가성립일은 1744년 11월 18일이며, 재외동포 수는(’12) 536명이다.

요르단 Haskemite kingdom of Jordan

1) 한류 확산

이스라엘, 시리아 등과 접경을 이룬 요르단의 한류는 아직 초기단계로 수년전 Korea TV 등을 통한 위성 채널에서 이제는 요르단 정규 지방파 방송인 요르단 TV 등으로 규모가 확대되고 있다. 인터넷 매체와 소규모 동아리 등이 결성되기 시작했지만, 정기적으로 활동을 하고 가시적인 성과가 보이는 모임은 아직 거의 없는 수준이다. 하지만 요르단의 한류에 대한 전망은 밝다. 먼저 자동차, 전자제품 등을 통해 생성된 한국제품에 대한 긍정적 찬사들은, 한국에 대한 전체적 이미지를 좋게 형성하였다. 90년대부터 개설되기 시작한 대학교 내의 한국어 교양강좌는, 이제 한국어과 2회 졸업생을 배출하고 많은 학생들이 한국에서 수학중이다. 요르단 대학교 총학생회 주체 세계민속전에서 가장 인기있는 부스는 늘 한국관이다.

국영방송인 요르단 방송보다는 주로 걸프지역에서 송출된 위성방송을 더욱 즐겨보는 요르단인에게는 위성방송에서 어떤 프로그램을 선정하느냐도 매우 중요하다. 중동전문 한국 위성방송인 3Korea TV의 각종 예능프로와 드라마는 요르단에서도 선풍적 인기를 끌었다. 요르단 국영방송에서 드라마로 2011년 대장금과 2012년 상도를 방영했다. 정식 한국어 교육과정은 요르단 대학교 한국어과와 일부 대학의 한국어 교양과목이 있다. 한국어는 학교를 통하거나 방송이나 매체를 통해 스스로 훈련하며, 방송에 자주 등장하는 간단한 한국말을 구사하는 젊은이들을 종종 볼 수 있으나, 아직은 한국인에게 중국어로 인사를 건네는 사람들이 더 많다.

2) 일반정보 및 문화

동서 문명의 교차로에 위치한 요르단은 아프로-유라시아 세계의 심장부에 자리하고 있다. 서로는 팔레스타인, 이스라엘을 지나 지중해와 유럽, 아프리카로 연결되어 있고, 남으로는 홍해와 아라비아 반도를 지나 인도양으로 통한다. 동으로는 이라크를 통해 아시아로 향하고, 북으로는 시리아, 터키를 통해 유럽으로 갈 수 있다. 요르단 남단의 아까바 만에는 수십킬로 미터를 두고 이집트, 이스라엘, 요르단 사우디가 붙어있고, 수많은 성지 순례객들이 요르단을 거쳐서 메카로 들어간다. 요르단은 아랍화되기 이전부터 유구한 역사를 지닌 나라였지만 주변국의 침입과 지배로 제국을 형성하지 못했다. 로마제국과 비잔틴제국, 영국 등의 지배를 거쳐 현대의 요르단이 탄생하였다. 이렇게 많은 문명이 뒤섞인 요르단의 문화를 하나로 정의하기는 어렵다. 요르단 현재의 땅과 서안인 현 팔레스타인과 이스라엘 땅이 분리된지 아직 70년이 되지 않았기 때문이다. 현재 요르단 인구의 약 70%를 구성하고 있는 사람들은 원래 요르단 사람들이 아닌, 요르단 강 건너의 팔레스타인 출신 사람들이다. 이들 모두는 현재 남한의 실향민들처럼 고향이 현재의 이스라엘 땅이며, 그래서 이들은 이스라엘을 전쟁으로 인해 "점령당한 땅"이라고 한다.

또한, 사막이 많은 지형에서 원래 유목민들이 다수였던 이곳이지만, 계곡과 고원의 매우 비옥한 땅 역시 많아서, 많은 농작물을 수입하면서 동시에 수십개 국으로 많은 작물을 수출 중이다. 아랍에서 가장 서구화 된 나라의 하나로 꼽히면서도, 아직 가부장적인 사회와 지방의 부족과 가문의 권위가 중시되는 곳이며, 여성의 권리와 민주화 정치가 많이 도입되어 있지만, 아직 국가 중심으로서의 세습왕정은 확고하다. 거기에 상당한 비율의 소수 민족들이 요르단이라는 국적 내에서 정체성을 유지하고 있고, 이들 중 상당수는 국가 주요 요직에서 활동 중이다. 경제적으로도 이집트, 동남아시아 등에서 온 많은 노동자들이 국가 하층 경제활동에 상당부분을 차지하면서도, 요르단인들은 다시 걸프국가나 서구에서 벌어들인 소득에 상당히 의존한다. 아랍권에서 이집트와 더불어 유일하게 이스라엘과 평화협정을 맺은 요르단은, 서구로부터 많은 원조를 받고 있다. 이집트의 새 정권이 보수화되리라는 예측이 도래하면서, 이스라엘 문제를 비롯한 역내문제에 있어 서구권에서는 요르단과의 협력을 더욱 중시하고 있다. 더구나 현재 시리아, 이라크, 이집트 등 인접국가의 정세가 불안해지면서, 요르단은 역내 국가로의 진출의 교두보로써 그 중요도가 커지고 있다.

3) 개요

위치는 이스라엘, 시리아, 이라크, 사우디 아라비아 접경 지역에 있으며, 기후는 반건조성 지중해성 기후, 여름에는 고온 건조하고, 겨울에는 춥다. 수도는 암만(Amman, 인구 약 240만 명)이다. 인구는 650만 명이며, 면적은 89,342㎢(West Bank 제외), 남한의 약 90 % 크기이며, 민족구성은 아랍인, 소수민족(아르메니아인, 체첸인, 카프카스인 등)으로 되어 있으며, 종교는 이슬람교(수니파 92%), 기독교(6%), 기타(2%), 언어는 아랍어(영어도 통용)를 사용하며, 1인당 GDP는('12년 기준) 6,000불이다. 수출입 현황은('11, 우리기준) 총 교역 약 13억 불(수출 13억9천만 불, 수입 6천9백만 불)이다. 독립일은 1946년 5월 25일, 재외동포수는('12) 622명이다.

이란 Islmic Repablic of Iran

1) 한류 확산

한국과 페르시아의 문화 교류는 멀리 1200년 전으로 올라간다. 당시 실크로드를 타고 페르시아 문화가 통일신라에 유입됐다. 신라 향가 〈처용〉의 주인공이 페르시아 상인이라는 '학설'이 있을 정도다. 우리나라와의 공식적인 외교관계는 1962년 10월 23일 수립되었으며 1970년대 중동진출 과정에서 이란 내 건설시장에 적극 참여했다. 당시 2만 명 이상의 한국인이 밤낮없이 흘린 피땀이 양국관계의 기반이 되어, 우리 경제 성장에 크게 기여했다. 두 나라는 이런 우호 관계의 상징으로 1977년 서울과 테헤란에 각각 '테헤란로'와 '서울로'를 지정했다. 2002년은 두 나라 수교 40주년을 맞아 테헤란에 한국광장(2002)과 서울공원(2003)이 만들어져 매우 드물게도 이란의 수도 테헤란 한복판에 우리나라 도로, 광장, 공원의 명칭이 붙었다. 두 나라는 2012년 수교 50주년을 기념해 서울과 테헤란에서 각종 문화행사를 벌였다.

2006년~2007년, 주 1회 주말 저녁에 한국 드라마 〈대장금〉이 이란 국영방송국의 전파를 탔으며 〈대장금〉이후 한국 기업의 상품이 이란에서 선풍적인 인기를 끌었다. 하지만 이란 헌법 제44조에 따르면 미디어(TV와 라디오)는 정부 영역에서만 운영할 수 있고 민영방송을 금하기 때문에 이란 국영방송(IRIB)을 통해 전파를 탄 한국 드라마만 합법적인 한류라고 볼 수 있다.

물론 적지 않은 이란인들이 위성방송이나 인터넷 다운로드를 통해 한국의 대중문화를 즐기고 있는 것으로 추정된다. 한국어를 배워 실시간으로 한국의 방송을 즐기는 마니아도 있다. 한류 드라마 덕분에 우리 문화와 한국어 학습에 대한 이란인의 관심은 뜨거운 편이다. 이란 사람들은 한국을 '대장금'과 '주몽'의 나라로 여긴다. 한국 사람은 다 예쁘고 잘 생긴 줄 안다.

대장금이 방영됐을 때는 한국 음식에 대한 관심은 물론 자동차도 인기다. 한국 요리책도 여러 권 번역되어 나왔다. 이어 '주몽'이 방송될 때도 남녀노소 할 것 없이 이란 전역이 난리였다. 지금도 이란 사람을 만나면 '주몽' 이야기로 말문을 연다. 두 드라마가 방영된 이후로 한국의 문화와 역사에 관심을 가진 이란 사람들이 부쩍 늘었다. 한국 드라마 방영 이후 이란에서 김치와 라면의 판매가 급승했으며 한국 가진제품은 물론 자동차로 인기다. 이란 사람들은 먼 이국 땅의 한국인을 좋아한다. 그런 맹목적인 관심에 우리도 좀 더 이란에 대해 우호적인 감정을 가졌으면 하는 바람이다.

2) 일반 정보 및 문화

이란은 인더스 강과 티그리스강 사이의 이란 고원에 위치하며 아시아·유럽·중동 등 세 대륙을 연결하는 허브이자 중앙아·서남아 등지로 진출할 수 있는 전략적 입지조건을 지녔다. 이란인은 자국의 역사와 문화에 대한 자긍심이 높아 페르도시, 사디, 하페즈 등 뛰어난 시인을 민족의 영웅으로 숭상하며 일상 속에서 그들의 시를 즐긴다. 인구의 90%이상이 시아파 이슬람을 믿는다. 이같은 종교적 연대에 의해 국가의 단일성을 유지한다. 1979년 이슬람 혁명 이후 국민생활의 전반적인 이슬람화가 촉진되었으나 이슬람 이전의 페르시아적 문화요소(조로아스터교)도 남아 있다.

휴일은 이슬람 율법에 따라 목요일 오후부터 금요일까지고, 모든 생활은 이슬람 법률에 따른다. 법률을 제정, 시행할 때도 이슬람 율법에 적합한지 여부를 확인 받는다. 이슬람의 소수파인 시아파(추종자)는 다수파인 수니파(전통주의자)와 대립하고 있다. 이는 예언자 모하마드(Mohammad)사후, 후계자 선정 당시로 거슬러 올라간다. 당시 시아파는 다수에 의해 추대된 칼리프(Caliph)에 반발하며 모하마드와 혈통관계에 있는 알리(Ali Ibn Abi Talib, 모하마드의 사촌이자 사위)만 후계자가 될 수 있다고 입장을 견지함으로써 대립관계가 형성되었다. 수니파는 이슬람교도의 약 85~90%를 차지하며 스스로 정통파로 칭하지만 융통성이 있는 반면 시아파는 독실한 신자들과 비아랍계가 주를 이루고 있다.

이란은 다양한 식생으로 먹거리가 풍성하여 사시사철 제철과일을 싸게 먹을 수 있다. 종교적인 이유로인해 신체가 노출되는 스포츠는 이성의 관람을 금지한다. 역사적으로는 승마, 육상, 레슬링, 사격 등이 성행했다. 이란은 풍부한 천연자원(석유 매장량 세계 3위, 천연가스 매장량 세계 2위 등)과 넓은 국토 및 전략적 입지조건, 인적자원의 질(인구의 2/3 이상이 고등교육 수학) 등 성장 잠재력이 높다.

1925년 레자 샤 팔레비(Reza Shah Pahlavi, ~1941)로 등극한 레자 칸(Reza Khan)은 이란의 근대화에 주력했다. 1936년 차도르의 착용을 금지시키고 서양 복제를 장려했다. 1941년 팔레비 국왕 즉위 후 이란은 연합국의 병참기지가 됐다. 종전 후 석유 국유화를 주장하는 국내 요구가 비등했고 모사데크(Mossadeq)가 총리에 임명됐다. 이에 미국은 1953년 영국과 함께 모사데크 정부를 전복시켰다. 이후 팔레비 왕조의 비민주성, 빈부 격차 심화, 이슬람 전통을 무시한 서구화 등은 국민의 저항을 불러일으켰다. 1978년 벽두부터 반정부 시위와 유혈진압의 악순환이 시작되었고 팔레비는 1979년 1월 미국으로 떠나고 프랑스 망명 중이던 호메이니가 귀국함으로써 왕정이 종식되었다.

1979년 이슬람혁명은 이란 역사상 최초로 민중 봉기로 지배자를 교체한 사례이다. 이란 이슬람 공화국(Islamic Republic of Iran)은 이슬람

혁명이념 및 이슬람 원리에 입각한 이슬람 지상주의 사회 구현을 목표로 한다. 형식상 3권(입법, 행정, 사법) 분립 원칙을 따르고 있으나, 최고지도자가 신정주의 원칙에 따라 동 3권에 우선한다. 이슬람 신정주의(theology)와 민주주의(democracy)를 결합한 이원적 통치체계를 운영하고 있는 것이다. 2005년 대통령 선거에서 강경보수파 아흐마디네자드 후보가 저소득층의 압도적 지지로 당선됐다. 이후 이란 사회의 전반적인 보수화가 진행됐다. 2012년 3월 제9대 총선에서 주요 개혁세력이 불참한 가운데 집권 보수 세력이 압승을 거뒀다.

3) 개요

위치는 서남아 러시아, 아프가니스탄, 파키스탄, 이라크 및 터키와 인접해 있으며, 기후는 고온 건조하고 대륙성 기후이다. 수도는 테헤란(인구 : 테헤란시 850만, 테헤란 주 1200만 명)이다. 인구는 약 7,600만 명이며, 면적은 165㎢(한반도의 7.5배), 민족구성은 다민족사회, 페르시아족(51%), 아제르바이잔족(24%), 길락-마란다란족(8%), 쿠르드족(7%), 아랍족(3%), 루르족(2%), 발루치족(2%), 투르크족(2%), 기타(1%) 등이며, 종교는 이슬람교, 언어는 이란어(Farsi), 1인당 GDP는('11년 기준) 5,218불(구매력 기준 $12,263), 우리나라와의 교역은('11년 우리기준) 총교역 185억 불(수출 72억 불, 수입 113억 불)이며, 국가 성립일은 1979년 4월 1일 이슬람 공화국으로 되었으며, 재외동포수는('12) 429명이다.

1) 한류 확산

쿠르드지역에서는 한류 정도는 아니나, 한국드라마의 선풍적인 인기로 한국문화에 대한 관심이 매우 높아지고 있는 지역이다. 2004년 자이툰부대의 아르빌 주둔으로 시작된 한-쿠르드 관계는 4년간의 치안유지활동 뿐만 아니라, 의료지원, 취약계층지원, 쿠르드어 교실 운영, 태권도교실 운영 등으로 자이툰부대는 '신이주신 선물'이라는 찬사를 받았다. 또한 우리정부의 이라크 재건사업의 일환으로 KOICA를 통해 쿠르드지역에 다양한 원조사업을 하고 있고, 특히 쿠르드 공무원 등 1,100여 명이 한국 연수를 경험한 바 있어 쿠르드 지역에 한류를 확산하는데 매우 좋은 기반이 형성되어 있다. 최근 주이라크 대사관 및 주아르빌 사무소에서는 이라크 지역 한류확산을 위해 쿠르드지역에서 다양한 우리문화 소개활동을 전개하고 있으며, 한-이라크 수교 이후 2011년에 최초로 개최된 대형 문화행사인〈제4회한-아랍 소사이어티 케러번 행사〉와〈김석태 사진작가 전시회〉, 2012년 한류 스타(드라마〈허준〉주인공 전광렬 배우) 방문, 그리고 지속적인 한국드라마 방영 등으로 한국을 알리는데 노력하고 있다.

2) 일반 정보 및 문화

세속주의적 이슬람 경향을 드러내고 있으며, 교회설립 허용 등 종교적 관용 정책(아르빌시내 아잉카와 등에 기독교도 거주) 다민족 다종교가 함께 살아가고 있는 것이 특징이다. 이라크 문화 특성 중 개인 활동 보다는 가족과 함께 활동하는 모습들을 많이 볼 수 있으며, 남성이 모든 일을 한다(시장에서 장보기, 심부름 등 가정적인 남자의 모습을 볼 수 있다).

쿠르드족은 이라크, 터키, 시리아, 이란 아르메니아에 걸쳐 약 5천만 명이 분포하고 있어 세계 최대 소수 민족으로 볼 수 있다. 이라크 북부 3개주(아르빌, 술래이마니아, 도훅)에는 470만 명의 쿠르드인들이 이라크 중앙정부로부터 비교적 광범위한 자치권을 부여받아 쿠르드 지방정부(Kurdistan Regional Government)를 구성하며, 이라크 여타지역과 아랍족의 중동국가와는 다른 쿠르드인의 독자적인 언어와 문화를 지키면서 살아가고 있다. 역사적으로 쿠르드인은 성서에 나오는 메데인(Medes)으로 알려져 있는 민족으로 11세기 말 십자군전쟁시 이슬람세계를 구한 영웅 '살라딘' 또는 쿠르드인으로서, 쿠르드인의 민족적 자부심이 높은 편이다. 현재 이라크 북부 쿠르드 지방정부 지역은 비록 470만 명의 쿠르드인이 살고 있지만, 준국가 단계의 광범위한 자치를 누리면서 인근 국가에 흩어져 살고 있는 5천만 쿠르드인들의 구심적 역할을 하고 있다. 풍부한 석유와 가스 매장량을 가지고 경제적 잠재력과 이라크, 터키, 시리아, 이란을 연결하는 허브(Hub)지역으로서 앞으로 발전 가능성이 매우 높으며 문화적 독창성도 계속 이어나갈 것으로 보인다. 쿠르드문화는 아랍문화, 터키문화, 이란문화와 혼재된 듯하면서도 다른 독특한 특징을 갖고 있으므로, 쿠르드지역에서 비지니스, 문화 활동 등을 할 경우, 막연히 중동국가의 일부라는 생각에서 아랍권 문화로 치부하면 안되며, 쿠르드의 독창적인 언어, 역사, 전통을 존중하면서 활동하는 것이 바람직할 것이다.

3) 개요

위치는 아라비아 반도 동북부, 아랍만 북부에 위치하고 있으며, 기후는 사막성 건조 기후이다. 수도는 바그다드(Baghdad, 인구 : 650만, 2011년 추정)이다. 인구는 약 3,200만 명(성장률 2.5%, 2011년 추정치)이며, 면적은 약 44만km²(한반도의 약 2배)이다. 민족구성은 아랍족(75%), 쿠드르족(20%), 투르크족, 아시리아족 등 기타(5%)로 되어 있으며, 종교는 이슬람교(97% - 시아파 60~65%, 순니파 32~37%), 기독교 등 기타3%이며, 언어는 아랍어(공용어), 쿠르드어(쿠르드지역 공용어)를 사용한다. 1인당 GDP는('11년 기준) 3,800불이며, 우리나라와의 교역은('11년 기준) 총교역 103억 불(수출 4억 불, 수입 99억 불), 독립일은 1932년 10월 3일이며, 재외동포수는('12) 500명이다.

이스라엘 State of Israel

1) 한류 확산

이스라엘은 1948년에 건국되고 1962년 한국과 외교관계가 수립된 후 70년대부터 한국과 문화교류가 시작되었지만, 수차례의 전쟁과 불안한 주변국과의 관계, 여러 자국내 문제로 인해 한국과의 문화교류는 별다른 진전이 없었다. 하지만 2006년 이후 한국 드라마가 처음으로 이스라엘에 소개되고, K-Pop이 세계적으로 인기를 얻음에 따라 이스라엘 내에도 꾸준히 한국 문화에 대한 관심이 증대되고 있으며, 한류팬들의 활동도 꾸준하게 늘고 있는 추세이다. 2006년 처음으로 이스라엘 케이블 TV의 Viva 채널을 통해 MBC드라마 '내사랑 김삼순'이 방영되어 큰 인기를 끈 후 지난 10년간 동 채널을 통해 '궁', '커피프린스', '꽃보다 남자', '신사의 품격' 등 많은 한국 드라마가 꾸준히 이스라엘 시청자들에게 인기를 얻고 있다. 2012년 전세계적으로 큰 인기를 얻었던 가수 싸이의 '강남스타일'은 TV, 라디오와 같은 미디어 뿐만 아니라 길거리에서도 쉽게 접할 수 있을 만큼 이스라엘 내에서도 큰 인기를 얻었으며, 히브리어 가사의 패러디인 '감바 스타일'도 높은 유투브 조회를 기록했으며, 히브리어로 번역된 '강남스타일'이 청소년층에게 널리 인기를 얻었다.

그러나 이스라엘의 한류가 아직까지는 제한적이기 때문에 보다 계획적이면서 부단한 노력이 필요하다.

2) 일반 정보와 문화

유대교와 이스람교, 기독교 등의 여러 종교가 함께 공존하면서 만들어진 매우 독특한 문화를 보이고 있다. 특히 1948년 건국 후 해외에서 돌아와 정착한(Aliyah) 유대인들이 가지고 있는 전세계의 여러 문화들이 함께 섞여 타 문화에 대해 관대하며, 타 문화를 보고 배우는 것에 관심이 많다. 한편, 이스라엘 사람들은 유럽과 서양, 중동 문화에는 매우 익숙한 반면, 동북 아시아의 문화를 접할 기회가 상대적으로 많지 않아 한국을 포함 한 동북 아시아의 문화에 큰 관심을 보이고 있지 않은 편이다. 유대인들은 2,000년 동안 디아스포라(이산(離散))이라는 뜻으로 이스라엘 본토를 떠나 흩어져 사는 유대인을 일컫는 말)로 흩어져 살면서 주변의 적개심에 늘 긴장하며 살아왔다. 급기야 2차 세계대전 때는 홀로코스트로 600만 명이 참혹하게 죽음을 당하는 역사의 고통을 겪었으며 인권 회복 차원에서 여전히 주목받고 있다. 그들은 말한다.

죄는 용서하되, 그 사건은 잊지 말아야 한다.

3) 개요

위치는 이집트, 요르단, 시리아, 레바논과 접경지역이며, 기후는 지중해성 기후이다. 수도는 예루살렘(약 77만 명), 인구는 788만 명(2012년 4월 기준), 면적은 20,770㎢(한반도의 약 1/10, 골란고원 및 팔레스타인 자치지구 포함시 총 면적 28,023㎢). 민족구성은 유대인(593만 명, 75.3%), 아랍계(162만 명, 20.6%), 기타(32.7만 명, 4.1%) ※ 해외거주 유대인은 약 800만 명(미국에 약 600만 명 거주), 종교는 유대교(80.1%), 이슬람교(14.6%), 기독교(2.1%), 기타(3.2%)이며, 언어는 이스라엘의 국어인 히브리어와 함께 아랍어, 영어 등의 언어가 공용어로 사용하며, GDP는 ('12년 기준) 2,142억 불(2011년 추정치, 1인당 GDP : 31,005불)이다. 우리나라와의 교역은('11년 기준) 우리나라와의 총교역 약 1,335.2억 불(수출 629억 불, 수입 706.2억 불)이며, 독립일은 1948년 5월 14일(팔레스타인의 분할에 관한 유엔 결의에 의해 독립 선언 했으며), 재외동포수는('12) 766명이다.

이집트 Arab Republic of Egypt

1) 한류 확산

이집트에서의 한류는 정식 외교관계를 수립한 1995년부터 서서히 전파되기 시작했다. 또 주재국 국영 방송을 통하여 한국 드라마 가을동화(2004), 겨울연가(2005), 대장금(2006) 등을 방영하였다. 아직까지 한국 음식이 이집트 대중에게 많이 알려지지는 않았지만 한국에 관심을 가지고 있는 이집트인들 중심으로 카이로 시내에 소재하고 있는 한국 식당을 방문하여 김치, 불고기, 잡채 등을 시식하고 있다.

이집트에서 한국어 교육기관은 아인샴스대학교 한국어과, 헬르완대학교 관광학부 교양 과목, 포트사이드 청소년센터, 룩소 관광고등교육원, 메노페이아 대학교 교양과목이 있다. 특히 아인샴스대학교 한국어과는 독립된 전공학과(2005)로 대학원 석사과정(2009)이 개설되어 현재 이집트 젊은이 100여 명이 한국어를 공부하고 있다. 그리고 대사관 한국어 무료 강좌에 최근 몇 년간 800여 명 이상이 지원하여 160명을 선발하여 초급반을 운영하고 있다. 이집트 내 태권도 클럽을 중심으로 태권도를 배우는 인구는 12,000여 명으로 집계되었다. 2007년부터 매년 14세 이하 남녀 청소년을 대상으로 하여 대사배 태권도 대회를 실시하고 있으며 자라나는 청소년들이 지속적으로 태권도에 관심을 가질수 있도록 장려하고 있다. 2010년부터 태권도 무경험자 및 초급자를 대상으로 태권도 무료강좌를 파이윰, 아스완, 이스마일리아, 포트사이드 등 지방도시에서 실시하고 있다.

문화체육관광부 산하 해외문화홍보원에 의하면 2016년에 K-Pop 아카데미를 위해 예산을 1억 원씩을 이집트에 지원하기로 하였다. 이로 인해 한류 확장에 큰 공헌이 될 것이다.

2) 일반 정보 및 문화

이집트는 아시아, 아프리카, 유럽 대륙과 가까운 지정학적으로 유리한 위치에 있어 오래 전부터 다양한 문화가 유입되고, 교역과 문물 교류의 구심점 역할을 하였다. 이집트인은 유럽과 같은 헌법을 근간으로 하고 있어 사회 전반적으로는 외래문화에 대한 큰 거부감 없이 흡수하는 편이라 볼 수 있다. 그러나 이집트는 종교 문제에 관련하여 타종교에 대한 적대감은 가지고 있지 않지만 주재국 내에서의 선교 활동은 법으로 금지하고 있어 주의가 필요하다. 이집트인들은 타문화에 대해 수용적인 편이다. 이집트인들은 거리에서 외국인을 만날 때도 적극적으로 다가와 말을 걸어오며 과하다 싶을 정도로 친절을 베푸는 것을 볼 수 있다. 이는 오랜 기간 동안 외국인들과 접촉해온 결과라 할 수 있는데 사회적으로 악영향을 주는 외래문화에 대해서는 배척하는 성향을 보인다.

3) 개요

위치는 동북 아프리카와 지중해 연안에 있으며, 기후는 아열대성 사막 기후이다. 국명은 이집트아랍공화국(The Arab Republic of Egypt)이다. 수도는 카이로(인구 약 1,601만 명, 2012년 통계청)이며, 인구는 9,200만 명(국내 8,400백 만, 국외 800만 명) ※ 2013년 2월 통계청 발표이다. 면적은 100.1만 ㎢(한반도의 5배, 전국토의 95%가 사막)이며, 민족구성은 이집트인, 베두윈, 베르베르인으로 구성된 햄족 99%, 그리스, 누비안, 아르메니아인 등 소수민족 1%로 구성되어있으며, 종교는 수니파 이슬람(약 90%), 콥틱교(7~10%), 언어는 아랍어(공용어), 영어 및 불어 통용(지식층), 1인당 GDP는 3,118불(2012년, WB), 독립일은 1953년 6월 18일(영국으로부터 독립), 재외동포수는('12) 1,011명이다.

1) 한류 확산

점점 한국드라마, K-Pop을 좋아하는 젊은 카타르 여학생들이 증가하여, 간간히 만나게 되는 젊은 여성들의 경우 설사 본인이 한국드라마를 즐겨보는 것은 아니더라도 그러한 친구들을 갖고 있는 경우가 많다. 한류를 좋아하는 카타르인들에게 한국드라마나 K-Pop을 좋아하는 이유를 물으면 보통 내용과 소재가 새롭고 흥미롭기 때문이라고 답한다.

2) 일반 정보 및 문화

아라비아 반도 동쪽에 위치한 카타르는 와하비즘(보수적인 이슬람주의로서 꾸란 등 근본적인 이슬람으로 돌아가야 한다는 사상)을 따르는데, 사우디아라비아와 같은 수니파지만 사우디와 비교했을 때는 덜 보수적이다. 이슬람은 카타르 사람들의 생활에 지대한 영향을 미치고 있으며, 카타르 사람들의 삶 자체가 이슬람을 위주로 돌아가고 있다. 평소 행동이나 말투가 이슬람의 영향을 받아 카타르 사람들은 모든 것이 '알라'의 뜻대로 이루어진다는 강한 운명주의적인 생각을 가지고 있으며, '인샬라(신의 뜻대로)'나 '알함두릴라(알라께 감사를)' 등 이슬람주의적인 표현을 일상적으로 많이 사용한다. 아울러, 이들은 어떤 일을 하던지 하루에 5번 기도하는 것을 빠뜨리지 않고 있으며, 곳곳에 크고 작은 모스크들을 흔하게 볼 수 있다. 특히 라마단(한 달 동안 금식하는 기간) 기간 동안에는 이슬람의 영향을 더 크게 느낄 수 있으며, 이때 카타르 사람들은 아침 해가 뜰 때부터 해가 질 때까지 아무것도 입에 대지 않는다. 따라서 그 기간 동안에는 공공기관 등에서의 근무시간이나 학교의 하교 시간 등이 짧아지기 마련이며, 호텔을 제외한 식당 및 상점들은 낮에 문을 닫는다.

기독교, 불교 및 힌두교 등 다른 종교의 경우, 카타르 정부가 정한 종교 부지 내에서 종교 활동을 하는 것이 허가되고 있으나 선교는 법으로 금지 된다. 카타르 정부는 또한 종교간의 대화를 촉진시키는 포럼 등도 주최하고 있으며, 동 포럼에는 유대교의 랍비도 참여하고 있다.

3) 개요

위치는 아라비아 반도 동쪽, 걸프만의 작은 반도이며, 기후는 간헐적인 사막 기후이다. 수도는 도하(Doha)이며, 인구는 170만 명, 면적은 11,521㎢(경기도 크기와 유사)이며, 민족구성은 토착 카타르인들(Bedu, 14%) 외 비 카타르계 아랍인, 아시아계 이주노동자, 서양인들로 구성되어 있으며, 종교는 이슬람교(대부분이 수니파), 언어는 아랍어(공용어), 영어(통용가능)를 사용한다. 1인당 GDP는('11년 기준 : 79,669불('12년 6월 EIU 보고서), 우리나라와의 교역은('11년기준) 총 교역 212억 불(수출 4.69억 불, 수입 204.49억 불)이며, 독립일은 1971년 9월 3일, 재외동포수는 ('13) 1,950명이다.

쿠웨이트 State of Kuwait

1) 한류 확산

쿠웨이트 젊은이들은 KBS world, Korea TV, Arirang TV를 위성채널로 시청하면서 우연한 계기에 한국문화를 접하게 되어 한류팬이 되는 경우가 대부분이다. 현재까지 한류스타가 쿠웨이트를 다녀간 적은 없으나 열혈 한류팬의 경우 인터넷 등 여러 경로를 통해 다양한 최신 드라마를 시청하고 있다.

2) 일반 정보 및 문화

쿠웨이트는 이슬람 국가로서 이슬람교에 따른 관습이 보편화되어 있어 금주, 도박 금지, 일부다처제 허용, 남·녀 생활공간의 분리, 여성복장 제약, 부모 의사를 위주로 하는 결혼(4촌간 결혼 빈번) 등의 관습이 보편화되어 있으나 여타 걸프협력이사회(Gulf Cooperatio Council) 국가 중에서는 상대적으로 개방적인 편이다. 특히 구미권의 영향으로 일부 일처제가 확산되어 젊은 층 세대의 상당수는 일부일처제를 받아들이는 등 서구화추세가 강화되고 있다. 이와 같이 신세대층은 서구식의 자유를 향유하고자 하는 경향이 있는 반면, 보수 이슬람주의자들은 사회를 이슬람화 하려는 경향이 있다.

샤리아 법(Sharia)은 무슬림의 경전인 쿠란과 선지자 무하마드의 언행을 기록한 순나, 하디쓰를 통칭하는 것으로 종교법이자 무슬림의 생활법으로서 샤리아의 주요사항 중 술 판매와, 음주 금지(음식 조리과정에도 들어가면 안 됨), 돼지고기의 취식 금지로 무슬림을 집으로 초대할 때는 육류는 반드시 할랄법에 의해 처리된 것으로 조리(정육점에서 Halal meat)해야 한다. 또한 라마단 기간 중 해 뜰때부터 해지기 전까지 공공장소에서의 취식이 금지되는데 외국인들도 반드시 지켜야 한다.

쿠웨이트 여성은 남성과 동일하게 무상교육 혜택을 누리고 있으며, 쿠웨이트 대학 및 동 대학원 진학률은 남성보다 높은 수준일 정도로 교육

기회에 있어서의 차별은 없다. 과학, 기술, 인문사회 분야의 여성 전문가 비율도 증가추세여서 사무전문직(약 3만 명)의 46%, 기술전문직(약 2만 명)의 43%를 차지하는 등 전문직 분야의 여성지위도 상승하고 있다. 2005년 쿠웨이트 사상 최초로 여성에 대한 참정권 및 피선거권 부여 법안이 통과되었고, 이에 따라 쿠웨이트 정부는 2005년 사상 최초로 여성장관(Massouma Saheh Al-Mubarak 기획부 장관)을 임명한 바 있으며 2009년 실시된 총선에서는 4인의 여성 국회의원이 최초로 선출된바 있다. 인근 국과는 달리 여성 운전관련 제약도 없다. 정치적으로도 1963년부터 선거를 통해 국회의원을 선출하여 지역 내에서 가장 먼저 의회 제도를 도입하였다. 최근 중동 민주화과정에서도 쿠웨이트는 상대적으로 안정적으로 유목사회 전통에 따라 부족사회 전통의 영향이 지속되고 있어 개인보다는 가문이 중요시되는 경향이 있다. 부족사회시 부족내 중요한 일을 결정하던 모임인 '디와니야(Diwaniya)'는 서구의 타운홀 미팅, 우리나라의 사랑방 좌담회에 비견되는 것인데 현재에도 지속되고 있으며, 대개 주요 가문들은 많은 사람들이 모일 수 있는 큰 홀을 구비하고, 매주 1~2회 디와니야를 개최하여, 정치, 사회, 문화적 이슈를 토론하고 있다. 쿠웨이트인은 디와니야 전통이 쿠웨이트의 민주주의의 기반이라고 믿고 있으며, 이에 강한 자부심을 느끼고 있다.

3) 개요

위치는 아라비아반도 동북단, 아라비아 반도 서북단에 위치하고 있으며, 기후는 열대성 사막 기후이다. 수도는 쿠웨이트 시티이며, 인구는 총 381만 명(2012년 6월 기준), 면적은 17,818㎢(경상북도 크기), 대부분이 사막이다. 민족구성은 아랍족, 외국인(기타 아랍계 및 아시아계), 종교는 이슬람교 85%(수니파 70%, 시아파 30%), 기독교, 힌두교 등이 며, 언어는 아랍어(영어도 통용), 1인당 GDP는(2012년 기준 추정치) 43,800불, 우리나라와의 교역은('12년 기준) 총 교역 198.8억 불(수출 15.8억 불, 수입 183억 불), 독립일은 1961년 6월 19일(영국보호령에 서), 재외동포수는('13년 9월) 1,500명이다.

튀니지 **Republic of Tunisia**

1) 한류 확산

튀니지의 한류 시작은 2007년 말경 튀니지 국영 TV가 한국드라마 〈슬픈연가〉를 방영하면서 튀니지 국민들은 한국의 드라마 및 문화에 관심을 갖기 시작하였다. 이후 〈대장금〉 등 여러 편의 한국드라마가 연이어 방영되었으며 〈슬픈연가〉의 주인공 권상우의 인기는 지금까지 이어지고 있다. 따라서 〈슬픈연가〉의 방영이 튀니지에서 한류가 싹트는 계기가 되었다고 볼 수 있다. 또한 튀니지는 위성 TV인 Korea TV(이집트에 본사를 둔 위성방송사로 한국드라마 및 쇼프로그램을 아랍어로 자막방송)를 시청하는 사람의 수가 중동아프리카 지역에서 가장 많은 나라 중 하나로 알려져 있는데, 이와같이 Korea TV는 튀니지에서의 한류 확산에 상당한 기여를 하였다. 게다가 2011년 K-Pop 프랑스 공연을 계기로 K-Pop을 좋아하는 사람들의 수가 빠르게 증가하고 있으며, 많은 수의 K-Pop 동호회가 결성되고 있다.

2) 일반 정보 및 문화

북부 아프리카에 위치한 튀니지는 1천 년 이상의 아랍, 이슬람 역사를 지닌 국가로서 아랍, 이슬람 문화권의 정수를 이루고 있다 할 수 있으나, 튀니지 문화를 여타 중동지역 아랍 국가들과 구분하는 요인은 마그레브 특성이라 할 수 있다. 이는 베르베르 원주민과 안달루시아 문화, 프랑스 식민통치 경험을 주된 요소로 한다. 가장 뚜렷한 문화적 현상으로, 주민들은 아랍어 외에 프랑스어를 사용하며, 이들의 아랍어는 베르베르어와 프랑스어가 혼재된 독특한 아랍어 사투리라는 것이다. 또한 이 지역에는 일상생활에서 이슬람 또는 기독교 문화와는 확연히 구분되는 베르베르 전통이 남아 있다.

흔히 튀니지를 묘사할 때 다리는 아프리카에 두고 가슴은 아랍을, 머리는 유럽을 향하고 있다고 말하는데, 이는 튀니지가 아랍국으로서 아프리카의 지중해 연안에 위치하여 유럽과 마주보고 있는 지리적 상황과 고대국가 성립에서 독립에 이르기까지 다층적이고 이질적인 문화들의 흐름과 합류의 궤적을 설명하고 있다. 튀니지는 전 역사에 걸쳐 유래가 없을 정도로 수많은 이민족의 침입으로 다양한 문화의 영향을 받아왔으며, 이러한 특징은 오늘날 튀니지가 아랍국가로서의 정체성을 유지하면서도 획일적인 아랍, 이슬람 문화에 매몰되지 않고 개방적이며 관용적인 문화적 특징을 유지하고 있음을 설명해준다. 또한 독립 이후 아랍국가로서의 정체성을 가지면서도 프랑스어와 프랑스식 제도를 유지하며 서구문화를 이슬람에 접목시키는데 성공하여 이슬람의 변화와 개혁의 가능성을 시사하고 있기도 하다.

3) 개요

위치는 북부 아프리카, 중앙 지중해 연안에 있으며, 기후는 지중해성 기후(북부), 사막성 기후(남부)이다. 수도는 튀니스(Tunis, 인구 100만 명)이며, 인구는 1,077만 명(2012년 기준), 면적은 162,155㎢(한반도의 3/4), 민족구성은 아랍인(98%), 베르베르인(1%), 기타(1%)이다. 종교는 이슬람교(99%)이며, 언어는 아랍어(공용어), 불어 통용, 1인당 GDP는(’12년 기준) 4,592불, 우리나라와의 교역은(’12년 기준) 총교역 약 4.9억 불(수출 4.22억 불, 수입 6,900 만 불), 독립일은 1956년 3월 20일이며, 재외동포수는(’13) 240명이다.

PART 06 아프리카지역의 한류변화

가나 Republic of Ghana

1) 한류 확산

현재 가나에는 한류를 확인할 만한 뚜렷한 문화현상이 나타나고 있지 않으나, TV를 통해 방영된 한국드라마를 통해 일반인들 사이에 한국 영상물의 수준이 높다는 인식이 자리 잡고 있다. 또한, 시장점유율이 높은 한국 핸드폰, 자동차의 역할로 한국에 대한 좋은 이미지를 가지고 있다. 한국어는 한국기업, 종교단체의 활동, 한국드라마 방송을 통하여 현지인의 한국어에 대한 관심이 증가하고 있고, 중고차 상인, 태권도 수련생, KOICA 연수생, 한국정부 장학생 등을 중심으로 한국어가 소개되고 있다.

2) 일반 정보와 문화

가나는 60개, 수백개의 방언이 존재하는 다종족 국가이며 종족별로 각기 다른 문화를 보유하고 있다. 대부분의 종족은 가족 공동체적 가치를 중시하며, 결혼 · 장례식 등 가족 행사를 매우 중요시한다.

3) 개요

이 나라 수도는 아크라(Accra, 229만 명)이며, 인구(2014년 기준)는 2,575만 명이다. 면적은 238.537㎢(한반도 1.1배), 민족구성은 Akan 족, Ewe족 등 60개 이상의 종족으로 구성되어 있으며, 종교는 기독교 (71%), 회교(18.4%), 언어는 영어(공용어 70%), Gha, Fante, Ewe, Twi, Haousa, Dagbawi, Nzima 등 7개 언어를 사용한다. 1957년 3월 6일 영국으로부터 독립했으며, 1인당 GDP는(2014년 기준) 1,871불이며, 교역규모는(2014년 기준) 총 258백만 불(수출 220백만 불, 수입 38백만 불)이다.

가봉 Gabonese Republic

1) 한류 확산

가봉에서는 태권도를 통한 민간외교의 노력이 대단하다. 150만 남짓한 가봉 전체 인구 중 군인, 학교, 개인 클럽에 있는 태권도 인구만을 세어 봐도 최소한 4~5만 명 이상은 될 것이라고 본다. 노인, 아이를 포함해 길에 다니는 대여섯 명 중 한 명은 태권도를 했거나 하고 있다는 이야 기다. 차를 타고 길을 가다 보면 도복이나 티셔츠를 입고 구보를 하는 광경을 심심치 않게 볼 수 있다는 점에서 가봉에서의 태권도 인구를 짐작하고도 남는다. 태권도가 가봉에 들어 오게 된 역사는 양국 간의 교류가 활발해진 1980년대 초부터 한국에서 태권도 사범을 파견하게 되었고, 가봉에서도 한국에 태권도 연수를 보내기에 이른다. 당시에 한국에서 태권도를 수련했던 사범들이 지금도 활동하며 태권도의 정착과 실력 향상에 중추적인 역할을 하고 있다. 가봉 군인들의 경우 태권도를 의무적으로 수련해야 하는데 초창기에 파견된 한국인 사범, 그리고 한국에 수련을 갔던 가봉인 사범들이 돌아와 훈련을 시킨 태권도 2세대 사범들이 군조직 곳곳에 배치되어 각자 배속된 부대에서 군인들을 훈련시키고 있다.

매년 정기적으로 군대항 태권도 대회를 여는데 이때의 열기는 올림픽 경기 못지않다. 더욱이 군인들이 참가하는 경기라 각 소속 부대 사범들이나 시합 참가자들이 자존심을 걸고 경쟁을 하다 보니 시종일관 경기장 내에는 긴장감이 흐른다. 거기에서 아프리카 인들의 폭발적인 에너지를 느낄 수 있다. 현재 양국 간의 민간 외교는 수 년 전보다 훨씬 활성화되어 있다. 그 활성제가 바로 태권도라고 말할 수 있다. 한동안 양국 간의 관계가 소원해졌던 적이 있다. 그러나 최근 들어 한국 기업들이 가봉에 진출하는 등 한국인들의 활동이 다시 활발해지고 있다. 이를 제2의 양국 관계 활성화에 촉매제로 활용해야 할 것이다.

2) 일반 정보 및 문화

중앙 아프리카이면서 대서양과 접해 있는 가봉은 지구본을 놓고 봤을 때 적도에 걸쳐져 있는 열대 나라다. 국토의 대부분이 아직 개발되지 않은 열대림이면서 말라리아에 쉽게 걸릴 수 있는 곳이기도 하다. 그러면서도 아직까지 내전 한 번 겪지 않은 내정이 안정된 나라다.

가봉은 아프리카 대륙 국가 중 한국과 가장 인연이 많은 나라 중 하나다. 지금은 한인들이 100여 명에 불과하지만, 교민의 이야기에 따르면

쌍용건설이 가봉에 백화점을 건설했던 당시에는 거의 300명에 이르렀다고 한다. 유럽국가에서는 일본인에 대한 인식이 한국인보다 좋지만 가봉에서만큼은 한국인에 대한 인식이 여느 동양인보다 좋다. 몇 회에 걸쳐 방송된 드라마의 영향도 있겠지만, 이미 오래전부터 한국인들이 가봉 사회에서 활약한 바가 적지 않기 때문이다. 한국에도 대통령 경호실이라는 조직이 대통령의 안위를 위해 존재한다. 가봉에서도 대통령을 위한 경호조직이 구성되어 있다. 가봉은 전통적으로 사회, 경제, 문화 전반에 걸쳐 프랑스의 영향을 받았다. 그러다 보니 국가조직 전반에 걸쳐 프랑스 시스템을 그대로 들여온 것이 많다. 가봉 대통령 경호실도 그런 곳 중 하나다. 그러나 유독 경호무도 부문에서는 한국 것을 고집한다. 경호 책임자가 한국 태권도 사범이니 어쩌면 당영한 일이다.

3) 개요

위치는 아프리카 적도직하 대서양연안 기네만 남부이며, 기후는 열대성기후, 고온다습 연평균 기온 27℃ 이다. 면적은 267,667㎢(한반도의 1.2배), 인구는 135만 명(2000), 수도는 리브르빌(Libreville, 45만)이며, 주요도시는 포트장틸(Port-Gentil, 8만, 최대항), 프랑스빌(Franceville, 4.5만), 주요민족은 Fang족(41만명으로 최대족), Echira족, Adouma족, Okande족, Bateke족 등 40여 종족이 있다. 주요언어는 불어(공용어), 토착어를 사용하며, 종교는 토착신앙(48%), 카톨릭(35%), 신교(15%), 독립일은 1960년 8월 17일(구 프랑스 식민지), 재외동포수는('12) 108명이다. 국내총생산량은 186억 불이며, 1인당 GDP는('12) 11,430이며, 공간 설치일은 73년 5월 10일, 우리나라와의 관계 수립은 62년 10월 1일이며, 북한과는 74년에 수립되었다.

1) 한류 확산

한국과 나이지리아간 문화교류는 2008년까지는 매우 미미한 상황이었으며, 1982년 전두환 대통령의 나이지리아 방문을 계기로 나이지리아 전통예술단이 한국을 방문하여 공연을 가진 것이 전부라고 할 수 있다. 그러다가 2008년 9월 아프리카 대륙 최초로 나이지리아 수도 아부자에 한국문화원을 신설하기 위해 문화원장이 부임하면서 양국 간 문화교류의 물꼬를 여는 계기가 마련되었다. 2009년 9월 29일 국경일 행사에는 국립남도국악원 공연단이 수도 아부자 쉐라톤 호텔에서 주요인사 등 850여 명의 관객이 참석한 가운데 남도 굿거리, 살풀이, 사물놀이, 아쟁 및 대금산조, 판소리 춘향가, 아리랑 메들리, 판굿 등 우리나라 전통 문화를 선보여 많은 박수갈채를 받았다.

동년 12월 1일~5일까지는 "제1회 한국대사배 서부 아프리카 국제 태권도 대회"를 처음으로 아부자 국립경기장에서 토고, 니제르, 말리, 라이베리아, 나이지리아 등 서부아프리카 6개국 대표 200여 명이 참석한 가운데 성황리에 개최하였으며, 동 대회는 매년 대회가 열렸으며 이와 같은 태권도 대회를 통해 서부아프리카 지역 태권도가 크게 발전될 것으로 전망되고 있다. 2011~2012년은 한-나 양국문화교류가 본격적으로 활성화되기 시작한 해로서 그전에 전통문화교류 위주에서 K-Pop과 같은 현대 한류로 확대되고 문학, 영화, 드라마, 한식 등 다양한 분야에 걸쳐서 문화교류가 이루어지고 있다. 2011년 9월에는 제8회 아부자 국제영화제에 한국장편, 단편, 애니메이션 분야 24편을 출품하여 본선 15편 진출, 최우수 장편 영화상을 수상하는 성과를 거두는 등 나이지리아

영화관계자들에게 깊은 인상을 심어 주었다.

2012년 10월에는 서부 아프리카 처음으로 한식기반이 없는 주재국에 코리안 푸드위크(오프닝나이트, 국경리리셉션, 한식판매, 요리교실 운영 등)를 개최하여 한식의 우수함을 적극 홍보하였다. 2012년 12월에는 주재국 내 태권도 보급에 공헌한 정부, 재단, 코치 등 대상 태권도 공로자 22명 선정을 시상하고 태권도 코치대상 한국인 태권도 사범 초청 지도 워크숍을 개최하여 나이지리아 태권도 발전에 기여하였다. 문화체육관광부 산하 해외문화홍보원에 의하면 2016년에 K-Pop 아카데미를 위해 예산을 1억 원씩 이 나라는 받기로 지정어 한류확산에 도움이 될 것이라 사료된다.

2) 일반 정보 및 문화

전국에 250여 종족이 살고 있으며, 각각 고유의 관습과 전통, 언어를 갖고 있다. 10대 종족, 즉 하우사 · 요루바 · 이보 · 풀라니 · 이비비오 · 카누리 · 에도 · 티브 · 이조 · 누페족이 나이지리아 전체 인구의 90%를 차지하고 있다. 나이지리아의 중앙부에는 서로 다른 종족들이 밀집되어 있다. 그중 나이지리아에서 가장 널리 쓰이는 언어는 하우사어인데, 이는 하우사 · 풀라니족이 정치적으로 나이지리아를 장악해 온 데서 기인한다. 나이지리아의 도시들은 오랜 역사를 가지고 있다. 비교적 풍부한 역사적 · 문화적 유산을 지금도 전승하고 있다. 전통예술은 독립이후 새로이 주목을 받고 있다. 오요족의 호리병박 조각품과 메닌시티족, 아우키족, 이코트족의 가면 및 흑단 나무로 만든 두상(頭像), 샤가무족의 가시나무 조각, 나이지리아 풍물을 주제로 한 유화 등이 부유층의 집을 장식하고 있으며, 주민들도 수입품 대신 현지에서 직접 짜고 염색한 옷을 즐겨 입는다. 이바단 대학교와 이페 대학교에 부설된 아프리카학 연구소는 자리아와 이바단에 있는 미술, 드라마 학교와 마찬가지로 전통적인 민속 무용과 시(詩)에 대한 관심을 일깨워 이를 널리 알리는 일에 많은 노력을 기울이고 있다. 문학 활동도 활발하고 영어로 쓴 소설과 희곡에서 세계적으로 유명한 C. 아체베 · A. 투투올라 · T.M. 알루코 등의 작가가 있다. 극작가로는 아프리카인으로서 최초의 노벨문학상을 수상한 《숲속의 춤》의 작가 W. 소잉카와 J.P. 클라크가 있다. 나이지리아에서 스포츠가 주목을 받은 것은 1950년대이며, 1952년 헬싱키 올림픽에 처음으로 참가하였다. 1962년 국립스포츠협회가 창립되었고 1971년 국립스포츠위원회가 창립되어 국내 스포츠 경기의 활성화를 위해 노력하고 있다. 1945년 창설된 나이지리아 축구연맹은 영국 식민지 시대의 조직체계와 분위기를 바꾸었고 1990년에 프로축구를 도입하였다. 1996년 애틀랜타 올림픽에서 축구 우승을 차지하여 전 세계를 깜짝 놀라게 하였다.

또한 나이지리아 축구대표팀은 최근 2013년 2월에 열린 아프리카 네이션스컵에서 19년 만에 우승을 차지하여 축구강국임을 거듭 확인하였으며, 현재 나이지리아 출신의 많은 선수가 유럽 빅리그에서 활약하고 있다. 나이지리아 태권도는 2008년 베이징올림픽에서 동메달을 획득한 이후 무도종목중 최고로 인기가 있으며, 전국에 걸쳐 약 500개 가까운 클럽이 있고 1,500명 이상이 단증을 보유하고 있다.

3) 개요

위치는 서부 아프리카 대서양 연안 니제(Niger)강 유역이며, 기후는 북부는 건조, 중부 열대, 남부는 적도성기후이다. 인구는 약 1억6,700만 명(2012년 기준), 면적은 923,768㎢ (세계 32위, 한반도 4.2배), 민족구성은 하우사-플라니족(29%, 북부), 요루비족(21%, 서부), 이보족(18%, 동부) 등 250여 부족으로 되어있으며, 종교는 헌법상 국교지정 금지-이슬람교(50%, 북부), 기독교(40%, 남부), 원시종교이며, 국내총생산(GDP)는 $3,009억(2013년 추정, EIU Report)이다. 산업별 구성비는 농업 31.9%, 공업 32.9%, 서비스업 35.2%(2010년 기준), 1인당 GDP는(구매력평가시) $2,043이며, 무역 수지(2012년 1사분기 추정치)는 $210억 흑자. - 수출은 약 314억(주요 수출품목 : 석유/석화상품, 코코아, 고무) ※ 주요 수입국(2012 4/4분기 기준)은 미국, 인도, 네덜란드, 이탈리아, 영국. 수입은 약 $104억(주요 수입품목 : 기계류, 화학제품, 수송장비, 공산품) ※ 주요 수입국(2012 4/4분기 기준) : 중국, 미국, 인도, 브라질, 영국, 벨기에 등이다. 독립일은 1960년 10월 1일(영국 식민지에서 독립했으며), 재외동포수는('13) 630명 이다.

남아프리카 공화국 Republic of South Africa

1) 한류 확산

남아프리카공화국은 최근 강남스타일의 유행으로 한국에 대한 관심이 증가하고 있으나, 아직은 전문가와 원어민 강사 등 한국 방문 유경험자 등 제한된 계층에 인지되어 있는 수준이다. 지난해부터 아프리카에서는 한식에 대한 관심이 생기기 시작했으며 남아프리카공화국 일간지 프리토리아 뉴스를 통해 김밥, 잔치국수, 만두, 된장국, 부대찌개, 삼겹살 등이 소개됐다고 밝혔다. 더불어 남아프리카공화국의 여성 로렌메이클이 케이팝 커버댄스로 자국 내에서 스타 반열에 올랐으며 그가 차린 케이팝 카페가 한류를 전도하는 데 큰 역할을 하고 있다고 했다. 이를 계기로 남아프리카공화국에서 K-Pop과 한식에 대한 인기가 상승 중이라고 덧붙였다.

최근 몇 년간 증가하는 원어민 교사의 한국 방문으로 한국 음식에 관한 관심이 높아지고 있다. 한국에서 맛본 음식을 가족들과 나누기 위해 남아공 내 한국 음식점을 방문하거나 직접 만들기를 위해 요리법을 문의하는 경우도 있다. 아직은 한국어에 대한 관심과 수요가 매우 미미하나, 태권도 수련생들을 중심으로 한국어 학습을 희망하는 학생들이 늘고 있는 추세이다.

2) 일반 정보 및 문화

남아프리카 공화국은 사냥과 채집을 하고 살았던(부시맨), 유목생활을 하는 코이족(호텐토트), 사하라 사막화와 함께 대규모로 남하하여 정착한 반투족 등의 부족 전통 문화와 15세기 희망봉 발견 이후 진행된 백인들의 대규모 이주로 형성된 문화가 공존하는 문화적 다양성을 특징으로 하는 무지개 나라이다. 높은 소득 격차, 더딘 인터넷 통신망 보급, 빈약한 대중교통 수단 등으로 문화수요가 일부 부유층에 편중되어 있고 아직 형성중인 중산층이 빈약하여 국민의 대다수를 차지하는 흑인계층은 문화행사에 대한 접근성이 매우 제한되어 있다.

3) 개요

위치는 아프리카 대륙 최남단이며, 기후는 아열대성 기후이다. 수도는 Pretoria(행정), Cape Town(입법), Bloemfontein(사법) ※ 최대도시 :

Johannesburg 인구 : 5,120만 명(2012년 기준), 면적은 1,219,090㎢(한반도의 5.5배)이며, 민족구성은 흑인(79.4%), 백인(9.2%), 혼혈인(8.8%), 아시아/인도(2.6%)로 되어 있으며, 종교는 기독교(79.8%), 이슬람(1.5%), 힌두교(1.2%) 등이다. 언어는 영어, 아프리칸스 및 9개 흑인부족어(Zulu, Xhosa, Sesotho어 등) 총 11개 언어를 공용어로 사용하며, 1인당 GDP는('12년 기준) 8,202USD, 수출입현황은('12년) 수출 1,040억 불(백금류, 금, 석탄, 철광, 승용차 등) 수입 1,020억 불(원유, 자동차, 항공기, 무선송신기기 등)이다. 독립일은 1910년 5월 31일이며, 1944년 4월 27일 흑인정부 수립일이다. 재외 동포수는('12) 4,240명이다.

세네갈 Republic of Senegal

1) 한류 확산

세네갈에는 아직까지 우리 한류에 대한 인식은 미비하나, 2010년 4월 우리 드라마 〈내이름은 김삼순〉(불어 자막)이 최초로 세네갈에서 방영된 이후 2012년 3월부터 〈내조의 여왕〉(불어 더빙)이 매주 수요일 저녁(10시)에 인기리에 방영되었으며, 2012년 한-세네갈 수교 50주년 기념행사 계기 퓨전국악팀 소리아와 세계적인 비보이팀 Extreme Crew 공연이 세네갈 소라노 국립극장을 가득메운 천여 명의 관람객들에게 큰 호응을 얻음에 비추어 세네갈 내에서 한류가 점진적으로 인식될 수 있기를 기대한다. 또한 세네갈 내 태권도가 저변 확대 및 위상을 강화하고 있는데 대사배 태권도 대회는 세네갈에서 가장 권위 있는 태권도 대회로서 세네갈 내 주요 언론들이 큰 관심을 가지고 행사를 취재, 보도하였다. 특히 태권도 시범단의 우리 전통음악에 맞춘 절도 있고 조화를 이룬 품세 및 격파시범은 행사에 참관한 세네갈 고위인사 및 관중들로부터 큰 호응을 얻었다.

다음은 심지연 씨의 글이다.

2012년 하반기 싸이의 '강남스타일' 뮤직비디오가 세계를 뜨겁게 달구고, 빌보드 차트 순위, 유튜브 조회수에 대한 보도가 뉴스와 인터넷을 도배할 때였다. 당시만 해도 내 생각은 '그렇구나, 잘하고 있네.' 정도였다. 물론 나도 유튜브를 통해 뮤직비디오도 보고 말춤도 따라 해봤으니 열광까지는 못돼도 그 분위기에 휩싸인 건 사실이다. 다만 연일 방송에서 소개하는 해외 반응과 숫자로 표시되는 각종 순위 등이 내게는 구체적으로 와 닿지 않았다.

그러던 중 아프리카 서쪽 끝에 있는 세네갈의 어느 작은 카페에서 귀에 익숙한 멜로디를 처음 들었을 때, "어, 이거 '강남스타일'인데. 와, 신기하네." 하는 생각이 들었다. 그리고 2012년이 끝나는 12월 31일 세네갈의 작은 섬에서, 그것도 한국인이 없는 파티에서 하루 동안 이 음악을 세 번도 넘게 들었다. 그때에서야 나는 빌보드 차트 1위, 유튜브 조회수 1위가 무엇을 의미하는지 피부로 느낄 수 있었다. 이것이 바로 '대한민국의 위상'과 같은 수치화되지 않으면서 다분히 주관적 해석이 들어가는 주제일 것이다. 모두 그렇다고 하니까 '그렇구나.'라고 인정은 하지만 내가 직접 느낄 수 없는 어떤 것이 이것이 대한민국의 위상이었다. 어깨에 힘이 생긴다.

2) 일반 정보 및 문화

세네갈의 초대 대통령인 '셍고르'는 독립직후부터 서부 아프리카를 대표하는 세네갈 전통 예술 육성정책을 취하였다. 비록 경제사정 악화로 예술에 대한 지원이 감소되는 추세이나, 초기의 적극적 육성 정책으로 미술, 조각, 섬유 분야에서 재능 있는 예술인들이 많이 발굴되었다. 세네갈은 노예 신분이었던 흑인들이 기원이 되는 재즈음악에서 문화적 중심지 역할을 해오고 있으며 매년 5월경에 국제 재즈페스티벌이 세네갈 제2의 도시 St. Louis에서 열리고 있다. 세네갈의 해변에서 집단으로 달리기나 체조 등 운동을 하는 젊은이들, 마을 공터마다 오후가 되면 축구를 하는 청년들을 흔히 볼 수 있을 정도로 스포츠는 세네갈 사람들의 일상생활에서 대단히 중요한 부분을 차지하고 있다. 가장 인기 있는 스포츠는 우리나라의 씨름처럼 모래판 위에서 경기를 하고, 복장이나 경기규칙 또한 흡사하나, 뤼트는 손을 써서 상대방의 얼굴이나 복부, 옆구리 등을 가격 할 수 있다는 점에서 '타격의 대결'이라고 부르기도 하며 레슬링과 복싱이 결합된 스포츠로 볼 수 있다.

3) 개요

위치는 서부 아프리카이며, 기후는 열대성 기후이다. 수도는 다카르(Dakar, 인구 240만 명)이며, 총인구는 약 1,344만 명('11년 기준), 면적은 196,722㎢(한반도의 0.9배)이다. 민족구성은 Wolof(44%), Peul(23%), Sereres(15%)로 구성되어있으며, 종교는 회교(95%), 기독교(5%), 언어는 불어(공용어) 및 Wolof어, 기타 토속어를 사용하며, 1인당 GDP는('11년 기준) 1,098불(총 GDP 147억 불), 우리나라와의 교역은('12년 기준) 총 9,686만 불(수출 5,723만 불, 수입 3,962만 불)이며, 독립일은 1960년 4월 4일, 재외동포수는 323명('12)이다.

앙골라 Republic of Angola

1) 한류 확산

앙골라 인들은 외세의 간섭을 극복하고 2002년 평화를 이룩한 것에 대한 자부심이 매우 강하고, 새로운 외국 문화나 외국인에 대해서는 다소 냉소적이다. 사정이 이렇다 보니 한식 등 우리 문화를 언론매체나 SNS를 통해 홍보하기란 여간 어려운 일이 아니다. 매년 9월이면 국가 영웅의 날을 맞아 앙골라 초대 대통령 아고스티노 네토(Agostinho Neto) 추모문화재단인 아고스티토 네토 재단이 세계 음식 페스티벌을 개최한다. 여기에 우리도 참가해 한국 음식을 전시하는데, 이곳에서 가장 인기 있는 메뉴의 하나가 우리 한국음식이다. 네토 이사장인 고(故) 네토 대통형 미망인이 가장 먼저 찾아오는 곳도 바로 한식 코너다. 잡채, 떡, 김치, 김밥 등 한국 음식은 인기가 매우 높다. 우리 음식을 시식해 본 참가자들은 한식 조리법에 대해 많은 질문을 한다. 최근 〈앙골라 저널〉이 외신을 인용하여 반기문 UN사무총장이 가수 싸이와 함께한 사진을 실은 것이다. 반 총장은 2012년 2월, 이곳을 방문하여 산토스 대통령이 이룩한 평화를 대외적으로 인정했다. 인류의 보편적인 희망인 평화를 아프리카 대륙에 정착시키기 위해 노력하는 반 총장의 활동에 앙골라 국민은 환호했다. 또 '강남스타일'은 유료 음악 케이블 TV를 통해 퍼져나가고 있다. 싸이의 노래는 쉽고 보편적인 팝 리듬에 독특한 풍자가 있어 재미있다고 한다. 지난 연말에도 루안다 시내에서는 종종 '강남스타일'이 울려퍼지곤 했다. 송년모임에서도 단골로 등장하는 듯하다.

2) 일반 정보와 문화

앙골라는 지난 1970년대 초부터 약 30여 년 동안 내전을 겪은 나라다. 지금은 산토스(dos Santos) 대통령의 지도하에 새로운 국가를 건설중이다. 산토스 대통령은 석유와 다이아몬드 수출로 벌어들이는 연간 약 600억 달러의 수익으로 도로, 철도, 주택, 항만 등을 건설하여 '2025년까지 복지국가' 건설을 목표로 하고 있다. 그러나 아직은 신문, TV 등 언론매체나 인터넷 통신 설비 등이 매우 열악하다.

1975년 11월 11일 포르투갈로부터 독립되었다. 한국과의 관계수립은 1992년 1월 6일 북한과는 76년에 수립되었다.

3) 개요

위치는 아프리카 남서부 대서양 연안이며, 기후는 열대성 기후이다. 면적은 1,246,700㎢(한반도의 5.6배), 인구는 1,270만 명, 수도는 루안다(Lunada, 1.1백만), 주요도시는 마란제(Malanje), 실바포르토(Silva Porto), 로비토(Lobito)이다. 주요민족은 Ovimbundu(38%), Kimbundu(23%), Bakongo(13%), 기타(26%)이며, 주요언어는 포르투갈어(공용어), 반투어(토착어)를 사용하며, 종교는 카톨릭(55%), 기독교(15%), 기타 토착신앙. 교육은 의무교육 8년, 문맹율 80%이며, 독립일은 1975년 11월 11일 포르투갈로부터 독립되었으며, 재외동포수는('12) 166명이다.

에티오피아 **Ethiopia**

1) 한류 확산

에티오피아는 KBS월드 방송 등을 통한 한류 열풍을 타고, 우리 문화에 대한 관심이 높아지고 있으나 아직도 서양문화에 비해서는 상대적으로 인지도가 낮은 편이다. 에티오피아 방송과 언론에 대한 적절한 홍보와 일반 국민을 대상으로 한 한국 문화 소개가 지속적으로 이루어질 경우 한류에 대한 이해 확산이 가능하다고 보여진다. 2012년 하반기 아디스아바바대학내 한국학 강좌가 개설되어, 약 60여 명의 에티오피아 학생들이 참여(500여 명의 학생들이 수강 신청) 중이다.

2) 일반 정보 및 문화

에티오피아는 오랜 역사와 다양한 문화적 전통을 자랑하며 문화전통은 3000년 전으로 거슬러 올라간다. 현존 발견 최고 인류화석(약 300만년 전 추정) Lucy가 에티오피아에서 발견되었다. 에티오피아 북부 지역에는 고대 기독교 문명의 유산이 다수 소재하고 있으며, UNESCO 세계 문화 유산으로 8개소가 지정되었다. 아프리카 국가 언어 중 드물게 고유문자인 암하릭(Amharic)어를 보유하고 있으며, 고유의 에티오피아아력(13개월의 태양력)을 보유하고 있다. 그러나, 에티오피아 내 다양한 부족간(86개) 경제·사회적 이해 상충과 최근 과격 이슬람의 유입으로 인한 이슬람 조직내 강·온건파간의 이념 대립 및 급격한 도시화에 의한 도시 빈민 문제 등 사회 불안을 야기할 수 있는 위험 요소도 상존한다.

3) 개요

위치는 아프리카 동북부 홍해 연안이며 기후는 고지대 연중 쾌적, 저지 대는 고온다습하다. 수도는 아디스 아바바(Addis Ababa)이며, 인구는 8,892만 명(2012년 기준), 면적은 114만㎢(한반도의 5배), 민족구성은 오로모(35%), 암하라(27%), 티그레이(6%) 등 80여개 부속이며, 종교 는 에티오피아 정교(43.5%), 이슬람교(31%), 언어는 암하릭어(공용), 영어, 이태리어를 사용하며, GDP는('12) 409억 불, 1인당 GDP는('12) 471불이며, 교역규모는 ('12) 126.2억 불로 수출 31.1억 불(커피, 금, 축산품 등), 수입 95.1억 불(석유, 식량, 철강제품, 차량 등). 국가성립 일은 BC 800년 경 에티오피아 왕국, 국경일은 5월 28일(혁명 기념일), 재외동포수는('13) 323명이다.

우간다 Republic of Uganda

1) 한류 확산

동부 아프리카에 위치한 우간다에서는 아직 한류 미성숙으로 활발히 활동중인 한류 단체는 없으나 최근 한국드라마와 강남스타일 등 한류 가 인기를 얻으면서 한류 분위기가 조성되는 중이다. 2012년 마케레레 대학에서 한국어 강좌가 개최되어 20여명의 학생들이 수업을 듣고 있 다. 공동체와 정을 중시하는 아프리카의 정서가 한국적 정서와 일맥상 통하여, 드라마 등이 인기를 끌고 있는 것으로 보인다. Afro-beat라고 불리는 아프리카의 리듬이 한국의 타악기 리듬과 흡사하여 거부감 없 이 받아들여진다.

2) 일반 정보 및 문화

영국의 윈스턴 처칠이 나라전체가 하나의 정원이라고 말할 정도로 우간다는 천혜의 기후와 비옥한 토지, 광활한 녹초로 덮여 있다. 또 세계에서 2번째로 크다는 빅토리아 호수와 같은 풍부한 수력자원과 다양한 광물자원 그리고 최근에는 원유까지 발견 될 정도로 경제발전의 잠재력이 무궁무진한 나라다. 국토가 비옥하여 80% 이상이 농업에 종사하고 있으며, 멸종 위기 동물인 마운틴 고릴라로 유명한 브윈디 국립공원, 만년설이 존재하는 르웬조리 국립공원, 사파리로 유명한 머치슨폭포 국립공원과 퀸엘리자베스 국립공원, 엘곤산 국립공원 등 푸르른 울창함을 자랑한다.

우간다에는 56개의 각기 다른 부족이 저마다의 고유한 문화를 갖고 있다. 공통적으로는 아프리카 특유의 흥이 존재한다는 것인데, 많은 부족이 공존하기 때문에 각 부족 고유의 춤과 음악을 즐길 수 있다. 부족별로 보이지 않는 계층이 존재하여, 수도에서 직업을 구할 때 범위가 한정되기도 한다. 일례로 운전기사나 경비는 테소 부족이 많다고 하고, 길거리에서 껌이나 전화카드를 파는 일은 까라모종 부족이 많다고 한다. 까라모종 부족은 전사부족으로 가장 특징적인 문화를 갖고 있는 부족이다. 다른 부족과는 다르게 상당히 폐쇄적이며, 오로지 소를 중시하고, 이에 따라 주거형태도 소 중심의 폐쇄적인 형태를 띤다. 소를 탈취하며 살아가는 부족으로 일에 대한 의지가 없다. 역사적으로 국가중심이 아닌 부족 중심으로 발전해온 아프리카 사회에서는 공동체지향적인 성격을 많이 갖고 있다. 고아가 발생할 경우, 친척들이 거두어 친자식처럼 키우는 것이 일반화되어 있다. 호칭에 있어서도 사촌 간에도 사촌(cousin)이라 표현하지 않고 형제(brother), 자매(sister)로 표현

한다. 씨족이 마을을 이루기 때문에 관혼상제와 관련한 모든 일들을 함께 일구어낸다.

전통 관습에 따라 시골 지역에서는 일부다처제가 허용된다. 공동체 중심적이라 다른 사람들의 일에 관심이 많다. 영국식민지 시절에 들어온 관습들이 사회에 만연해 있다. 형식과 절차를 매우 중시하며, 파티문화가 발달되어 있다. 또한 80%가 기독교 인구인 만큼, 기독교 문화가 사회 전반적으로 깔려있어, 행사시 기도나 예배가 함께 진행되는 경우가 많다. 이 나라는 전통적으로 남존여비사상이 있는데, 시골 지역에는 아직도 그 문화가 존재하여, 남자와 여자는 동등하게 악수할 수 없고, 여자는 무릎을 꿇고 우러러 악수한다.

3) 개요

위치는 동부 아프리카, 케냐, 탄자니아, 남수단, 콩고, 르완다와 접경지역에 있으며 기후는 고온 열대 기후이다. 수도는 캄팔라(Kampala)이며 인구는 3,500만 명(2012년 기준), 면적은 241,000㎢(남한의 2.4배)이다. 민족구성은 Bantu(Baganda포함) 17%, Banyakole 9.5%, Basoga 8.4%, Bakiga 6.9%, Iteso 6.4%, Langi 6.1%, Acholi 4.7% 등이며, 종교는 카톨릭(42%), 성공회(36%), 이슬람(12%), 기타(10%), 언어는 영어(공용어), Luganda어를 사용하며, 1인당 GDP는('12년 기준) 4,881만 불, 독립일은 1962년 10월 9일(영국에서 독립), 재외동포수는('12년) 321명이다.

케냐 Republic of Kenya

1) 한류 확산

케냐인들은 한국의 뛰어난 전자제품과 IT 기술, 맨체스터 유나이트드의 박지성 축구선수, 우리 드라마 '대장금'이나 '주몽'에 대해서 알고 있으며, 일부 케냐인들은 '소녀시대'와 같은 우리의 K-Pop에 대해서도 관심을 가지고 있다. 2012년도부터 세계적인 열풍을 일으킨 가수 싸이(Pay)에 대해서 젊은이들은 누구나 알고 있으며, '강남스타일'이라는 노래에 대해서는 나이가 든 사람들도 한번쯤은 들어본 노래가 되었다. 그러나, 이러한 움직임은 초기 단계로서 학생들로 구성된 Friends of Korea라는 동호회가 활동을 하고 있을 뿐이다. 다만, 한국국제협력재단(KOICA) 연수생 동창회와 나이로비 세종학당을 통해 한국어를 배우려는 케냐 학생들은 다수 존재하며 삼성, 현대, LG 등 케냐에 진출한 많은 한국 기업들이 제공하는 질높은 제품과 서비스, 높은 수준의 임금으로 인해 케냐인들의 한국에 대한 호감도 강화되고 있는 추세이다. 실제로 지난 2013년 3월에 치러진 대선의 한 후보자는 한국의 눈부신 발전의 원동력인 한국인의 근면성과 자세를 배워야 한다고 대선후보자 토론회에서 연설하기도 하였다.

한류를 이야기할 때 아프리카 대륙을 '발아 단계'라고 한다. 케냐에서도 상황은 크게 다르지 않다. 한복 패션쇼를 통해 케냐에 한국 문화의 씨앗이 심어졌다. 이 씨앗이 싹트고 잘 자랄수 있도록 물도 주고 거름도 주는 노력이 필요하다. '케냐 한국을 만나다'라는 타이틀로 계속적인 조치를 시도해나갈 필요가 있다.

2) 일반 정보 및 문화

케냐는 키쿠유, 루야, 루오, 칼렌진, 캄바 등 총 42개 부족으로 구성되어 있으며, 각 부족들이 지역별로 공동체를 형성하여 살아가고 있다. 부족에 따라 식민지 시대를 거쳐 서양문물을 받아들인 정도에 따라 서구화 정도가 상이하며, 공용어인 영어와 스와힐리어 이외에도 각 부족별로 조금씩 다른 언어를 사용한다. 이들은 거주지역에 따라 각기 다른 생활환경과 문화를 보유하고 있는데, 반건조지대의 북부지방은 주로 유목생활을, 해안지방 사람들은 어부의 삶을 살아가며, 이외 농사를 짓는 사람들도 있다. 최대 부족은 반투어 그룹인 키쿠유 부족으로 여타 부족에 비해 사회적으로 상류층을 차지하고 있다. 화려한 의상과 사자와 싸우는 용맹함으로 우리에게 잘 알려진 마사이족은 사실 소수 부족에 속하며, 주로 남부 사바나 지역에 거주하면서 유목생활을 하고 있다. 이들은 주요 경제적 수단인 소를 중요시하며, 전통적인 음식으로 소의 피와 우유를 섞어 마시기도 한다. 다양한 부족으로 구성된 국가답게 케냐에는 다양한 언어들이 존재하여 케냐인은 대부분 3개 언어를 기본으로 구사할 수 있다(예 : 영어, 스와힐리어, 부족어).

케냐 대중음악에서 기타는 주요한 악기 중 하나이며, 콩고 음악인들의 영향을 많이 받았다. 1960년대 Lake Victoria 지역을 중심으로 벵가 음악(benga music)이 유명해졌으며 이외 힙합, 레게, 로큰롤, 펑크, 소울, 유로팝의 영향도 받았다. 케냐인들은 기념식과 같은 행사나 교회 예배 중에도 춤을 추는 것을 좋아한다. 최근 빠른 통신망의 발달로 인해 세계의 최신곡을 바로 들을 수 있어 우리가 알고 있는 아프리카 전통음악은 공연장에 가야 접할 수 있는 시대가 되었다. 한 예로 2012년에 발매되어 전세계를 들썩이게 했던 싸이의 '강남 스타일'은 케냐의 젊은이들에게도 익숙한 노래이다. 케냐인들은 크리켓, 축구, 복싱 등 다양한 스포츠 관람을 즐기며, 그 중 가장 인기있는 스포츠 관람 종목이 세계 육상 강국답게 육상대회이다. 잘 알려진 것처럼 케냐는 특히 마라톤 및 중·장거리 육상에서 세계적으로 뛰어난 기록을 보유하고 있다. 주로 칼렌진 부족 출신인 케냐 육상선수들은 올림픽 및 각종 육상대회에서 메달을 휩쓸고 있으며, 유명한 선수로 4번의 보스턴 마라톤 우승자이자 2번의 세계 챔피언기록을 보유한 여성 마라토너 Catherine Ndereba, 중거리 육상선수 David Rudisha 등이 있다. 2011년 대구세계육상선수권대회에서 케냐는 3위를 차지하였다.

한국과 케냐는 1964년에 외교관계를 수립한 이래 오랜 친분을 유지해오고 있었다. 이러한 가운데 2012년 6월 대한항공의 나이로비 직항 취항은 큰 전환점이 되었다고 할 수 있다. 한국과 케냐 양국 관계는 대한항공 취항 직후 잇따른 김황식 총리의 케냐 방문, 라일라 오딩가 Raila Odinga 총리의 한국 방문으로 질적인 변화를 겪게 되었다. 이러한 우호적인 분위기 속에서 개최된 한복 패션쇼는 한국과 케냐 양국 관계를 더욱 공고하게 했다. 유엔은 뉴욕에 본부를 두고 전 세계에 3대 사무소(제네바, 비엔나, 나이로비)를 운영하고 있다. 그중 나이로비 사무소에는 유엔환경계획(UNEP), 유엔 해비타트(UN-Habitat) 본부가 있고, 20여 개에 달하는 유엔기구의 아프리카 지역사무소가 자리잡고 있다.

3) 개요

위치는 아프리카 동부해안, 소말리아, 에디오피아 , 남수단, 우간다, 탄자니아와 접경지역이며, 기후는 해안지방보다 내륙지방이 온도가 낮고, 고온지방과 서부는 강우량이 풍부한데 북부는 건조하다. 수도는 나이로비(Nairobi, 인구 310만 명), 인구는 약 4,400만 명(CIA, 2013년 추정), 면적은 569,259㎢(한반도의 약 2.6배)이다. 민족구성은 키쿠유(22%), 루야(14%), 루오(13%), 칼렌진(12%), 캄바(11%), 키시(6%), 기타 아프리카계(15%), 비아프리카계(아시아, 유럽, 아랍 - 1%) 등 약 42개 부족으로 구성되어 있으며, 종교는 기독교 82.5%(개신교 47.4%, 카톨릭 23.3%, 기타 11.8%), 이슬람(11.1%), 토착종교(1.6%), 기타(4.8%, 2009년 자료). 언어는 영어(공용어), 스와힐리어를 사용하며, 1인당 GDP는(IMF '12년, PPP기준) $1,802. 수출입 현황은('12년, 우리 기준) 총교역 2.9억 불(수출 263백만 불, 수입 27.8백만 불)이며, 독립일은 1963년 12월 12일 영국 보호령에서 독립했으며, 재외동포수는(' 12년) 919명이다.

인용 및 참고 문헌

- 한류 북한을 흔든다(강동안, 박정란) 늘픔플라스, 2011.
- 한류 통일의 바람(강동안, 박정란) 명인문화사, 2012.
- 한류 이야기, 한류의 근원에서 미래까지(강철근) 이해 2006.
- 세계는 지금 대한민국 스타일(강성환) 외교통상부 대변인실 2013.
- 한류본색 매일 경제 신문사, 2012.
- 세계각국편람 외교통상부, 2013.
- 지구촌 한류현황 I(유현석) 한국 국제 교류재단, 2013.
- 지구촌 한류현황 II(유현석) 한국 국제 교류재단, 2013.
- 나의 문화유산 답사기 I(유흥준) 창작과 비평사, 1977.
- 북한의 문화유산 (이광표) 대교출판사, 1998.
- 한국 문화재 수난사(이문열) 돌베개, 1996.
- 태권도 품세란 무엇인가?(이규형) 오성출판사, 2010.
- 문화 유산을 찾아서 (이형권) 매일 경제신문사, 1997.
- 북한의 한류현상과 독일 통일과정에서의 방송매체의 영향(진행남), 2012. 제주평화 연구원, 2011.
- 미국인은 배꼽아래가 길다(차종환) 우석출판사, 1997.
- 지켜야 할 문화 배워야 할 문화(차종환) 동양서적, 1998.
- 한국부자 미국부자(차종환) 사사연, 2003.
- 동서양 생활문화(차종환) 동양서적, 2007.
- 자랑스런 우리문화(차종환) 대원, 2006.
- 미꾸라지 진짜 용된 나라(차피득) 대한민국 바른마음 갖기회, 2012.
- 유네스코가 보호하는 우리문화유산 열두 가지(최준식 외) 시공사, 2002.
- 한류로드(최광식) 나남, 2013.
- Travel Guide Korea 한국 관광 공사, 2014 / 한류와 아시아류 2013
- 한류, 아시아를 넘어 세계로 2009 / 한류 문화와 동북아 공동체 2010.
- 한류 포에버 2010. / 한류와 21세기 문화비전 2006.

차종환 (車鍾煥 Cha, Jong Whan)

【학력】

- 서울대학교 사범대학 생물학과 1954-58
- 서울대학교 대학원(석사과정) 1958-60
- 동국대학교 대학원(박사과정) 1962-66
- 이학박사 학위수령(도목생육에 미치는 초생부초의 영향, 동국대) 1966
- UCLA 대학원 Post Doctoral 과정 3년 이수 1975-77
- 농학박사 학위수령(사막식물의 생리생태학적 연구, C.C.U.) 1976
- 교육학박사 학위수령(한미교육제도 비교 연구, P.W.U.) 1986

【경력】

- 서울대 사대부속 중고교 교사 1959-67
- 사대, 고대, 단대, 건대, 강원대, 이대강사 1965-70
- 동국대 농림대 및 사대교수 1965-76
- BYU(H.C.) 초빙교수 및 학생 1970
- Bateson 원예 대학장 1971-72
- UCLA 객원교수 1971-74
- 해직교수(동국대) 1976
- 한미 교육연구원 원장 1976 -
- UCLA 연구교수 1977-92
- 남가주 한인회 부회장 1979-80
- 남가주 서울사대 동창 회장 1979-80
- 남가주 호남향우회 초대, 2대 회장 1980-82
- 남가주 서울대 대학원 동창 회장 1980-83
- 한미 교육연합 회장 1971-1972
- L.A 한우회 2대 회장 1983-1984
- 평통 자문 위원(2기-14기) 1983-2005(12기 제외)
- 한미 농생물 협회장 1983-99

- 차류 종친회 미주 본부장 1984-1990
- 남가주 한인 장학 재단 이사장 1984-86
- 남가주 서울대 총동창 회장 1985-86
- 남가주 BYU 동창 회장 1985
- 한인 공제회 이사장 1985-91
- 남가주 서울대 총동창회 고문 1986 -
- 국민 화합 해외동포 협의회 명예회장 1990 -
- 미주 이중국적 추진위원회 위원장 1993
- 평화문제연구소(한국)객원 연구위원 및 미주 후원회장 1994 -
- 우리 민족 서로 돕기 운동 공동 의장 1997 -
- 한국 인권문제 연구소 L.A 지부 고문 1998 -
- 민주 평통 L.A 지역협의회 고문 및 전문위원 1999 -
- 재외 동포 지위 향상 추진위원회 고문 1999 -
- 한반도 통일 연구회 부회장 및 미주 본부장 1998 -
- 한국 인권 문제 연구소 중앙 부이사장 및 수석 부회장 2000-2002
- 재외 동포법 개정 추진 위원회 공동대표(L.A 및 한미) 2001 -
- 한국 인권문제연구소 L.A지회 회장 2002-2004
- 한미인권문제연구소 명예 회장(L.A) 2004-2007
- 한미 인권 연구소 중앙 이사장 2005-2007
- 재미동포 권익향상 위원회 공동대표 2004 -
- 미주 한인 재단 회장 서리 및 이사장 2004-2006
- 한미 평화 협의회 회장 2005-2007
- 해직 교수에서 30년만에 명예 회복 2006.6.21
- 피오 피코 코리아타운 도서관 후원회 이사장 2006-2007
- 6 · 15 미주 공동위 공동 대표 2007
- 한인 동포 장학재단 이사장 2006-2007
- 민화협(미서부) 상임고문 2007
- 한미 인권 연구소(중앙) 소장 2007-2009
- 공명선거 협의회 공동 대표(한국) 2007 -
- 민주평통 L.A 지역협의회장 2007.7.1-2009.6.30
- 한미 허브 연구소 발기인 대표 2011.4.21
- 우리 영토 수호 회복 연구회 명예 회장 2011.9

- 세계 한인 민주회의 상임고문 2011
- 독도 아카데미(독도 수호 국제 연대) 정책기획 자문위원(2013)
- 개헌촉구 미주본부, 본부장 2016.7.8

【수상 및 명예】
- Who's Who in California 16판(86)부터 계속 수록
- 교육 공로상 수령(제1회 한인회 주체) 1987
- 우수 시민 봉사단 수령(L.A시 인간관계 위원회) 1987
- 퀴바시에 북미주 한국인 지도자상 1993
- L.A시 우수시민 봉사자상(L.A시 의회) 1994
- 국무총리 표창장(대한민국) 1995
- 대통령 표창장(대한민국) 2001
- 에세이 문학 완료 추천 문단 등단 2003년 가을
- 대통령 훈장(국민훈장 목련장) 2005.12
- 대통령 공로상 2009.6
- 한국 기록원 : 최다 학술논문과 최다 저서분야에 인증됨 2013.7
  (한국 국회에서)
- 제1회 자랑스런 호남인상. 전남 도지사 이낙연외
  세계 호남향우회 24개 단체 2015
- 감사패 새정치 민주 연합당 대표 문재인 2015
- 한반도 평화메달, 대한민국 평화통일 국민 문화제, 우리민족 교류 협회 2016
- 감사패, 공로패, 위촉패, 추대장 등 147

【이름이 새겨진 기념물】
- 리버사이드 도산 안 창호 동상
- LA 한인 타운 다울정
- LA 한국교육원 건물

■ 저서 목록(공저, 편저, 감수포함)

【한글 저서】

1 高入生物 / 조문각, 1964

2 高入生物 / 성문사, 1967

3 생물 실험 실습 / 유림각, 1968

4 土壤과 植物 / 수학사, 1968

5 지혜의 말씀 / 교회출판부, 1968

6 植物生態學 / 문운당, 1969

7 自然科學槪論 / 단국대학 출판부, 1970

8 一般生物學 / 진수당, 1968

9 한국어 교본 BYE-HI / LTM, 1971

10 農林氣象學 / 선진문화사, 1973

11 토양 보존과 관리 / 원예사, 1974

12 農生物統計學 / 선진문화사, 1974

13 복숭아 재배 새기술 / 원예사, 1974

14 最新植物生理學 / 선진문화사, 1974

15 韓國의 氣候와 植生 / 서문당, 1975

16 環境오염과 植物 / 전파과학사, 1975

17 放射線과 農業 / 전파과학사, 1975

18 最新植物生態學 / 일신사, 1975

19 生物生理生態學 실험법 / 일신사, 1975

20 테라리움 / 원예사, 1975

21 미국 시민권을 얻으려면 / 선진문화사, 1978

22 現代一般 生物實驗 / 한서출판, 1982

23 미국의 교육제도 / 미디어 다이너믹스, 1985

24 미국의 명문 고교와 명문대학 / 한미교육연구원, 1985

25 이민 자녀 교육 / 학원사, 1986

【번역서】

26 침묵의 봄(Ⅰ) / 세종출판사, 1975

27 침묵의 봄(Ⅱ) / 세종출판사, 1975

【영어전서】

28 Radioecology and Ecophysiology of Desert Plant at Nevada Test Site
     / U.S.A.E.C. 1972

29 Iron Deficiency in Plants / S.S & P.A. 1976

30 Phytotoxicity of Heavy Metals in Plants / S.S. & P.A. 1976

31 Trace Element Excesses in Plant / J.R.N. 1980

32 Nevada Desert Ecology / BYU. 1980

33 Soil Drain / Williams & Wilkins, 1986

34 Interaction of Limiting Factors in Crop Production / Macel Derkker, 1990

【한국어 저서 속】

35 미국 유학 / 우석출판사, 1987

36 올바른 자녀교육 / 바울서신사, 1987

37 차돌이 교육 방랑기 / 우석출판사, 1987

38 미국 대학 완벽 가이드 / 학원사, 1988

39 10대 자녀문제 / 학원사, 1988

40 청소년 그들은 누구인가 / 바울서신사, 1988

41 미주교포들의 통일의식 구조 / L.A 평통, 1988

42 미국교육의 길잡이 / 바울서신사, 1988

43 동 · 서양의 꽃꽂이와 테라리움 / 바울서신사, 1990

44 꿈나무들을 위한 성교육 / 바울서신사, 1990

45 미국의 명문 고등학교 / 우석출판사, 1989

46 미국의 명문 대학 / 우석출판사, 1990

47 미국의 명문 대학원 / 우석출판사, 1990

48 성공적인 자녀교육의 비결 / 바울서신사, 1990

49 미국의 명문고교 입학 유학 최신정보 / 학원사, 1990

50 일하며 생각하며 / 바울서신사, 1990

51 미국 속의 한국인(공저) / 유림문화사, 1991

52 갈등 그리고 화해 / 국민화합해외동포협의회, 1990

53 미주 동포들이 보는 조국 / 평화문제 연구소, 1992

54 백두산, 장백산, 그리고 금강산 / 선진문화사, 1992

55 지역 갈등과 화해 / 한미교육연구원, 1993

56 반미감정과 태평양시대 / 한미교육연구원, 1993

156 오직 올바르게 살자(공저) / 나산출판사, 2003

157 6.15 공동선언과 조국통일(편저) / 한통연, 2003

158 꿈나무들과 교육선구자 / 한교연, 2003

159 미주한인사회와 독립운동(공편저)
    / 미주한인 100주년 남가주 기념 사업회, 2003

160 미주동포의 민주화 및 통일운동 / 나산출판사, 2004

161 나는 샐러드보다 파김치를 더 좋아한다(감수) / 예가, 2004

162 구월산, 장수산 식물생태 / 예문당, 2004

163 청소년을 위한 통일 이야기 / 예가, 2004

164 신세대를 위한 통일 이야기 / 예가, 2004

165 사진으로 본 미주 한인 100년사 / 박영사, 2004

166 꿈나무와 교육정보 / 한미교육연구원, 2004

167 조선향토 대백과(제1권) 평양시 감수
    / 평화문제연구소 및 조선과학백과사전 출판사, 2003

168 조선향토 대백과(제2권) 남포, 개성, 나선시 감수
    / 평화문제연구소 및 조선과학백과사전 출판사, 2004

169 조선향토 대백과(제3권) 평안남도 I 감수
    / 평화문제연구소 및 조선과학백과사전 출판사, 2004

170 조선향토 대백과(제4권) 평안남도 II 감수
    / 평화문제연구소 및 조선과학백과사전 출판사, 2004

171 조선향토 대백과(제5권) 평안북도 I 감수
    / 평화문제연구소 및 조선과학백과사전 출판사, 2004

172 조선향토 대백과(제6권) 평안북도 II 감수
    / 평화문제연구소 및 조선과학백과사전 출판사, 2004

173 조선향토 대백과(제7권) 자강도 감수
    / 평화문제연구소 및 조선과학백과사전 출판사, 2004

174 조선향토 대백과(제8권) 황해남도 I 감수
    / 평화문제연구소 및 조선과학백과사전 출판사, 2004

175 조선향토 대백과(제9권) 황해남도 II 감수
    / 평화문제연구소 및 조선과학백과사전 출판사, 2004

176 조선향토 대백과(제10권) 황해북도 감수
    / 평화문제연구소 및 조선과학백과사전 출판사, 2004

177 조선향토 대백과(제11권) 강원도 감수

　　　　　　/ 평화문제연구소 및 조선과학백과사전 출판사, 2004

178 조선향토 대백과(제12권) 함경남도 I 감수
　　　　　　/ 평화문제연구소 및 조선과학백과사전 출판사, 2003

179 조선향토 대백과(제13권) 함경남도 I 감수
　　　　　　/ 평화문제연구소 및 조선과학백과사전 출판사, 2003

180 조선향토 대백과(제14권) 함경북도 I 감수
　　　　　　/ 평화문제연구소 및 조선과학백과사전 출판사, 2003

181 조선향토 대백과(제15권) 함경북도 II 감수
　　　　　　/ 평화문제연구소 및 조선과학백과사전 출판사, 2003

182 조선향토 대백과(제16권) 량강도 감수
　　　　　　/ 평화문제연구소 및 조선과학백과사전 출판사, 2004

183 재외동포들의 권익을 위한 법률 / 한미인권연구소, 2005

184 북한의 현실과 변화 / 나산출판사, 2005

185 남북분단과 통일 및 국가안보 / 나산출판사, 2005

186 남북통일과 평화교육 / 나산출판사, 2005

187 21세기를 맞는 오늘의 북한 / 양동출판사, 2005

188 조선향토 대백과 (제17권) 인물 / 평화문제연구, 2005

189 조선향토 대백과(제18권) 민속 / 평화문제연구, 2005

190 조선향토 대백과(제19권) 색인(가가거리 – 새지골) / 평화문제연구, 2005

191 조선향토 대백과(제20권) 색인(새지네골 – 힘샌골) / 평화문제연구, 2005

192 미주 동포들의 인권 및 민권운동 / 나산 출판사, 2005

193 남북한 사회와 통일이야기 / LA 민주 평통, 2005

194 수재들과 교육 공로자 / 한미교육연구원, 2005

195 어린이 통일 교육 이야기 / 나산 출판사, 2006

196 청소년 통일 교육이야기 / 나산 출판사, 2006

197 미주의 한인들 / 대원출판사, 2006

198 최신 피부 미용요법 / 나산 출판사, 2006

199 최신 육체 미용요법 / 나산 출판사, 2006

200 대마도는 한국 땅 / 동양서적, 2006

201 겨레의 섬 독도 / 해조음, 2006

202 한국령 독도 / 해조음, 2006

203 한미관계 170년사 / 동양서적, 2006

204 나라 밖에서 나라 찾았네 / 감수, 박영사, 2006

205 꿈나무 및 교육 공로자와 자녀 교육정보 / 한미교육연구원, 2006

206 멕시코의 명소와 명문 대학 / 나산 출판사, 2006

207 가나다 ABC / 감수 KSL Institute, 2007

208 동서양 생활 문화 무엇이 다른가 / 동양서적, 2007

209 얼룩진 현대사와 민주 및 통일 운동(상) / 한미인권 연구소, 2007

210 얼룩진 현대사의 민주 및 통일 운동(하) / 한미인권 연구소, 2007

211 선구자 김호의 삶과 꿈 / 한미인권 연구소, 2007

212 Life & Dream of the Pioneer Kim Ho / 한미인권 연구소, 2007

213 꿈나무 및 페스탈로찌상과 교육정보 / 한미교육 연구원, 2007

214 흥, 웃기셔 정말 / 예가, 2004

215 통일관련 문답 / LA 평통, 2007

216 한반도의 미래 / LA 평통, 2008

217 Charles H. Kim : His Life and Times(English) / 대원 출판사, 2008

218 꿈나무 및, 페스탈로찌상과 교육정보 / 한미교육 연구원, 2008

219 행복한 삶을 위하여(공동편저) / 동양서적, 2008

220 내 양심의 소리(공동편저) / 동양서적, 2008

221 북한 탐방기 / 예가, 민주평통 2008

222 박연폭포에서 지리산 유달산까지 / 한미 교육 연구원, 2009

223 남북한의 다름과 이해 / 민주평통, 2009

224 이것이 북한 교육이다 / 나산, 2009

225 통일 논총 / LA 민주평통, 2009

226 생활 영어 약자 사전 / 한미 교육 연구원, 2009

227 미주 동포 통일 의식 구조 / LA 민주평통, 2009

228 글로벌 영어 약자 대사전 / 한미 교육 연구원, 2009

229 모범생과 교육 공로자 및 교육정보 / 한미 교육 연구원, 2009

230 한국 외래어 대사전 / 한미 교육 원구원, 2009

231 참정권 시대, 복수국적 시대 / 동양서적, 2010

232 재외 동포의 참정권과 복수국적 / 대원 문화사, 2010

233 꿈나무 장학생과 교육 선구자 / 한미 교육 연구원, 2010

234 Korea-Japan Relations over Dokdo(English)
／ Dae Won Cultural Co. 2011

235 미국을 알면 영주권과 시민권이 보인다 / 동양서적, 2011

236 불교 생활 용어 사전 / 동양서적, 2011

* 간도의 영유권 / 해조음, 근간
* 북한의 농업과 식량문제 / 근간
* 왜 재외동포처가 필요한가 / 근간
* 압록강 및 두만강 주변의 국경 도시 / 근간
* 이어도의 소유권 / 근간
* 독도 영유권에 대한 일본 10포인트의 반박 / 근간

지구촌과 한류바람

1판 1쇄 인쇄　2016년 9월 1일
1판 1쇄 발행　2016년 9월 5일

엮은이　차종환
펴낸이　윤다시
펴낸곳　도서출판 예가

주　소　서울시 영등포구 영신로 45길 2
전　화　02-2633-5462
팩　스　02-2633-5463
이메일　yegabook@hanmail.net
블로그　http://blog.daum.net / yegabook
등록번호　제 8-216호

ISBN　978-89-7567-582-9　13710

※ 정가는 표지 뒷면에 있습니다.